シリーズ
新福祉国家構想 6

老後不安社会からの転換

介護保険から高齢者ケア保障へ

岡崎祐司・福祉国家構想研究会――編

大月書店

シリーズ刊行にあたって

このたび、福祉国家構想研究会が、その研究の成果を「シリーズ新福祉国家構想」として大月書店から刊行することになった。本書はその一冊である。刊行開始にあたって、本研究会がこうした企画を行なうに至った理由、ならびに研究会が共有している立脚点などを明らかにしておきたい。

本研究会は、現代日本で進行している構造改革政治を止めさせ政治を新たな福祉国家建設の方向に転換させるために、福祉国家型対抗構想を作成、発表して活発な論議を喚起することを目的としてつくられた。

では、いま、なぜ福祉国家型対抗構想が求められているのか。その点から説明しよう。

最も基本にある理由は、一九九〇年代中葉から推進された新自由主義改革により引き起こされた深刻な社会の危機に対処するためである。一九八〇年代初頭から一部先進国ではじまり九〇年代に入って世界的に普及した新自由主義改革は、日本でも「構造改革」の名のもとに展開されたが、その矛盾と被害はとりわけて深刻なものとなった。ヨーロッパ福祉国家では、新自由主義改革はグローバル企業の蓄積の増大、競争力強化をねらって福祉国家を成り立たせる二本柱、すなわち産業別労働運動による労働市場規制と、社会保障の制度に攻撃をしかけたが、ほかでもなく、これら二本柱の頑強な抵抗にあってジグザグを余儀なくされた。それに対し、戦後日本国家は、この二本柱がもともと致命的に脆弱であり、企業支配と日本型雇用、「土建国家」すなわち自民党政権の開発型政治による地方への補助金と公共事業への資金撒布を通じて国民統合をはかってきた。これが、日本企業の類い稀な競争力の源泉となり、他の先進国にない経済成長の持続を可能にしたのである。ところが、構造改革は、企業のリストラにより日本型雇用を縮小・改変し、さらに大企業負担の軽減のため地方に対する公共事業を容赦なく削減した。その結果、社会保障需要は大きくなったが、政府は、またしても大企業負担軽減のため、ただでさえ脆弱な社会保障制度についても本格的な削減に乗り出したから、社会の破綻は劇的なものとなった。企業リストラによる正規従業員の大量整理、非正規労働者の激増、いままで失業の吸収装置となっていた地域経済の停滞と雇用の縮小、最後の砦たる社会保障の削減が相俟って、餓死、自殺、ネットカフェ難民、ワーキングプアの激増というかたちで爆発したのである。

構造改革の矛盾が顕在化した二〇〇六年以降、政府も、それに対処するための対抗策を模索しうちだしたが、それは二つの方向をとった。一つは、構造改革の矛盾に対して一定の財政支出を行なうとともに大企業負担の増加を防ぐために消費税の大幅引き上げで対処しようという構造改革の漸進路線であり、他の一つは、大規模な公共事業による開発型政治への回帰である。しかし、いずれも事態の根本的な解決にはなっていない。国民の側からは、構造改革を停止するにとどまらず、その被害を拡大した「企業社会・開発型政治」のあり方を変革し、福祉国家型の対抗策すなわち労働市場規制と社会保障制度の拡充を行なうことが不可欠となった。これが、私たちが福祉国家型の対抗構想の必要を訴え、その研究を開始した基本的理由である。

こうした対抗構想の必要性は、この間の政治の激動のもとで、いっそう緊急性をおびるに至った。

第一に、二〇〇九年の総選挙で民主党が大勝し、民主党政権が誕生したことである。民主党政権の誕生自体が、構造改革政治を止めてほしいという国民の期待の所産であった。もともと、急進構造改革の路線を掲げて自民党と政権の座を争うべく登場した民主党は、二〇〇七年の参議院議員選挙を境に構造改革に懐疑的な路線に転換し、国民はその民主党に期待し、政権を委ねた。鳩山政権は、期待に応えるべく構造改革の枠から踏み出したが、財界、マスコミの圧力のもと、動揺をはじめ、続く菅政権での構造改革回帰をふまえて、野田政権ではふたたび構造改革政策の強行路線に立ち戻ることになったのである。

民主党政権という国民的経験は、二つの教訓を与えた。一つは、政権を替えれば、構造改革型政治に歯止めをかけて福祉型政治に転換できるという確信を与えたことである。子ども手当の半額支給、公立高校授業料無償化でさえ、自公政権下では、その実現は覚束なかったであろうことは明らかである。二つ目は、しかし、選挙めあての、トッピングのような福祉支出では、構造改革政治を止めることなどとうていできないという教訓である。構造改革政治を止めるには、労働市場の規制による安定した雇用の確保、体系的な社会保障制度、それを支える税・財政政策さらには大企業本位でない経済政策を含む国家レベルの対案が必要であることが明らかとなった。この二つの教訓は、いずれも福祉国家型対案が緊急に必要であることを示している。

第二に、三月一一日に日本を襲った大震災と原発事故の復旧・復興という課題も、福祉国家型対案の切実性、緊急性を示した。東北地方を襲った津波や原発事故の被害が異常に深刻化し、その復旧・復興が遅延しているのは、大企業本位の開発型政治と構造改革の結果にほかならない。東北地方を中心とした被災地域は、高度成長期から農業や地場産業の衰退にみまわれてきたが、自民党政権は自らの支持基盤維持のために大量の補助金、公共事業を撒布し雇用の場をつくると同時に企業の誘致をはかって、その衰退を取り繕ってきた。「土建国家」である。ところが、構造改革は、大企業負担軽減のため地方に対する財政資金を削減したから矛盾は一気に深刻化した。公共事業の削減は、地方の雇用を収縮し、財政危機は公務員の削減、医療、福祉、介護施設の統廃合をまねいた。財政支出削減をめざして強行された市町村合併も、公務員の削減、地方の公共サービス、福祉、医療の削減を加速した。地方が構造改革によって破綻しているところに、地震と津波が襲ったのである。

原発事故は、徹頭徹尾、大企業本位の政治の所産である。大企業本位のエネルギー政策が国策として原発建設を推し進め、利益誘導政治が、補助金撒布を通して地域に原発誘致を押しつけた結果である。オイルショック以降、いっそう原発重視に踏みこんだ政府は、通例の公共事業投資の行き届かない「僻地」にねらいを定め、電源三法交付金、固定資産税、電力会社からの補助金、原発への雇用をえさに、原発建設、増設を誘導した。さらに、地方構造改革のもと、原発誘致地域は、原発増設を認めるなかで自治体財政と地域の雇用をやりくりせざるをえなくなり、原発依存の悪循環に入りこんだのである。

したがって、大震災、原発事故の復旧・復興のためには、緊急に農地・漁港の修復、医療・社会保障施設の再建・充実、公務員の拡充をはかるとともに、長期的には農業、地場産業の本格的再建、福祉施設拡充による雇用拡大などを通じた福祉国家型の地域づくりが不可欠である。原発事故の被災地域においても、国の責任で、事故を収束させ、除染を行なうと同時に、原発ぬきのエネルギー・電力政策の実行、原発に依存しない地域づくりの構想が不可欠となる。これらは、いずれも福祉国家型対抗構想の重要な柱となる。

第三に、三月一一日後、政府は、構造改革路線を反省するどころか震災を好機として、それまで停滞していた構造改革路線の再強化のため、構造改革国家づくりの構想を提起したことである。一つは、構造改革型復興をうちだした東日本大震災復興構想会議の「復興への提言」である。これは、震災復興をテコに東北地方を構造改革型地域づくりのモデルとするべく、被災地域の農業・漁業の集約化、東北州というかたちでの道州制の先行モデル化、特区制度による企業活動に対する規制緩和、法人税引き下げ、原発再稼働などをうちだした。二つめは、消費税の当面五％引き上げを謳った「社会保障と税の一体改革」構想である。こうした構想を批判し、その実現を阻止するためにも、福祉国家型の対抗構想が急がれることとなったのである。

こうして、三月一一日を機に、大震災の復旧・復興の方向をめぐっても、構造改革か福祉国家型政治かの対決が激しくなっている。しかも、菅政権のあとを継いだ野田政権は、菅政権期の構造改革政治の停滞に苛立って、消費税引き上げ、環太平洋経済連携協定（ＴＰＰ）参加、原発再稼働、普天間基地の辺野古移転などの早期実行を求める保守支配層の期待に応えるべく、これら課題の実現を急いでいる。

以上の諸点から、構造改革国家に対抗する福祉国家型対抗構想の策定、対置がますます急がれている。


では、構造改革に対置される「新しい福祉国家」とは何か。その構想の詳細は、本書も含めシリーズ各巻をご覧いただくほかはないが、ここで最低限の説明をしておかねばならないことがいくつかある。

まず、「福祉国家」とは何か、いかなる概念かという点にふれておかねばならない。福祉国家をひとまず定義づければ、産業別労働運動と国家による労働市場への規制、国と自治体による社会保障・教育保障をつうじて、すべての人々の最低生活保障に責任をもつ国家ということができる。この定義は、福祉国家による生活保障の二つの柱を包含している。福祉国家では、就業している労働者は、労働運動と国家の労働市場規制により安定した雇用と適正な賃金が保障される。他方、労働市場から排除された失業者、リタイアした高齢者、労働市場に参入する準備期にある子ども、障害のある人々等に対しては、社会保障、教育保障により生活保障がなされる。良質な雇用と社会保障によって生活保障に責任をもつ国家、これが福祉国家である。

こうした福祉国家は、歴史的には、一九世紀末に、産業資本主義、自由主義国家の矛盾の深刻化のもとで登場し、第二次世界大戦後の生産力増大に裏づけられて確立をみた。このような戦後福祉国家の雇用と社会保障の制度的確立には、労働組合の力を背景とした労働者政党の政権掌握があった。その意味では、労働者政党の政権獲得は、福祉国家の定着・確立の土台あるいは条件となったということができる。

福祉国家という理念は、第二次世界大戦後に普及したが、この理念はきわめて政治的、論争的なものであった。冷戦期には、資本主義的生産様式でも矛盾の解決が可能であることを証明する、社会主義に対する対抗国家構想として「西側」で頻繁に使われ、そのため戦後日本の社会運動の分野では「福祉国家」は資本主義の矛盾を隠蔽するものとして批判の対象でもあった。それでも、本研究会があえて「福祉国家」を対抗構想として使用したのは、現代の新自由主義改革が攻撃したのが、また私たちが追求する対抗国家構想の主たる内容が、「福祉国家」が掲げ確立した、雇用保障と社会保障という二つの柱だからである。

この点は、研究会がなぜ「新しい」福祉国家というのかという問いにつながる。

戦後ヨーロッパで確立をみた「旧い」福祉国家は、冷戦期に社会主義との対抗として登場したことから、アメリカを盟主とする軍事同盟体制の一翼に組みこまれ、その枠内で自由市場に参入し、またアメリカに軍事的負担の一部を肩代わりしてもらうことで成立した。冷戦体制の一翼としての国家であった。それに対して、新しい福祉国家は、アメリカを盟主とする帝国主義がグローバルな世界秩序の維持拡大のため、新自由主義と軍事大国化をめざして福祉国家の旗を投げ捨てていることに対し、反グローバリズム、反帝国主義、多国籍企業を規制する国家構想として掲げられている点で、正反対の位置に立っている。

また、旧い福祉国家が、重厚長大型の産業発展と大企業の成長に乗りその繁栄から得た税収で福祉国家政策を展開し、大企業も労使関係の安定のためにこの体制を容認したのに対し、新しい福祉国家は、現代の大企業がグローバル競争に勝ちぬくために福祉国家的制度を否定し、新自由主義を要求するのに対抗し、大企業に対する強い規制と負担によりその運営をはかろうとする点で、大きく異なっている。

にもかかわらず、旧福祉国家にもめざすべき新福祉国家にも共通するのが、そしてほかでもなく、戦後日本国家に欠落していたのが労働市場規制による雇用保障と強い社会保障制度である点は、あらためて強調しておかねばならない。


本研究会がめざす「新しい福祉国家」は、新自由主義型国家に対抗して、六つの柱をもっている。

第一の柱は、憲法第二五条の謳う、人間の尊厳にふさわしい生活を営むことを保障する権利を実現するために必要な雇用保障と社会保障の体系である。安定した雇用と社会保障は、車の両輪であり、どちらが欠けても人間らしい生活を営むことはできない。その意味で、この柱は、福祉国家型構想の中核をなすものである。この柱については、本研究会の特別部会である「福祉国家と基本法研究会」が社会保障憲章、社会保障基本法というかたちで具体化し、『新たな福祉国家を展望する——社会保障基本法・社会保障憲章の提言』（旬報社）として刊行した。

第二の柱は、そうした雇用と社会保障の体系を実現し福祉国家を運営する税・財政政策である。福祉国家型の税・財政とは、雇用、社会保障、地域の産業を支える大きな財政である。新しい福祉国家構想は、税・財政政策ぬきには現実性をもちえない。菅政権が集中検討会議の議論をふまえて決定した「社会保障・税一体改革成案」は、社会保障制度改革と消費税引き上げを主とする税制改革──つまり第一の柱と第二の柱に対応する構造改革型構想を文字どおり一体のものとして提示した。私たちの対抗構想は、これに正面から対置されるものである。

第三の柱は、政府の「新成長戦略」や復興構想会議の「提言」が示すような、大企業本位の経済成長ではなく、農業、漁業、地場産業、福祉型公共事業、教育・医療・福祉領域の雇用を中心とする地域社会と地域に根ざす産業主体の経済構想である。大震災からの復興において、復興構想会議は、大企業本位の「地域主権型」地域づくりの構想を提示しただけに、被災地域の住民本位の復旧・復興のためにも、対案の具体化が急がれる。

第四の柱は、国家責任を放棄して地方に構造改革を丸投げする、いわゆる「地域主権改革」に対抗する福祉国家型の国と地方のあり方を示す対案である。今度の大震災、原発事故ほど、国家が、生存権の保障のためにいかに大切な責任と役割をもっているかがわかったことはない。同時に、人々の暮らしが、市町村をはじめとした自治体、その制度の支えにより成り立っている「地域」の結びつきなくしてはありえないこともあらためて実感された。国と地方自治体は、人権保障のにない手として共同しなければならない。

第五の柱は、原発を廃止し原発に代わる自然エネルギーを中心としたエネルギー政策である。これも福島原発事故という、きわめて高い代償を払って私たちが実感した点である。原発ぬき、脱化石燃料依存のエネルギー政策がうちだされなければならないし、そのためには、エネルギー多消費型産業の転換、過労死社会のライフスタイルの転換も展望されねばならない。

第六の柱は、日米軍事同盟を見直し安保条約を廃棄し、自衛隊を縮小し、憲法第九条を具体化する安保・外交構想である。

本研究会のめざす新しい福祉国家は、大企業本位の資本主義に強い規制をかけるものではあるが、資本主義そのものの否定ではなく、それに修正をくわえるものである。

この新しい福祉国家構想を日本で掲げるさいに留意すべき点が二つある。一つは、日本における新福祉国家戦略では、戦後日本国家の特殊性から、まずは、ヨーロッパ福祉国家がすでに確立した労働市場規制と強い社会保障制度そのものの継承と実現、すなわち旧い福祉国家の完成をもめざさねばならない、という大きな課題をもっている点である。企業主義的労働運動による産業別労働運動の弱体と相俟って、これら制度の致命的脆弱性が、現代日本社会に特別の困難をもたらしているからである。

二つめは、日本の新福祉国家建設は、その拠り所として、日本国憲法の諸原則、とくに憲法第九条と第二五条をもっているということである。日本国憲法が、アジア・太平洋戦争に対する強い反省と、当時世界史的に課題となっていた貧困の克服、福祉国家建設をめざして制定されたことから、日本国憲法は新福祉国家の理念を規範的に表明したものといえるからである。

本研究会は、構造改革の被害が顕在化し福祉国家型の対抗構想の必要性が高まった、二〇〇八年に四名を共同代表に発足した。私たち四名は、すでに一九九〇年代半ばから、冷戦終焉後の経済グローバル化のもとで大企業の競争力強化をねらって展開された構造改革を批判し、それへの対抗構想として新たな福祉国家構想の具体化を主張してきたが、その具体化のためには研究会による共同作業が不可欠であると考えたからである。

本研究会は、二つの目標をもって出発した。一つは、全領域で展開されている構造改革の手法とその新たな展開について機を失せず、批判的解明を行うことである。もう一つが、生活の領域ごとに、構造改革に対抗する福祉国家型対案を具体的に作成・公表することである。

本研究会は、構造改革に反対し、雇用の確保や社会保障の充実をめざすさまざまな領域の運動が進むべき方向を提示することで運動の期待に応えようとしてつくられたものであるから、対案作成においても、各領域の活動家と研究者の緊密な共同作業を心がけた。そのため、研究会には研究者だけでなく、多数の現場の活動家がくわわることとなった。本研究会は、全体会において、つねに進行する構造改革の現段階の分析を行ない、国家レベルの対抗構想を念頭におきながら、同時に分野ごと課題ごとに部会や検討チームを設けて、各論的対案の作成にあたることとした。本シリーズは、そうした全体会、部会での共同の検討の成果である。

本研究会では、先に掲げた福祉国家の六つの柱を念頭におきつつ、第一の柱に対応して、医療と介護部会、教育の無償化や後期中等教育などを議論する教育部会、失業時保障の構想や労働市場政策を議論する雇用部会、所得保障構想部会などを設け、続いて、第二の柱に対応する税・財政構想部会、第三の柱に対応する地域経済構想と産業構造を研究する部会、第四の柱に対応して原発政策の政治・経済学的検討を行なう部会、第五の柱に対応し「地域主権改革」批判、福祉国家型地方自治体構想を策定する部会、第六の柱に対応する安保・外交政策部会、さらに、全体にかかわって福祉国家の理論と思想を検討する部会などを設け、その成果を逐次、出版物として発表していくつもりである。

本書の読者が、本研究会の意図に応えて、本シリーズの全体に目を通しこれら対抗構想を批判的に検討され、運動や分析の武器として活用されることを期待したい。

二〇一一年一一月

福祉国家構想研究会共同代表　岡田知弘・後藤道夫・二宮厚美・渡辺治

◉目次

序章　介護不安制度から「権利としてのケア保障」への転換

1　社会保障の危機、介護保険の危機

本書は、「新しい福祉国家」を展望するうえで重要な政策の一つとなる「高齢者のケア保障」を提起するものである。

いま、社会保障は大きな危機に直面している。なかでも介護保険は、利用者負担の増大、保険料の引き上げ、要支援1・2の高齢者のサービス切り下げ、サービスの保障よりも「自立」を優先するケアマネジメントなど、対象制限・給付削減・負担増大の改革が強行されている。導入当初の「介護の社会化」から

かけ離れた「介護の自己責任化」が強化され、制度そのものの信頼が低下している。さらに、低い介護報酬のもとで介護現場の労働条件は厳しく、離職、人材不足は深刻で、介護事業の維持そのものが危ぶまれるほどである。

こうした危機は、どこからもたらされたのか。急速な少子高齢化の進展と国家の財政難による「しかたない」事情によるものであろうか。そうではない。介護保険の危機は、この制度が当初から公共的な方向での「介護の社会化」をめざすものではなく、商品化としての「社会化」のシステムであることから必然的にもたらされたものである。高齢者が公定価格が設定された介護サービスを、契約で利用するさいに、その費用の九割を現金給付（事業者が介護報酬として代理受領）する仕組みでは、ニーズ充足に関する行政責任は問われない。介護報酬抑制のもとで、現場に過度な効率を強制し、営利主義を拡大してしまった。

社会保障における新自由主義改革は、給付の抑制、政府・大企業の負担の抑制、対象制限（切り捨て）、そして社会サービス領域への営利主義の浸透によって、成長戦略や巨大企業にとって都合のよい形態に社会サービスを再編成するねらいをもって進められている。したがって、新自由主義改革をストップしなければならない。

そして、「権利としてのケア保障」への改革を実行しなければならない。

詳しくは各章で明らかにされていくが、ここで大まかな道筋をいっておくと、まず現金給付を現物給付へと切り替える介護保険制度改革を行ない、同時に「必要充足」原則を制度的に確立し、ケアサービスの労働条件を改善し専門性を高め、次の段階として「権利としてのケア保障」を構築する過程に進む。「ケア保障」は他の制度と切り離されて存在しているわけではない。医療保障、公的年金、生活保護、障害者福祉、児童福祉、青年福祉、住宅政策を含めた社会保障全体をどう充実させるかが、明らかにされなければならない。つまり国家のあり方を問う必要がある。「権利としてのケア保障」を明確にする仕事は、どのような国家を構想するのかという広がりをもった検討にならざるをえない。

これからの国家のあり方について、われわれは「社会保障憲章（案）」と「社会保障基本法（案）」を提言し[*1]、人権と平和、民主主義を守る「新しい福祉国家」をつくる政策提案と運動の必要性を訴えてきた。本書は、その蓄積にもとづいて、現行介護保険制度の課題・問題点を明らかにし、今後の「権利としてのケア保障」への政策提起を行なうものである。

2　現金給付の欠陥と現物給付への転換の必要性

ケアの専門性を前提にする

ここで、「権利としてのケア保障」を確立するうえで前提となる二つの課題、ケアの専門性と、現物給付について述べておきたい（社会保障制度の給付は、大別して年金や生活保護など経済的保障のための現金給付と、医療や社会福祉など社会サービス保障のための現物給付に分けられる)。

まず、「介護は、誰でもできる。専門性は低い」という認識では、「権利としてのケア保障」は制度化できない。

介護はケアの一つではあるが、ケアのすべてではない。ケアは、生活行為・生活活動を援助(介護)することによって日常生活を支え、そのうえで文化的で人との関係性が保てるその人らしい生活をつくり、さらに地域や社会に参加し市民生活を援助する三層から構成される。ケアは病気・障害のある人と専門職との信頼と共同の関係のなかで営まれ、個人の尊厳を守る社会的役割もつ。

食事、入浴、排泄、着替えなどの生活行為は通常は家族にも介助させない最も個人的なものである。したがってケア専門職には、倫理性はもちろん、健康・障害に関する知識や援助技能と、「生活の質」に関するアセスメント能力が求められ、さらに、高齢者の生活困難、不安、葛藤を深くつかみ、生活・心情を含めたトータルな分析力と洞察力が求められる。ケアサービスは医療や家族の介助、他のサービスなどと統合されて高齢者の生活全体を支える。

医療サービスや教育サービスの専門性は自明のこととされているが、いわゆる介護、ケアは安易に家族介助の代替とされ、公的責任の問題というより私的に解決すべき課題とされやすく、介護報酬も低く抑えられている。ケアの専門性を前提に制度設計を行なう必要がある。[*2]

「必要充足」と現物給付化

先に述べたように介護保険は「必要充足」原則を満たしておらず、社会保障の基本から〝逸脱〟している。したがって、「必要充足」を基本とする仕組みに改革するために、さしあたって給付形態を現物給付に転換しなければならない。

専門職が病気や障害の、生活問題のある人のニーズを把握し、必要と判断したサービスを提供し、提供されるサービスを診療報酬や介護報酬あるいは公費負担で保障するのが現物給付である。サービス提供の起点は、ニーズと専門職の判断である。利用者の負担は、事業者への支払いではなく、保険者が徴収する一部負担となり、利用料の意味あいは異なる。保険給付を一〇割とすれば、サービスを利用できないという状況は解消できる。

現物給付となっても、①専門職と利用者の信頼と共同にもとづくニーズ判断とケア目標の設定、②サービス提供によって、利用者の「生活の質（QOL）」が維持されているかという評価（アセスメント）、③サービスの質・水準に関する法的な根拠をもった基準の設定、④サービス提供者の社会的使命の明確化・営利主義の排除と経営の継続が制度的に確立されることが必要であり、さらに⑤要介護認定を廃止して専門性の高い職員がニーズを把握・判断しサービスを給付するシステムとするべきである。

介護保険が個人契約とセットになった現金給付とされたのは、報酬を抑制し、保険財政を抑制しようとしたことと、サービスの量的拡大のために居宅サービスへの営利企業の参入を促進し、多元的な事業者による市場システムをつくるねらいがあったからである。このシステムは、原理的に介護サービスの質を支える機能をもたず、介護職員の雇用・労働条件の抑制、低賃金、非正規労働者の拡大という低コスト人材体制を強制している。また、過度な効率的経営の強制は、いかに収益を得るかという営利主義的傾向を拡大しかねない。

給付形態の原理的問題

現物給付は、現場で実行するサービス〝そのもの〟が給付＝報酬あるいは運営費となる。そのため、サービス提供現場の人員体制・面積・設備などの基準、サービス内容を提供前の段階で厳密に規定し、質を確保しておかねばならない。それにふさわしい提供者の専門的能力・社会的使命・非営利性も求められる。サービスの質の確保責任は提供者に課されるが、同時に報酬あるいは運営費の設定を通じてサービスの質を保証し、「必要充足」を満たす政策サイドの責任が問われる。

しかし、個人契約―現金給付システムは、個人が指定事業者から購入し支払う価格の何割かに相当するお金の給付である。公定価格設定のためのサービスの標準的な内容と、そのサービスを提供する事業者の指定基準が設定されるが、質の確保とニーズの充足は契約のなかで処理されることになる。ニーズが満たせないなら上乗せで個人が負担してサービスを追加して利用する、いわゆる「混合介護」が前提となる。また、ニーズを充足しているかどうかは、個人契約の問題にすぎず、公的な課題とはならない。サービスの質の維持から介護報酬が見直されるのではなく、介護保険財政、介護給付費全体との関係や政策的ねらいから介護報酬が見直され、切り下げられてきたのである。ここに、個人契約－現金給付化の原理的問題点がある。

介護保険から公費負担による「現物給付」へ

現金給付化された他の福祉制度でも同様の問題を抱えている。社会サービスの現金給付化は、営利主義の拡大や現場の疲弊、必要充足の崩壊をまねき、経済的負担能力によるサービス利用の格差を生み出す、新自由主義的社会福祉改革の中心の仕掛けになっている。したがって、介護保険制度を現物給付に改革することが焦眉の課題である。しかし、保険制度には財政的維持、給付の充実、ケアサービスの総合性と質の確保について限界があるので、「権利としてのケア保障」を実現するためには、公費負担による「現物給付」を基本とするケア保障制度に向かうべきである。本書ではこの考え方を基本にしているが、これらのことは高齢期の福祉サービスだけではなく、障害者福祉、保育にも共通する改革課題である。

3 「権利としてのケア保障」に向けた二段階の改革

本書は次のような構成になっている。まず全体を第Ⅰ部「高齢者のケアを保障しえない介護保険――歴史と現在」と第Ⅱ部「権利としての高齢者ケア保障の確立へ」に分けている。

第Ⅰ部では、介護保険制度のスタートから、目まぐるしく改定され複雑化している、今日までの軌跡と医療や地域保健に与えた影響、さらに最近の介護保険改革がもたらした矛盾や構造的問題の論点が明らかにされる。ケアを大切にする現場職員の立場と高齢者の生活と権利の視点から、介護保険制度の変遷とその問題点を総括的に理解することができる。また保険原理を強化している介護保険財政の構造的問題を明らかにし、政府が強調する「共助」のシステムとしても限界がきていることを指摘する。そして、新自由主義改革の強行のなかで低所得・無貯蓄高齢者が急増し、このままでは保険料負担、利用者負担に耐え切れない人々が拡大することは必至であり、保険原理主義が破綻していることを補論で明らかにする。

第Ⅱ部の各章は、介護保険制度の構造的分析をふまえて、「権利としてのケア保障」をどう構想するのか、われわれの改革の提起にあてられる。介護保険および医療制度改革のキーワードになっているのは「地域包括ケアシステム」である。しかし、新自由主義的改革を前提として、自助・互助・共助・公助のコンセプトにつらぬかれたケアシステムには展望はなく、それに代わるあり方――「生活者中心の統合的ケア・自治型地域ケアシステム」を提起し、医科と歯科の連携を含めた地域医療、福祉サービスとソーシャルワーカー、居住保障のあり方を提起する。またケアに関する公的責任構築にかかわって、事例をもとに「必要充足」原則にもとづくケアプランはどのようなものかが示され、それをふまえて「ケアのナショナルミニマム」の確立の必要が明らかにされる。そして、現行のままでの介護保険財政の構造には展望がないことをふまえ、高齢者ケアの財政原則は何か、介護保険財政をどう改革するのか、財源確保の方策が明らかにされる。これらの検討のうえで、介護保障につながる制度改革を提起する。

本書の特徴は、まず現行制度の改革を行ない、その実績のうえで「権利としてのケア保障」＝高齢者介護保障制度を確立するという二段階の改革を提案していることである。

安保法制や共謀罪法は悪法ゆえに「ただちに廃止」が正しい方針であるが、介護保険制度は「ただちに廃止」ではなく、「社会保障憲章」と「社会保障基本法」のもとで市民の権利保障のための機能を埋め込む改革を行ないながら、次の制度につなげるという過程が必要なのである。

六年にわたる研究会での成果であるため、編集者泣かせの長編になってしまったが、それでも介護保険制度をめぐる課題のすべてがとりあげられているわけではない。それらについては、次の機会にゆずりたい。各章は系統的に構成され一冊として「権利としてのケア保障」に迫るようになっているが、各章は関連しつつも一つの特定したテーマを分析しており、どこから読んでいただいても介護保険制度の課題や問題点、ケア保障のあるべき方向性を考えることができる。関心のある章から読み進めていただきたい。

（岡﨑　祐司）

◉注

＊1　福祉国家と基本法研究会・井上英夫・後藤道夫・渡辺治編著『新たな福祉国家と展望する――社会保障憲章・社会保障基本法の提言』（旬報社、二〇一一年）。

＊2　ケア保障政策の検討にあたっては、当然、ケアをどうとらえるか、その本質を明らかにする論稿が必要である。編者として「人間の生・生活とケアの本質」という章を用意したが、全体のページ数の関係で割愛せざるをえなかった。これについては、別の機会に刊行することとしたい。

第Ⅰ部

高齢者のケアを保障しえない介護保険

——歴史と現在

第1章　「介護保険一七年」の軌跡と現状

1　本章の課題

「介護の社会化」を掲げ、二〇〇〇年四月に施行された介護保険制度は二〇一七年四月に一七年目を迎えた。人間でたとえれば、生まれた子どもが義務教育を修了し、高校生活も終盤に達する期間に相当する長い時間を経過したことになる。

介護保険がスタートして、利用者、事業所数は右肩上がりに増えつづけ、町なかでデイサービスの送迎車をみかけるのも日常的な光景になった。介護が社会全体の課題であるという認識を国民のなかに広げ、より多くの高齢者に公的制度による介護サービスを届ける環境を整えたという点でいえば、介護保険は日本の介護のありようを変えてきたことは間違いない。

しかし、その一方で介護をめぐる厳しい現実がある。家族の介護負担は増大し、介護を理由とする離職者は毎年一〇万人を数え、「介護心中・介護殺人」と称される痛ましい事件は後を絶たない。介護を支える事業所の状況も深刻だ。介護現場では慢性的な人手不足で職員は疲弊、事業所は低い介護報酬のもとで経営を維持するだけで精一杯の状態である。介護福祉士の養成校では入学者の定員割れが続いている。

なぜ、このような状況が生じているのだろうか。

結論を先取りすれば、それは介護保険が「介護の社会化」の期待を背負いつつも、創設時も、施行後においても、つねに社会保障費の削減を掲げる政府の社会保障構造改革とともにあり、それを牽引していく役回りを担ってきたことに起因する。すなわち社会サービス制度に求められる「必要充足」原則と大きな隔たりをもった内容で最初から設計され、施行後は「持続可能性の確保」のスローガンのもと、利用者・家族、介護現場の実状を顧みないまま、給付の削減と費用負担の引き上げを先行させた制度見直しが重ねられてきた。そのため、高齢化にともなって介護給付の総量は増えてきたものの、増大する介護ニーズに追いつかないまま推移しており、個々の利用者にとってみれば基盤整備の遅れや経済的な事情によって必要十分なサービスを受けられず、介護現場では困難が是正・解消されない事態が続いている。

本章では、現行介護保険制度の成り立ち（第2節）と施行後一七年間の改革の経過（第3節）を振り返り、その帰結としての介護保険制度の現状（第4節）について検討する。高齢者、国民が望む「介護の社会化」に到達するどころか、それとは逆に、介護保険制度が自身の存続を左右しかねない重大な事態に直面していることを明らかにしたい。

2　介護保険の創設経過と制度設計

(1) 介護保険創設の経過

創設の背景——社会保障構造改革のもとで

介護保険の検討が開始されたのは一九九〇年代半ばだった。バブル経済後の厳しい不況や経済的グローバル競争の激化のなかで、当時の自民党・第二次橋本龍太郎内閣は、「高コスト構造からの転換」と「ビジネスチャンスの創出」を目的とする構造改革をスタートさせる。社会保障領域においては、企業活動を阻害する社会保障費削減のための歳出改革と、規制緩和による企業参入促進による社会保障の営利化・市場化を掲げた。

一方で、同時期に発表された社会保障制度審議会「九五年勧告」（社会保障体制の再構築——安心して暮らせる二一世紀の社会をめざして）は、社会保障を「みんなのためにみんなでつくり、みんなで支えていくもの」と特徴づけ、国家を「みんな」のなかに埋没させることで、社会保障に対する国の責任を形骸化させる考え方を示した。

介護保険制度は、「介護の社会化」を求める当時の国民世論をバックにしながらも、社会保障構造改革の着手と社会保障理念の改変という二つの大きな政策上の流れを背景に検討・具体化された。*1

迷走の果ての国会上程、法案成立

しかし、介護保険法が成立するまでの道のりは決して平坦なものではなかった。

介護保険制度の本格的な検討は、一九九四年一二月、厚生省（当時）の介護保険対策本部がとりまとめた「新たな高齢者介護のシステムの構築をめざして」を受けて、翌九五年二月から老人保健審議会において開始された。しかし審議は混迷を重ね、最後は厚生省が引き取るかたちで報告書が作成されるという過去に例のない経過をたどった。九六年一一月、ようやく法案の国会上程にこぎつけるが、その後も自治体関係者などから異論が相次ぎ、二度の継続審議を経て、九七年一二月、衆議院で一五本、参議院で一九本という異例の数の附帯決議が付されて成立に至る。

こうした迷走の背景に、介護保障に対する基本的な考え方や制度の具体的内容が、社会保障構造改革のもとで、介護の現実や当事者が求める方向からかけ離れたかたちで検討されてきた経過があったと考えられる。とくに、新たな制度を保険方式とするのか、全額公費負担方式とするのかという、制度設計の根幹にもかかわる最も肝心な議論が十分尽くされたとはいえなかった。*2

(2) 介護保険の成り立ち——「構造的欠陥」の組み込み

これらの経過のなかで、介護保険は、公的な社会サービス制度が本来備えるべき「必要充足」原則、すなわち必要なときに必要なサービスが適切に保障されるという基本原則から大きく乖離し、利用者、事業者からみれば「構造的な欠陥」を最初から組み込む制度として設計された。

構造的欠陥をつくりだした制度の基本設計

「保険原理」にもとづく保険主義の徹底

社会保険とはいうものの、「保険原理」を肥大化させ、保険主義（「負担なければ給付なし」「負担の見返りとしての給付」）を徹底させた制度として設計された。

「保険原理」には、保険料負担に見合って保険金が給付される「給付・反対給付等の原則」、保険事故のリスクに合わせ保険料を負担する「保険料公平の原則」などがあるが、介護保険で最も重要なものは「収支相当の原則」だろう。「収支」すなわち収入（保険収入＝介護保険料）と支出（保険支出＝介護給付費）の均衡を求める原則であり、給付を支払い可能な保険料の範囲内に押さえ込むことがつねに要請される。とくに介護保険の場合は、給付と保険料が直接連動する仕組みとなったため、給付の伸びをできるだけ抑制し、かつ保険料は確実に徴集するという財政上の規律が強く作用する制度となった。

まず給付（支出）の抑制をはかるために、あらかじめ保険給付の上限を設けた（区分支給限度額）。その水準は、「介護の社会化」を掲げてはいるものの、実際は家族介護の存在を前提に設定された。最重度の要介護5の月上限額は約三六万円だが、これは現行の「三〇分以上一時間未満」の身体介護（訪問介護）を、一日三回、毎食時（一回約四〇〇〇円、一日約一万二〇〇〇円）、一か月利用しつづけると達してしまう水準にすぎない。つまり一日三時間は介護保険でカバーすることが可能だが、残りの二一時間は介護を担う家族がいなければ在宅での生活は立ちゆかないということだ。在宅での生活を希望しても、一人暮らしで重度化が進行していけば施設入所が基本的な選択肢にならざるをえない。

この上限額は六段階に区分され（要支援、要介護1～5）、その振り分けを行なうシステムとして要介護認定が導入された。しかし、コンピュータ判定を導入したことから個別性を反映しにくいシステムとなり、また身体機能を中心に評価する設計にしたため認知症や一人暮らしが軽度に判定されるなど、判定結果と状態像が乖離する問題が施行当初から指摘されていた。

保険料（収入）については、収入の多寡にかかわらず六五歳以上の全高齢者を被保険者（第一号保険者）とし、さらに、徴収を確実にするために月一万五〇〇〇円以上の年金収入がある場合に年金天引き（特別徴収）を導入した。その一方で、一般的な低所得を理由とする保険料の軽減制度を法定化せず、保険料の未納・滞納に対して制裁措置（一年の滞納で償還払い化、一・五年で給付の一時差し止め、二年以上は給付を七割に減額）を導入した。さらに四〇～六四歳について、「親の介護に直面する世代」であることを理由に、給付の対象を「加齢に伴う疾患」に限定したうえで保険料を課した（第二号被保険者）。

現物給付から契約にもとづく現金給付（サービス補償）へ

介護保険以前の措置制度では、介護サービスは自治体の責任による現物給付として提供されていた。しかし、介護保険では、当事者と事業所の契約にもとづき、保険者である市町村が利用者にサービス費の九割分（利用料一割負担の場合）を支給する方式（現金給付＝サービス費補償方式）となった。ただし、市町村が個々の利用者にサービス費を支払う煩雑さを回避するため、利用者に代わり事業者がサービス費を介護報酬として受け取る「代理受領」が導入された（第9章の図1参照）。[*3]

その結果、市町村は、利用者と事業者の契約にもとづいてサービス費を支給し、その費用が必要十分な水準なのか、実際に必要なサービスを利用できているかどうかまで関与しない仕組みとなった。また、制度に起因するさまざまな問題が生じても、契約当事者間、たとえば利用者と担当ケアマネジャー間で解決すべきとされ、介護保険の問題が表面化しない構造がつくられた。

くわえて、訪問リハビリ、通所リハビリ、訪問看護の一部が介護保険に移され、医師、薬剤師等による訪問指導が居宅療養管理指導として組み込まれた。これは現物給付として保障されてきた医療の一部が「現金給付」化されたことを意味する（医療の介護保険化）。施設で提供する医療も診療報酬での算定ではなく介護護保険内での対応とされた。いわゆる「社会的入院」への対応策として、従来の療養病床とは別に、介護保険が適用される療養病床を新たな施設類型として新設した（介護療養型医療施設）。いずれも高齢者医療費の削減を目的としたものである。

利用に応じた応益負担制

サービス利用の対価として定率一割の利用料を導入した。

サービスの利用を増やせば利用料が引き上がるため（応益負担）、利用者の側には「サービスを減らすか」「利用料を増やすか」という二者択一が強要されることになった。サービスの利用は必要に応じてではなく、負担能力によって規定され、とりわけ年金収入の少ない低所得者にとっては、利用料負担は必要な介護サービスの利用を阻む重大な足かせとなった。また、介護報酬を引き上げると利用料負担が増大することになるため、サービスの充実や処遇改善に実質的な制約が加わることになった。

国庫負担の切り下げ、給付抑制・負担増に向かう財源方式

介護保険財政は、介護保険料五〇%、公費五〇%で構成される。公費のうち国庫負担は公費の二分一、給付費全体の二五%であり、措置制度では五割を占めていた国庫負担（一九八四年まで施設運営費の国庫負担割合は八割だった）は半減した。ただし、国費二五%といってもこのうち五%は保険者間の差を補正するための調整交付金を含んでいる。

財政上のもう一つの問題は、給付費と介護保険料が直接連動する仕組みになったことだ。そのため「給

付の縮小か」「負担の増大か」の選択がつねに迫られる財政上のジレンマが持ち込まれた。給付量は支払い可能な保険料の水準に押しとどめられることになり、この財政構造は事実上の給付抑制装置として機能することになる。

介護の営利化・市場化

サービス基盤は多様な提供主体によって構成され、居宅サービスについては営利企業による開設・運営を容認した。そのため介護保険の導入を機に市町村の直営事業が次々と撤退し、営利企業を含む民間事業者に置き換えられていくことになった。

同時に、利用契約にもとづく現金給付（サービス費の補償）、応益負担制により、公的制度でありながら市場での商品取引により近い仕組みとなったことも特徴だ。利用者は、サービス利用の権利主体というよりも、サービスの消費者としての性格を強くもって立ち現れることになった。また、医療では認められていない、保険内サービスと自由料金による保険外サービスとの混合利用（混合介護）も可能となった。

サービス利用までの高いハードル、実態は「名ばかり」社会保険

こうした制度設計により介護保険には、サービスの利用に至るまでに何重ものハードルが課せられることになった。保険証を提示すれば基本的に受療につながる医療保険とは異なる仕組みである。

利用するには、まず市町村に〈申請〉することが必要だ（申請主義）。その際ケアマネジャーなどによる代行申請も可能だが、独居、認知症などさまざまな事情でその算段すら講じられない高齢者もいる。申請後は、認定調査員の訪問を受け、コンピュータ判定（一次判定）、認定審査会での協議（二次判定）を経て〈要介護度〉が決定される。ここで「非該当」となれば保険給付の対象から除外され、判定された要介護度によっては利用できないサービスが発生する（施設入所など）。また要介護度ごとに〈保険給付の上限〉（区分支給限度額）が設定されており、超えた分は全額自費負担となるため、その支払いが困難であれば負担額を上限額の範囲内に納まるよう利用を調整せざるをえない。

サービスの利用は、居宅介護支援事業所と〈契約〉し、〈ケアプラン〉を作成して開始される。緊急時を除き、基本的にすぐに利用できる仕組みではない。サービスの具体的な内容や提供方法などは、〈介護報酬〉によって事実上規定される。また施設を含め、住んでいる圏域内に希望するサービスを提供する〈事業所〉が存在していなくてはならない。地域によって整備状況に大きな差があり、営利業者は不採算と判断した地域には基本的に参入しない。

費用負担の面では、サービスの利用に応じて定率の〈利用料〉が発生し、その支払い可能な範囲内での利用となる。保険制度ゆえ〈介護保険料〉を納めていることが前提であり、保険料の未納、滞納があれば給付の減額など制裁措置の対象となる。

介護保険はこれらを一つひとつクリアしなければサービスにたどり着けず、これは利用者・高齢者にとっては、利用から排除する構造的欠陥にほかならない。こうしたさまざまなハードルは制度を複雑化させ、事業者の事務負担を増大させるとともに、当事者である利用者・高齢者の制度理解を困難にしている。

以上のように、介護保険は公的保障・公的責任の度合いの非常に薄い制度として設計された。医療保険と同様に社会保険に属しているとはいえ、あらかじめ事故（介護事故＝要介護状態）を査定（要介護認定）し、保険金（上限付きサービス費用）を決定・支給するというシステムは、むしろ民間保険（たとえば、自動車事故に対する損害保険）に発想が近い。介護保険は社会保険が本来備えるべき公的責任を縮小させて保険主義を前面に押し出した、「名ばかり」社会保険といってもよいだろう。

社会福祉基礎構造改革の「牽引車」に

介護保険の設計は、他の福祉領域の改革（社会福祉基礎構造改革）に「応用」されていくことになる。

障害分野では、支援費制度の創設により契約方式への移行と企業参入の解禁がはかられ、障害者自立支援法の制定で応益負担が導入される。その基本的な骨格が維持されたまま、現在は障害者総合支援法に移行している。六五歳以降は介護保険法が優先的に適用されることで、甚だしい利用制限や自己負担が生じている。

保育・児童の分野では、保育事業への企業参入が早々に容認され、児童福祉法「改正」による措置費の削減がはかられた。子ども・子育て支援法が成立し、現物給付は維持されたものの、介護保険制度に接近した仕組みが導入されている。

3 施行後の経過
――〈混乱・抑制〉から〈手直し・助走〉、そして〈一体改革〉へ

介護保険がスタートして以降、給付全体は年々拡大しつづけ、二〇〇〇年四月と一六年四月を比較すると、認定者数は二一八万人から六二二万人（二・九倍）、サービス受給者数は一四九万人から四九六万人（三・三倍）と急増している。事業所数（介護報酬請求事業所数）も、たとえば通所介護は〇一年度の九七二六か所から一五年度は四万三四四〇か所へと四・五倍となっている。

しかしその一方で、介護をめぐる困難が深刻化している現実がある。施行後の制度の見直しによって当初組み込まれた構造的欠陥が増幅し、高齢化に対応した給付全体の伸張とは裏腹に、個々の利用者の側で必要なサービスの利用が困難になっていることがその背景にある。

本節では、政府の社会保障構造改革のもとで、介護保険がいかにその構造的欠陥を拡大させ、制度的矛盾を深めてきたかを検討したい。

介護保険は三年ごとに介護報酬、介護保険料、自治体の計画（介護保険事業計画）を見直す「三年一期」のサイクルで運営される。二〇〇〇〜〇二年度が第一期で、現在（二〇一七年度）は一五年度を初年度とする第六期の最終年度にあたる。これに介護保険法本法の「改正」と施行が重なり、これまで〇五年

表1　介護保険制度改革の経過

事業年度	「改正」法施行	★本稿での時期区分	「改正」の目的（政策の流れ）
第1期 2000～2002年度		第Ⅰ期＝〈混乱〉〈抑制〉 ＊準備不足のままスタート	介護保険制度の持続可能性の確保 （給付と負担の見直し）
第2期 2003～2005年度		○小泉構造改革 （年2200億円の社会保障費削減）	
第3期 2006～2008年度	2005年「改正」法施行 「介護崩壊」	第Ⅱ期＝〈手直し〉〈助走〉	
第4期 2009～2011年度		＊報酬引き上げ，処遇改善策 ＊社会保障“機能強化”構想	
第5期 2012～2014年度	2011年「改正」法施行	第Ⅲ期＝〈一体改革〉 ○社会保障・税一体改革 「2025年の医療・介護の将来像」	地域包括ケアの確立 （医療との一体改革）
第6期 2015～2017年度	2014年「改正」法施行	○経済・財政一体改革 「経済財政再生計画」 「改革工程表」	「我が事・丸ごと」 地域共生社会の実現
第7期 2018～2020年度	2017年「改正」法施行	＊2018年医療・介護同時スタート 医療・介護諸計画同時スタート 報酬同時改定，国保改革，等	地域包括ケアの深化・推進 （福祉の見直し）

出所）筆者作成。

（〇六年度施行）、一一年（一二年度施行）、一四年（一五年度施行）の三度にわたり大規模な法「改正」が実施されてきた。

本稿では施行一七年の経過を大きく三つの時期に分け、政府の社会保障構造改革の枠組みと関係づけながら経過をたどる[*4]（表1）。

まず、二〇〇〇年四月の制度施行から小泉政権を経て第一次安倍政権までの期間だ。施行後の〈混乱〉が収束しないまま、「聖域なき歳出改革」を掲げた小泉構造改革がスタートする。毎年二二〇〇億円もの社会保障費の削減が断行されるなかで、介護報酬の引き下げをはじめとするさまざまな給付削減メニューが実施に移された。とくに二〇〇五年法「改正」（〇六年四月施行）は、予防給付の導入によって、制度全体を給付抑制型システムへと「モデルチェンジ」をはかるものだった（〈抑制〉）。

この時期を「第Ⅰ期」と呼ぶと、続く「第Ⅱ期」は福田・麻生政権から民主党政権までを包含する。小泉構造改革によって「介護崩壊」と報じられる事態が各地で生じ、その後の福田、麻生内閣は、処遇改善や施設の緊急整備などの対策を講じることを余儀なくされる（〈手直し〉）。その一方で、社会保障の強化を求める世論の高まりを奇貨として、次の段階の構造改革（社会保障制度改革と消費税増税）の基本方向が打ち出される。これはその後政権を担った民主党政権に引き継がれ、野田内閣のもとで「社会保障・税一体改革」として基本路線が敷かれ、民主・自民・公明三党合意にもとづく社会保障制度改革推進法の成立によって改革の基盤がつくられていく（〈助走〉）。

「第Ⅲ期」は第二次安倍政権成立以降、社会保障・税一体改革が本格的に展開され、現在に至る時期である（〈一体改革〉）。社会保障制度改革国民会議の報告を受けて、介護、医療制度の改革法案が次々と成立し、介護制度改革は、「国策化」された地域包括ケア構想のもとで新たな段階を迎えることになる。この時期には二〇一一年、一四年と二度の法「改正」が実施され、介護制度改革は二五年に向け、医療との〈一体改革〉として推進されていく（表中の経済・財政一体改革と一七年「改正」については第2章で論じる）。

(1)〈混乱〉と〈抑制〉の第Ⅰ期——給付削減・負担増を先行させた制度改革

介護保険制度は法案策定段階での混迷を引きずったまま実施に移された。第Ⅰ期は、施行直後の〈混乱〉と小泉構造改革のもとで保険給付の徹底した〈抑制〉がはかられた点を特徴とする。

見切り発車から抑制へのギアチェンジへ

二〇〇〇年四月、甚だしい準備不足のまま、半ば見切り発車のかたちで介護保険制度がスタートした。利用者、事業者、自治体での混乱が続く一方、地域の介護ニーズが新たに掘り起こされ、認定者、利用者は右肩上がりに増えていく。しかし、実際の状態と乖離した要介護認定、サービス基盤整備の遅れ、経済的事情による利用困難など実施前から指摘されていたさまざまな問題が露呈していく。全国展開していた大手事業者が「不採算」を理由に一部地域から撤退したのもこの時期だった。

施行から一年を経過した二〇〇一年四月、「聖域なき改革」を掲げた小泉内閣が発足し、〇二年度から毎年二二〇〇億円（〇二年度は三〇〇〇億円）にものぼる社会保障費の削減が開始された。はじめて実施された二〇〇三年の介護報酬改定は「財源の効率化と適正化」を理由に二・三%の大幅な引き下げとなり、長時間（九〇分以上）の訪問介護、軽度の通所介護の報酬などが大幅に引き下げられた。厚生労働省（厚労省）内に「介護給付費適正化対策本部」が設置されたのも〇三年だ。以降、介護給付費の削減を目的に、ケアプランに対する事後的なチェックなどが市町村の手で開始される。*5 また、訪問介護での「不適切事例」の機械的適用や、同居家族がいる場合に生活援助を一律に禁止するローカルルールの横行などさまざまな利用制約が目立ちはじめる。基盤整備では総量規制方針が敷かれ、整備枠の上限設定（参酌標準）や国庫補助縮小を掲げた三位一体改革などによって特別養護老人ホーム（特養ホーム）などの施設整備は早くも抑制の方向に向かっていく。

介護報酬の引き下げ、基盤整備の総量規制、事後規制の強化など、以後の制度見直しにおいて次々と実行に移されていく給付抑制策の基本的メニューがこの時期にほぼ出揃うことになる。

給付抑制型システムへのモデルチェンジへ——二〇〇五年「改正」法

二〇〇五年に最初の法「改正」が行なわれた。異を唱えにくい「予防重視」の理念を掲げ、介護給付とは別体系の予防給付を創設することによって、制度全体を給付抑制型のシステムに大きく転換させたことが最大の特徴である。予防給付の対象となる要支援1・2の認定区分が新たに設けられ、これまでの要支援者は要支援1に、要介護1の利用者のうち七割が要支援2に移行した。要支援1、要支援2の区分支給限度額は、それまでの要支援、要介護1と比較してそれぞれ約二割、約四割もの減額がはかられた。訪問介護では報酬が月額定額制となり、サービスの内容や対象が狭められた。介護予防支援の報酬は、従来の居宅介護支援費の半額以下となった。新たに設置された地域包括支援センターが予防支援を原則実施するとされ、居宅介護支援事業所に委託することも可能とされた。しかし委託数の上限（ケアマネジャー一人あたり八件まで）が設けられたことで、地域包括支援センターが膨大な介護予防支援業務を抱えざるをえなくなる事態が生じた。

あわせて、介護保険財政の一部を財源に、市町村が運営主体となる地域支援事業が創設され、介護予防事業、包括的継続的ケアマネジメントや権利擁護、虐待防止などの事業と、それらを担う地域包括支援センターなどが制度化された。[*6] 事業者に対する事後的な規制も強化され、事業指定の更新制（六年毎）やケアマネジャー資格の更新制（五年毎）が導入された。

給付抑制の推進・強化

二〇〇五年の法「改正」にもとづく介護報酬二〇〇六年改定は二・四％のマイナス改定となった。このうち軽度部分は予防給付の創設に対応して五％引き下げられた。施設給付費にかかわる大幅な改定が実施され、「在宅と施設の負担の不均衡の解消」、他の居住系施設との競争条件を揃える「イコール・フッティング」を理由に、居住・食事に相当する費用を介護報酬からはずし、その全額を利用者の自己負担とした。さらに、要介護1以下の福祉用具は、車いす、電動ベッドなど「状態像からみて利用が想定しにくい」品目が一部の例外を除いて給付対象から外された。

また、政府は「療養病床の将来像について」（二〇〇五年一二月）を示し、当時三八万床あった療養病床（医療療養病床二五万床、介護療養病床一三万床）を二〇一一年度末までに一五万床（医療療養病床一五万床、介護療養病床は全廃）まで削減する目標を掲げた。

あわせて、介護保険部会（社会保障審議会）が「被保険者・受給者の範囲の見直し」について報告をとりまとめ（二〇〇四年一二月）、財源（保険料）確保を目的とした被保険者年齢の引き下げと、若年層への給付範囲の拡大を目的とした介護保険制度と障害者施策との「統合」を提言した。*7

コムスン事件が明らかにしたもの

この時期、介護界に衝撃を与えたのが「コムスン事件」だ。架空の職員の名義で事業指定を受けるなど、利益確保を優先した法令基準違反の実態が判明し、全事業所の指定が取り消される行政処分を受けるに至る(二〇〇七年六月)。この事件は、介護保険事業において、介護に求められる「公共性」と利益追求を優先する「営利性」とが相容れないものであることを白日のもとに示した。

この事件を機に事業所に対する指導・監督がいっそう強化され、実施指導・監査システムの見直しとともに、行政処分の対象を当該法人にとどめず関連法人にまで広げる連座制の強化や「処分逃れ」の防止策が講じられた(二〇〇八年一部法「改正」)。

改革をリードする財務省の提言

二〇〇五年法「改正」に向けて、具体的な制度改革を提言したのが財務省の財政制度等審議会である。〇三年「建議」(平成一六年度予算の編成等に関する建議)は、介護給付費が二五年に二〇兆円(当時五兆円)に達するという推計から、このままでは「持続困難な制度となりかねない分岐点にたたされている」という認識を示した。翌〇四年「建議」(平成一七年度予算の編成等に関する建議)では、「検討すべき論点」として、「自己負担割合の見直し」（利用料二〜三割化）、「給付範囲の見直し」（ホテルコストの徴収、軽度給付や日常生活支援の側面が強い給付の除外もしくは自己負担割合の引き上げを含む重点化）、「負担の公平」（負担軽減措置を低収入・低資産の者に限定、受給者の死後に費用を回収する仕組みの導入）をあげた。〇五年法「改正」で実施に移された軽度、施設給付、福祉用具の見直しはその一部である。

以後の法「改正」時に提案される制度改革案の大枠が、この時期に財務省からすでに示されていたことは、注目に値する。*8

(2)〈手直し〉と〈助走〉の第Ⅱ期――「介護崩壊」への対処と次期介護制度改革の準備

制度施行以降、強力な給付抑制が続けられた結果、「介護崩壊」と称される介護困難が噴出した。そのため、政府は、制度の改善を求める世論と運動に押されながら介護報酬引き上げなどの対策を講じることになる。同時に、現状の介護困難の打開を求める世論を逆手にとり、社会保障の「機能強化」と消費税増税を両輪とする次期社会保障制度改革の方向を示した。

第Ⅱ期は、介護崩壊とその〈手直し〉、次期制度改革（社会保障・税一体改革）を準備した〈助走〉の時期である。

各地で噴出する介護困難

介護報酬の連続引き下げ、施設整備の総量規制など、小泉構造改革のもとで強行された給付削減・負担増を先行させた制度見直しは、介護現場を疲弊させ、地域の介護基盤を大きく揺るがし、「介護崩壊」と報じられる事態を各地で生み出した。

とくに、予防給付を導入した二〇〇五年「改正」の影響は大きく、施行直前の〇六年三月と〇七年三月との比較では、利用者数（三・七％減）、給付日数（一二・一％減）、介護給付費（八・二％減）などすべての指標でマイナスとなった。給付実績が前年比で減少したのは制度創設以来はじめてのことだった。

介護事業者の倒産件数はかつてないペースで増大し、訪問介護、居宅介護支援事業所などの縮小、廃業も相次いだ。介護職員の離職率は二割を超え、同時期の全産業平均の離職率を五ポイント近くも上回った（介護労働安定センター「介護労働実態調査」）。職員が確保できずに全室開所できない特養ホームが出現するなど、増大する介護需要に応えられない事態が広がった。[*9] 介護福祉士の志望者も減少の一途をたどり、二〇〇八年春の介護福祉士養成校の入学者は定員比四五・八％にとどまった。

利用者・家族の介護をめぐる困難も増大した。①利用料などの重い費用負担によるサービス利用の支障、②認定結果と実際の状態との乖離、③予防給付への移行や軽度者に対する福祉用具の制限、④区分支給限度額による利用制約、⑤自治体独自の法令基準解釈（ローカルルール）による利用制限、⑥在宅介護が困難になった際の施設などの受け入れ先の確保困難、⑦前記⑥のうちとくに医療的処置を要する場合の対応苦慮など、介護保険制度に起因する利用者・家族の介護・生活困難が各地で噴出した。[*10]

政府の対応と新たな抑制策

政府は、これらの事態に対応することを余儀なくされ、小泉政権、第一次安倍政権のもとで実施されてきた社会保障費年二二〇〇億円の削減を中止した（「骨太方針二〇〇九」）。これは困難の打開を求める世論と運動がつくりだした成果でもあった。さらに政府は介護報酬二〇〇九年改定において、制度施行以来はじめてのプラス改定で三％の引き上げを行なった。介護職員の処遇改善のために交付金制度（介護職員処遇改善交付金）を創設し、特養ホームなどの緊急整備を予算化した。

しかし、これらは抜本的な困難の打開につながるものではなかった。介護報酬は三％アップしたが、過去二回続けて二％を超える引き下げが実施されてきたなかでは「焼け石に水」といってよく、喧伝された「月額二万円の給与アップ」の実現にも遠い水準だった。介護職員処遇改善交付金は、一般財源を充当した点では評価できるものだったが、交付率が低く、対象職種にも制限が加えられたことから効果は限定的なものにとどまった。申請実務も煩雑であり、小規模事業者にとっては申請自体が困難な制度だった。

こうした〈手直し〉の一方で、二〇〇九年度から要介護認定制度の全面的な見直しが実施され、認定調査項目の削減や判定基準の見直し、コンピュータ・プログラムの再編、認定審査会の権限・裁量の縮小がはかられた。それによって、認定調査とコンピュータ判定で軽度に誘導された一次判定結果を、二次判定（認定審査会）で修正することが困難になった。このうち認定調査の判定基準については、実態と乖離した内容に対する批判が広がり、実施半年後（二〇〇九年一〇月）に修正がはかられた。[*11] しかし、全体としては軽度判定化がいっそう促進され、状態像と認定結果との乖離など従来から指摘されていた矛盾は解消されるどころか、その後の法「改正」を通していっそう深まることになった。

次期制度改革の構想化――社会保障・税一体改革への助走

新たな介護・社会保障制度改革の準備

二〇〇八年一一月、政府が設置した社会保障国民会議が「最終報告」をとりまとめ、「社会保障の機能強化」とその財源確保のための消費税増税を打ち出した。「機能強化」とはいうものの、本質は「重点化・効率化」にあり、「最終報告」のねらいは、それまでの改革で疲弊しきった医療・介護の再生、充実を願う国民の要求を逆手にとり、消費税の増税と社会保障の削減・市場化を一気に進める点にあった。

社会保障国民会議が示した改革構想は、二〇〇九年一二月に誕生した民主党政権に引き継がれて具体化され、菅政権が一〇年七月、「社会保障・税一体改革「成案」」をとりまとめた（閣議報告）。その際に二五年の医療・介護提供体制の再編方針（「医療・介護に係る長期推計」）が示され、「高度急性期」「急性期」「亜急性期」「慢性期」の四つの機能ごとの必要病床数を算出し、二五年の時点で一二九万床必要とされる一般病床を一〇三万床まで削減する方針が提起された。この受け皿となるのが「地域包括ケアシステム」とされ、施設整備を圧縮し、居住系サービスや在宅介護の拡充を進めていく目標値が示された。

二〇一二年三月、菅政権を引き継いだ野田政権は「社会保障・税一体改革『大綱』」を閣議決定した。八月には、民主・自民・公明の三党合意による社会保障制度改革基本法が成立し、改革全体の枠組みが準備されていく。

地域包括ケアの政策化

政府の地域包括ケア政策をリードし補完する役回りを担ってきたのが地域包括ケア研究会（田中滋座長）だ。二〇〇九年以降、数次にわたって報告書をとりまとめ、地域包括ケアを「住宅が整備されることを基本に、医療・介護・予防のみならず、福祉サービスを含めたさまざまな生活支援サービスが日常生活圏域で適切に提供される地域での体制」と定義し、おおむね中学校区を単位に二五年までに全市町村で確立し、入院や施設に頼ることなく、在宅で最期を迎える体制づくりをめざす（「在宅限界を高める」）ことを提言した。

報告書が地域包括ケアの基本的理念として示したのが「自助・互助・共助・公助の役割分担」論である。中心に据えているのは「自助」（本人の自己責任、家族の連帯責任）、「互助」（地域の共同責任）であり、「自助」には自前で市場サービスを購入・調達することも含むとした。「自助」「互助」と「市場化」を土台に、できるだけ公的制度に依存させないシステムとして設計した点に政府の地域包括ケア構想の本質があった。[*12]

(3) 〈一体改革〉推進の第Ⅲ期――医療・介護提供体制の再編と介護保険制度改革

噴出する介護困難、制度矛盾が根本的に修復されないまま第五期（二〇一二〜一四年度）を迎え、病床機能の再編（病床数の削減）、その受け皿となる地域包括ケアの確立を掲げた「社会保障・税一体改革」のもとで、介護保険制度改革はこれまでとは異なる段階（第Ⅲ期）に入る。

この時期の法「改正」の柱は、「介護保険制度の持続可能性の確保」と「地域包括ケアの実現」の二本建てになった。両者は、「地域包括ケアの実現」といっても、あくまでもその主たる制度である介護保険が持続可能となる範囲内にとどめ、他方で、「自助」「互助」を中軸に据えた地域包括ケアを、「持続可能性の確保」をめざす介護保険の新たな「延命策」として機能させるという関係にある。

社会保障・税一体改革の全面展開と介護保険

二〇一二年八月、民主・自民・公明の三党合意によって社会保障制度改革推進法が成立する。わずか一五条の短い法律だが、社会保障に対する国の役割を「自助・自立」の環境整備に矮小化させるという、社会保障理念の重大な改変を行なうものだった。

翌二〇一三年八月、同法にもとづいて設置された社会保障制度改革国民会議が「報告書――確かな社会保障を将来世代に伝えるための道筋」をとりまとめ、同年一二月には「プログラム法」（持続可能な社会保障制度の確立を図るための改革の推進に関する法律）が成立し、医療・介護領域について提供体制改革、保険制度改革の基本方向を示した。

このうち提供体制改革を具体化したのが「医療・介護総合確保法」(地域における医療及び介護の総合的な確保を推進するための関係法律の整備等に関する法律)である。介護保険法「改正」を含む一九本の法「改正」の一括法として成立し(二〇一四年六月)、二五年に向けた医療・介護制度改革として、「病床機能の再編」と「地域包括ケアの確立」を柱とする「二〇二五年の医療・介護の将来像」を打ち出した。この原型となったのが前述した「医療・介護に係る長期推計」であり、「高度急性期病床」を頂点に機能別に階層化された病床群(高度急性期、急性期、回復期、慢性期)と、その受け皿となる居住系サービス、在宅介護、在宅医療に広く裾野を広げた、ピラミッド型の医療・介護提供体制のイメージが示された。国民会議「最終報告」は、病床再編を「川上」の改革、地域包括ケアの確立を「川下」の改革と表現した。あたかも水が上から下へと流れるように患者・利用者を「入院から在宅へ」「医療から介護へ」と押し流すことで、国にとって「安上がり」で効率的な医療・介護提供体制を構築していく構想である。[*13]

地域包括ケアの基本要素を制度化――二〇一一年制度改革

二〇一一年の介護保険の見直しは、関係法の「改正」を含め、地域包括ケアの基本的な構成要素にかかわる部分の整備に主眼をおくものとなった。

地域包括ケアの基盤整備――医療・介護、予防・生活支援、住まい

地域包括ケアの中核を担う医療・介護サービスとして、一日数回の訪問介護と訪問看護を定時(場合に

よっては随時）に一体的に提供する定期巡回・随時対応型訪問介護看護、小規模多機能型居宅介護に訪問看護機能をくわえた複合型サービスが新たに制度化された。住まいの新たな類型として、「サービス付き高齢者向け住宅」が創設され、六〇万戸の整備を目標に国交省が建設補助などの支援策を開始した。*14

地域支援事業の一環として介護予防事業と生活支援サービスを統合した介護予防・日常生活支援総合事業が制度化され、実施は各市町村の任意とされた。

一方、前回二〇〇五年「改正」で一一年度末までとしていた介護療養病床の廃止期限が六年延長され、一七年度末までとなった。

介護職の医行為を容認──「医療から介護へ」

社会福祉士及び介護福祉士法の「改正」によって、介護職員が一部の医療行為（喀痰吸引、経管栄養）を実施することが法律上容認された。「医療から介護へ」の政策化であり、介護の職能に関する法律上の定義に大幅な変更がくわえられたことを意味する。*15 以後は法「改正」を要さず、政省令によって対象行為を広げることが可能とされたことで、介護職による医行為の際限ない拡大に道を開くものとなった。

ケアマネジメントのあり方の見直し

介護保険のキーパーソンであるケアマネジャーについて、資質の向上など制度の見直しの検討が開始されたのもこの時期だ。個々のケアマネジャーへの管理・統制を強め、「入院から在宅へ」の流れを促進するマネジメントの担い手としての役割、公的サービスからの「自立」を利用者に強いる保険給付の「ゲートキーパー」としての役割をいっそう求める方向が打ち出された。

実質引き下げ、重点化・適正化がはかられた介護報酬二〇一二年改定

二〇一二年の介護報酬改定は公称一・二％の引き上げとされた。しかし、一般財源による介護職員処遇改善交付金（介護報酬に換算すると二％）を廃止して介護報酬に組み込んだことで（介護職員処遇改善加算の創設）、実際は差し引き〇・八％のマイナス改定となった。交付金を介護報酬に組み入れた最大の理由は、保険料の充当による国庫負担の削減にあり、年一九〇〇億円から五〇〇億円へと大幅に減額された。

改定全体としては、定期巡回・随時訪問介護看護などの創設、中重度ケアや医療ニーズ対応に対する加算の新設・引き上げなど、政府の地域包括ケア構想にそったものについては評価（重点化）する一方、軽度、長時間介護、施設などの領域については引き下げ（適正化）をはかった。とくに生活援助の時間短縮や通所介護の提供時間区分の見直しは、利用者、事業者双方に大きな影響をもたらすものとなった。

新設された処遇改善加算には、対象職種・事業種の限定、申請実務の複雑さなど処遇改善交付金の問題点がそのまま持ち込まれた。さらに交付金と異なり加算分が利用料に直接反映することになったことで、利用に支障が生じないよう、要件を満たしていても事業所側が加算の算定を見合わせる事態も生じた。

給付体系の本格的再編開始――二〇一四年法「改正」

二〇一四年法「改正」は、社会保障制度改革推進法、プログラム法を土台に、医療・介護総合確保法の

一環として実施され、総介護給付費の抑制、給付の重点化を本格的に推進する「改正」となった。

予防給付の総合事業への移行——軽度給付の縮小

予防給付のうち、予防訪問介護・通所介護を、二〇一七年度末までに総合事業（介護予防・日常生活支援総合事業）に移行させることをすべての市町村に義務づけた。

受け皿となる「訪問型サービス」「通所型サービス」は、現行の予防給付とほぼ同内容とされる「現行相当サービス」とコストを抑えた「多様なサービス」を主軸とし、このうち「多様なサービス」は、サービス内容を限定し人員配置基準を切り下げて事業単価を低く抑えた「基準緩和サービス」、ボランティアを主力とした「住民主体による支援」などで構成される。厚労省の「ガイドライン」では、「現行相当サービス」から開始しても、やがては「多様なサービス」に利用者を移行させることを求めている。対象者の選定は、市町村の窓口担当者（専門職でなくても可）が「基本チェックリスト」を使って行ない、要介護認定にまわさずに直接総合事業に移すことも可能とした。また、毎年の事業費（予算）に上限が設けられ、通常五〜六％と見込まれる費用の増加率を七五歳以上高齢者人口の伸び率（三〜四％）以下に抑えることとした。予算がなくなればサービスは打ち切りになる点が現行の予防給付と根本的に異なる。

総合事業は、「給付から事業へ」「専門職からボランティアへ」という「二つのシフト」による「軽度」給付縮小の手段として機能する。現在は予防給付の訪問介護・通所介護のみが対象となっているが、政府は、将来的には要介護2以下の全サービスを本体給付からはずすことを構想しており、総合事業の枠組みはその手段・受け皿として位置づけられている（第3章2節参照）。

同時に、総合事業が、介護給付費の管理・コントロールに対する保険者責任の強化の一環である点も見逃せない。また、「互助」（住民主体による支援）の制度化・事業化は、社会保障制度改革推進法が示した新たな社会保障理念（社会保障に対する国の役割を自助・自立の環境整備に転換）の具体化でもある。このことは、介護保険が理念の面でも社会保障制度改革を牽引する役割を果たしていることを示している。[*16]

特養ホーム入所対象の絞り込み——重度へのシフト

特養ホームの新規入所を原則要介護3以上に限定し、要介護1・2については「やむを得ない理由」があると判断された場合に限り、特例として入所を認めるとした（特例入所）。しかし、その対象として「知的障害・精神障害等も伴って地域での安定した生活を続けることが困難な場合」「家族等による虐待が深刻であり、心身の安全・安心の確保が不可欠な場合」などが例示されているものの、措置入所（老人福祉法第一一条）の要件に近く、またその十分な周知も行なわれず、要介護1・2の入所は非常に困難になった。さらに二〇一五年の介護報酬改定で、特養ホームが算定する「日常生活継続支援加算」に重度要件（要介護4・5の者が七〇％以上）がくわわったため、要介護3についても入所が抑制されることになった。

利用者負担の見直し

一定額以上の年収（単身で二八三万円以上）の場合、利用料を二割に引き上げた。制度スタート以降曲がりなりにも維持されてきた九割給付原則が切り崩されたことになる。六五歳以上の上位所得者二〇％が対象となるが、該当する収入層の利用者が二割負担が可能なのか真摯に検討した形跡はみられない。それどころか、国会審議において厚労省が二割負担が可能なことを立証するために示した資料が、家計データを不適切に引用したものであることが暴露され、当時の厚労大臣が謝罪・撤回する事態となった。それにもかかわらず、ほぼ当初案どおりに実施を強行した政府の責任は重い。

補足給付（施設等での居住費、食費の負担軽減制度）も見直され、保険制度とはそもそも相容れない資産要件（一定額の預貯金があれば対象外）や民法上の扶養義務（世帯分離しても配偶者が住民税課税者であれば対象外）が導入されたことで対象が著しく狭められた。二〇一六年八月からは、収入の範囲が遺族年金、障害年金などの非課税年金に拡大された。

介護保険料軽減措置の部分的実施

新たな公費投入よる低所得者の保険料軽減措置が法定化された。このこと自体は評価できるものだが、政府はその財源を消費税増税でまかなうとした。消費税一〇％への増税を先送りしたことにともない、軽減の全面実施は先送りされ、二〇一六・一七年度は、ごく部分的な軽減策（最も所得が低い第一段階を五〇％軽減から五五％軽減とするのみ）にとどまった。

地域の介護サービス基盤を揺るがす介護報酬二〇一五年改定

二〇一五年の介護報酬改定は過去最大級の引き下げとなった。公称マイナス二・二七％とされているが、中重度・認知症対応、処遇改善加算などの部分的な拡充（＋二・二一％）が講じられたことで引き下げ幅が二・二七％に圧縮された結果にすぎず、実態は四・四八％のマイナス改定といってよい。

改定では、ほぼすべてのサービス事業において土台となる基本報酬の「適正化」がはかられた。これだけの規模の基本報酬の削減は過去に例がない。職員配置の基準緩和により、人員を増やさずに新たな役割を担うことを可能とする「効率化」もはかられた。さらに「重点化」として、中重度、認知症、看取り、リハビリテーションなどの地域包括ケア構想にそった加算が新設・拡充されたが、基本報酬が大幅に引き下げられたため、事業者ではこうした加算を算定せざるをえず、結果として政府の政策にそった方向に強力に誘導されていくことになった。その一方で、加算を算定できない小規模の事業所では基本報酬引き下げが経営を直撃し、事業の存続自体を左右する危機的な状況に見舞われた。

介護職員処遇改善加算が見直されて月額一・二万円の上乗せに相当するとされたが、対象職種の限定や利用料負担への反映などの矛盾がそのまま温存され、効果は限定的なものにとどまった。

4　「介護保険一七年」の帰結

施行後の一七年間、制度改善を求める世論と運動は、政府の改悪案の一部撤回、運用改善を実現させ、自治体段階では介護保険料の据え置き、特養ホームなどのサービス基盤の整備や利用料の減免措置などさまざまな独自施策を勝ち取るなどの成果を得てきた。

しかし、すでに述べてきたように、介護保険は、もともと「必要充足」保障とはかけ離れた構造的欠陥を組み込んで設計され、制度施行後は、「持続可能性の確保」が前面に据えられ、介護の実状や制度矛盾に対する総合的な検証がなされないまま、保険主義を徹底させた給付抑制・負担増先行の見直しが重ねられてきた。二〇一一年法「改正」以降は、「医療・介護の一体改革」のもとで、「入院から在宅へ、医療から介護へ」というコストシフトによる介護給付費の高騰を回避するため、給付費の徹底的な削減と、在宅の重度化（病床再編による）に備えた給付の重点化（軽度切り捨て、中重度への特化）を進めてきた。その結果、「必要充足」ならぬ「必要〝不〟充足」と称すべき利用困難がいっそう拡大、深刻化し、そのことが介護保険自体の存続を根本から左右しかねない危機的な状況をつくりだしている。

(1) 制度の「構造的欠陥」はいかに増幅してきたか

削られるサービス、増大する負担

とりわけ改革のターゲットとされてきたのが「軽度」給付だ。先にみたように予防給付の導入を機に軽度者支援が大幅に縮小され（二〇〇五年「改正」）、さらに利用頻度が高い訪問介護と通所介護を予防給付から切り離す受け皿として総合事業が創設されて（一一年「改正」）、全市町村による実施が義務づけられた（一四年「改正」）。この軽度給付抑制との抱き合わせで進められてきたのが生活援助の縮小だ。一方で、加算などを通して機能訓練やリハビリが強化され、介護職による一部の医療行為の実施が法律上容認された（一一年関連法「改正」）。全体として福祉的要素が後退し、医療的ケアの比重が高まっており（介護保険の医療化）、介護保険が提供する介護の内容そのものが創設時から大きく変容している。（さらに一七年「改正」では「自立支援介護」の導入が打ち出されている――後述）。

施設給付については、居住・食事にかかわる費用を保険給付からはずして全額利用者負担に切り替え（二〇〇五年法「改正」）、さらに特養ホームの入所対象を原則要介護3以上に限定した（一四年法「改正」）。

要介護認定は、状態と判定結果との乖離が生じる欠陥を放置したまま全面的な見直しが実施され、軽度判定への誘導がいっそう強められた（二〇〇九年）。コンピュータ判定の比重が高まり、プログラム（基準時間）の改編によって要介護度の構成比を操作し、給付費をコントロールすることも可能となった。

給付抑制の圧力のもとで財政上の規律が強められ、ケアプランチェックなど適正化事業の確立、給付適正化計画の策定などの事後規制も厳しくなった。

応益負担も強化された。制度創設以来一五年堅持されてきた利用料一割負担（九割給付）が切り崩され、一部に二割負担が導入された（二〇一四年「改正」）。居住費・食費の徴収にともなって導入された補足給付についても、本来保険制度とは相容れない資産要件・扶養要件の導入や対象が非課税年金にまで拡大され（二〇一四年法「改正」）、低所得者の入所が困難となった。年金の切り下げ、消費税の引き上げなどで高齢者世帯の家計が悪化するなかで、経済的理由でサービスの利用を手控える事態は広がりをみせている。

こうした給付抑制策が次々と講じられる一方で、高齢者の介護保険料は着実に増大してきた（表2）。第六期は高齢者の介護保険料の全国平均額が五五〇〇円を突破し（五五一四円）、第一期（二九一一円）の約一・九倍となった。それに対して第一期、第二期と一六万円台で推移していた受給者一人当たりの費用額は、予防給付導入時の急激な落ち込み（二〇〇六年――一四・五万円）からは脱したものの、ここ数年は一五・七万円台で固定化している（表2）。

介護保険料は右肩上がりに増えているものの、個々の利用者にとってはサービスの拡充につながっていないことがわかる。

大きく揺らぐ地域の介護サービス基盤

介護を支える事業者・職員も困難を増大させてきた。最大の要因は、低く固定化された介護報酬だ。これまで五度の改定が実施されたが、引き上げられたのは一度だけで（二〇〇九年改定）、あとは軒並みマイナス改定（または実質マイナス改定）であり、〇三年、〇六年、一五年はいずれも公称二％を超える引き下げが断行された（同表2）。

介護報酬は、もともと人件費などの必要経費を保障するというよりも、加算の設定・算定を通して時々の法「改正」に対応させた政策誘導の手段として機能してきた側面が強い。とくに二〇〇九年改定以降の加算を偏重した改定によってその傾向がいっそう強まり、一二年改定では利益率の引き下げに照準があて

表2　介護保険料，報酬改定率，受給者１人当たり費用額の推移

		介護保険料／円	介護報酬改定（実質改定率）	受給者１人当たり費用額／千円※
第１期	2000	2, 911	−	−
	2001			165. 1
	2002			167. 9
第２期	2003	3, 293	▲2. 3％	165. 3
	2004			161. 1
	2005			160. 4
第３期	2006	4, 060	▲2. 4％	145. 3
	2007			148. 9
	2008			150. 0
第４期	2009	4, 190	＋３％	151. 2
	2010			157. 3
	2011			155. 8
第５期	2012	4, 972	＋1. 2％（▲0. 8％）	157. 0
	2013			157. 6
	2014			157. 2
第６期	2015	5, 514	▲2. 27％（▲4. 48％）	157. 8
	2016			157. 0
	2017			

出所）受給者１人当たり費用額は厚労省「介護給付費実態調査」（各年４月，2001年は５月）より作成。

られ、一五年改定では、基本報酬部分で実質四・四八%という過去最大級の引き下げが断行された。新たな加算を算定しなければ、従前の収益すら確保できず、廃業・閉鎖に追い込まれる小規模事業所が続出しており、地域の介護環境を一変させている。

二〇一二年の改定以降、処遇改善を目的とした加算が設定されているが、ベースアップなど大幅な改善には至っていない。今後の政府の政策に見通しがもてず、何より介護報酬全体の引き下げにより経営が悪化するなかでは、職員全体の処遇改善をはかることは困難だからだ。厳しい処遇条件が人手不足を深刻化させ、そのことが経営悪化をもたらし、処遇条件がさらに後退していくという「負の連鎖」が依然として断ち切られないまま推移している。

介護の営利化・市場化の進展

制度施行以降、事業の運営主体として株式会社の比重が高まっている。二〇一五年度、株式会社が開設した事業所は、訪問介護事業で六四・〇％（二〇〇一年度三四・〇％）、通所介護で五六・三％（同八・八％）を占める。最も高いのが福祉用具貸与事業で九割を超える。*17

さらに、サービス付き高齢者向け住宅の制度化とそれに対する国交省の公的支援（建設費の助成など）を機に、これまで医療・介護とはかかわりがなかった外食チェーンや家電量販店、私鉄などの異業種の参入が相次いでいる。建設業界は「空前のビジネスチャンス」と位置づけており、制度創設時に続く「第二次参入ブーム」が到来したともいわれている。住まいに併設された介護事業所が増加し、利用者、従事者の確保をめぐる事業者間の競争はかつてなく激化している。

介護大手事業者同士の吸収・合併も相次ぎ、介護業界は二〇〇〇年制度施行時から変貌を遂げている。

掲げられた制度理念はどこへ

以上の事態は、制度創設時に政府が喧伝していた「保険方式のメリット」がことごとく否定されていることを示している。*18

政府は、保険料を支払うことで給付と負担の関係が明確になり、「権利性が確保」されると説明していた。しかし施行後あらためて明らかになったのは、「負担なければ給付なし」という保険主義が徹底されるなかで、費用負担が困難なために必要なサービスを利用できず、深刻な介護困難を来している現実だ。サービスを自由に選べるという「選択の自由」も強調されていた。しかし限られた選択肢のなかでせいぜい事業所を選べる程度の「自由」にすぎず、実際は、施設か、在宅かといった生活の基本にかかわる部分の「選択の不自由」が深刻化していることを露呈した。営利企業を含めた多様な供給主体の参入を前提とした「競争による質の向上」は、前述のコムスン事件を通して破綻したといってよい。

また、軽度を中心とした相次ぐ給付の抑制は、介護保険の基本理念とされている「自立支援」が、必要な介護を受けながらその人らしいあたりまえの生活を継続させるということではなく、制度からの離脱を強要する介護サービスの「自粛支援」を意味していることを浮き彫りにしている。

介護保険制度は「介護の社会化」の理念を高く掲げ、高齢者・国民の期待を背負ってスタートした。しかし、現実に進んだのは「介護の社会化」ではなく、「介護の家族化」への逆戻りであり、営利化・市場化のもとでの「介護の商品化」への流れであった。さらに、地域包括ケア構想や総合事業のもとで、公的給付を地域住民の助けあいに代替させる「介護の地域化（互助化）」ともいうべき事態が進行している。

(2) 介護保険制度が直面する「三つの危機的事態」──「信頼失墜」「人材不足」「財政破綻」

以上の経過を経て、介護保険は制度の存立自体が脅かされるような危機的な事態に直面しているといってよい。三つの問題を指摘したい。

介護困難の増大による「信頼失墜」

現行介護保険は公的保険とはいうものの、実際は大多数の被保険者にとっては著しい「掛け捨て」保険となっている。六五歳以上の高齢者のうち介護保険サービスを利用するのは二割弱で、八割以上の高齢者は利用していない。四〇～六四歳の第二号被保険者に至っては、利用者は同世代人口の一％に満たない。しかしそれでも保険料を払いつづけているのは、自分自身もしくは親や家族に介護が必要になったさい、必要な介護サービスが受けられるという制度への「信頼」が根底にあるからだ。

しかし、政府による一連の制度見直しによって、その信頼は大きく揺らいでいる。それを象徴するのが、介護保険施行時、老健局長を務めた堤修三が業界紙に寄せた論評だ。[*19] 堤は、「保険料を納めた人には平等に給付を行なうのが保険制度の大前提」としたうえで、「二〇一五年改定や財務省の給付抑制路線の提案では、この前提が崩れつつある」と評した。さらに要支援者の訪問介護などを市町村の事業に移し替えたり、補足給付に資産要件を導入するなどは「保険制度からいえばまったくの筋違い」で、「団塊世代にとって、介護保険は『国家的詐欺』となりつつあるように思えてならない」と断じている。

従来から、低所得層を中心に、経済事情によって利用が左右される制度のあり方に強い不満・怒りが表出していたが、さらなる費用負担の引き上げや介護の商品化の進行によってそれはいっそう大きくなっている。さらに総合事業や特養入所対象の見直しなどにより、仮に費用負担が可能でもサービス利用から排除される事態も広がっている。堤のコメントは、制度への失望、不信感が中間所得層にも広がりつつあることをうかがわせる。

深刻化する「人手不足」

介護現場の人手不足は一向に打開されない。募集しても応募が一切ない事態が長期間続いている事業所も多い。事業の一部の中止や受け入れ定員削減、特養ホームを開設しても全室オープンできないなどの事態も生じている。人手不足が日常の業務の過密化、労働環境の悪化をもたらし、そのことが離職者を増やし、人手不足にいっそう拍車をかけるという、介護現場における「負の連鎖」は断ち切れていない。

その大きな原因の一つは働く職員の処遇改善が決定的に遅れていることだ。毎月の給与が全産業平均よりも一〇万円も下回っている現実があるにもかかわらず、厳しい勤務体制のなかで日々ケアを担っている現場の職員の奮闘に報いる本格的な処遇改善策はいまだに講じられていない。介護報酬のなかに処遇改善加算が設けられたが、加算の設定水準の低さ、算定対象職種の制限、利用料への反映、煩雑な申請手続きなどにより、その効果は限定的なものにとどまっている。

人手不足は単に現在の問題にとどまらない。次代の介護職を養成する介護福祉士養成校の入学者数が毎年定員を大きく割り込んでいる事態が続いている。すでに学生の新規募集の停止や廃校に至る養成校もあり、介護の専門職を養成する基盤が縮小・後退しているのは深刻だ。このままでは介護を職業として選択する若者はますます減っていき、介護の専門職が年を追うごとに減少していくことになるだろう。「制度の持続可能性」どころか、専門職が枯渇していく、いわば制度の「労務倒産」を誘発しかねない。

このままでは回避しえない「財政破綻」

厳しい給付抑制策が講じられる一方で、介護保険料は右肩上がりに増大している（前出・表2）。厚労省は、二〇二五年には平均八二〇〇円に達すると推計しているが、個別にみると、奈良県天川村（八六八六円）などすでに八〇〇〇円を超えている市町村もある。高齢者の保険料負担は限界に達している。

介護給付費が介護保険料に連動する現行制度のもとでは、今後高齢化の進展にともなって介護給付費が増大していけば介護保険料の高騰は避けられない。このままでは、介護給付費の増大に対応させた介護保険料設定が困難になる事態が早晩到来するだろう。

現在の財政構造のもとでこの事態を回避しようとすれば、介護保険財政に対する国庫負担の割合を大幅に引き上げ、高齢者の保険料割合を圧縮していくことが不可欠である。国庫負担の増額は自治体関係団体などが強く求めているが、政府は「保険制度が変質する」ことを理由に検討に着手しようとしない。このままでは財政的な破綻を余儀なくされるか、設定可能な介護保険料の水準に合わせて給付を削りつづけるしかない。それによって「保険」とすら呼べない事態になれば、制度に対する信頼を完全に打ち砕くことになるだろう。

こうした事態のなか、介護保険の新たな改革（二〇一七年改革）が全面的に実施に移されようとしている。その詳細について章を改めて検討したい。

●注

＊1　介護保険創設の政治・経済的背景や構造改革との関係について、横山壽一「構造改革のさきがけとしての介護保険」（伊藤周平監修・「ゆたかなくらし」編集部編『介護保険を告発する』萌文社、二〇〇一年）参照。

＊2　厚生省（当時）の事務局の一員だった増田雅暢は、一九九四年四月に高齢者介護対策本部が設置された際、大蔵省（当時）が保険方式の議論が浮上すると消費税増税の機運が弱まることを懸念し、介護保険の検討を開始したことを公表しないよう申し入れてきたこと、その後発足した村山内閣が消費税五%維持を打ち出したことで、大蔵省は高齢者介護の費用を消費税で対応する考え方が後退したと判断し、介護保険の検討を表面化させて差し支えない旨伝えてきたことなど、保険方式か、税方式かの検討が大蔵省の消費税増税構想絡みで行なわれていた経緯を紹介している（増田雅暢『介護保険の検証――軌跡の考察と今後の課題』法律文化社、二〇一六年）。

＊3　たとえば居宅サービスについては、介護保険法第四一条で市町村が当該要介護被保険者に居宅サービス費を支給する旨が、同条六項で代理受領が規定されている。

＊4　渡辺治は日本の新自由主義改革の経過を三つの時期に区分し、第一期を九〇年代初頭から小泉政権の終焉まで（前期新自由主義）、第二期を二〇〇六年から第二次安倍政権まで（停滞期）、第三期を安倍政権以降（後期新自由主義）とし

ている（「安倍政権とは何か」渡辺治・岡田知弘・後藤道夫・二宮厚美『大国への執念　安倍政権と日本の危機』大月書店、二〇一四年）。この区分に従えば、本稿の「第Ⅰ期」には一九九〇年代後半の介護保険前史も含むことになる。

＊5　給付「適正化」対策は、「給付適正化主要五事業」（ケアプランの点検、要介護認定の適正化、住宅改修等の点検、医療情報との突合・縦覧点検、介護給付費通知）に拡大され、二〇〇八年度から市町村に策定が義務づけられた「介護給付適正化計画」においてこの五事業をすべての市町村で実施することが要請されている。

＊6　二〇〇五年法「改正」の土台になったのが二〇〇三年に高齢者介護研究会（厚労省老健局長の私的諮問機関）がとりまとめた「二〇一五年の高齢者介護」であり、団塊の世代が高齢期に到達する二〇一五年に向けて、「介護予防」「在宅での二四時間対応サービス」「新しい住まい方」「サービスの質の向上」などを打ち出した。

＊7　障害者施策と介護保険制度の「統合」は、本質的には両制度の「対等合併」ではなく、障害者施策の介護保険制度への「吸収合併」といってよい。障害分野では「統合」を前提に、支援費制度から障害者自立支援法へと障害者施策を介護保険システムに接近させる制度改正が行なわれた。二〇〇七年には有識者会議が「中間報告」をとりまとめ、A類型（負担面の普遍化をはかり、被保険者の範囲を三〇歳に引き下げる）、B類型（負担面と給付面の普遍化をはかり、理由や年齢などを問わず介護保険サービスの受給を可能とする）の二案を示したが、障害者団体などの強い反対を受けてその後の検討・実施には至っていない。

＊8　財務省・財政制度等審議会が果たしている機能・役割について、川上哲「社会保障改革における財政制度等審議会の役割」（『賃金と社会保障』№一六五三、二〇一六年三月上旬号）参照。財政審が毎年発表する「建議」の特徴として、「先駆性」「急進性」「継続性」「包括性」の四点をあげている。

＊9　全日本民医連が実施したアンケート（全日本民医連「五〇〇事業所からの意見」二〇〇八年五月）には、「スタッフの気力と善意で何とか続けている」、「一年前からヘルパーを募集しても集まらない。新規の依頼があっても断らざるを得ない」、「一人病欠が出たら廃業しなければならない法令基準ギリギリの状態」など切実な声が地域の事業所から寄せられた。

＊10　全日本民医連「介護一〇〇〇事例調査」（二〇〇九年一〇月）から。当調査からは介護保険制度の矛盾が独居・夫婦のみ世帯、認知症の利用者と家族、低所得者（世帯）など一定の規模で「層」として存在していることが示された。調査結果の詳細については、林泰則「介護難民――行き場を失う要介護者」（『月刊保団連』No.一〇一三、二〇〇九年一〇月号）を参照。

＊11　見直し直後の二〇〇九年四月五日、参議院厚生労働委員会で日本共産党の小池晃議員が老健局の内部資料にもとづき、認定制度の見直しの目的が介護給付費の抑制にあることを暴露した（たとえば二次判定での重度化変更率一〇％減により八四億円の削減が可能としていた）。見直しの中止・撤回を求める声もいっそう強まり、実施半年後の一〇月、厚労省はいったん見直した認定調査の判定基準（寝たきりで口から食事ができなければ、食事介助の手間がかからないので「自立」とみなすなど一般的な常識と乖離した判定基準に四月から変更されていた）を改定前に戻すなどの対応を余儀なくされた。

＊12　地域包括ケア研究会は厚労省・老人保健健康推進等事業の一環として設置された。二〇〇九年を皮切りに、これまで数次にわたって報告書をとりまとめ公表している（事務局は三菱ＵＦＪリサーチ＆コンサルティング）。

＊13　社会保障・税一体改革における医療制度改革の全容と問題点については、岡﨑祐司・横山壽一・中村暁・福祉国家構想研究会編『安倍医療改革と皆保険体制の解体――成長戦略が医療保障を掘り崩す』（大月書店、二〇一五年）参照。

＊14　入居の対象として厚生年金受給者が想定されており、国民年金や生活保護など低所得者の利用は難しい。重度化した場合でも入居継続できる保障があるとは限らず、質の面では玉石混交の状態である。サービス付き高齢者向け住宅の制度化にともない、公的な家賃補助があった高優賃（高齢者優良賃貸住宅）制度は廃止された。

＊15　社会福祉士及び介護福祉士法第二条第二項で規定されていた「心身の状況に応じた介護」に、カッコ書きで「喀痰吸引その他のその者が日常生活を営むのに必要な行為であって、医師の指示の下に行われるものを含む」の文言が加えられた。介護の本質にかかわる重大な変更を意味する。

＊16　総合事業の詳細、問題点については、日下部雅喜『どうなる介護保険、総合事業――あなたの自治体はどうする？

いま、サービスを守るために』(日本機関紙出版センター、二〇一六年)を参照。

＊17　各年度「介護サービス施設・事業所調査」(厚労省)。ただし事業指定を受けるため、株式会社という法人形態を選択しているケースが多く株式会社といってもすべてが利益確保を最優先し、株主配当を行なっているわけではない。

＊18　同様の指摘に井口克郎「介護保険サービス抑制の問題点──岐路に立つ介護保障」(『経済』二〇一五年六月号)三〇頁。

＊19　堤修三「制度の原則を失いつつある介護保険──『反社会保障』鮮明な骨太の方針」(『シルバー産業新聞』二〇一五年一一月一〇日)。

(林　泰則)

補論 1

高齢者のケアと地域保健
――「社会的入院」の解消と本人が望むケアの実現へ

1 「社会的入院」が生まれた背景
――利用者負担を中心に（老人医療費無料化から介護保険法まで）

介護保険法が施行されて一七年が経過した。高齢者ケアの従事者の多くは、介護保険法施行以降に就業した人たちであり、介護保険≒高齢者ケアととらえている人が大半ではないだろうか。従事者以外の一般市民の認識も同様であろう。日本の高齢者ケアは、世界に類のない高齢化の進行の速さへの対応でなければならなかったはずであるが、家族介護を前提としていたために、その対象は一部の低所得同居家族がいない高齢者に限られていた時代が長かった。一九六三年に老人福祉法が制定され、要介護の高齢者が入居できる施設として特別養護老人ホーム（以下、特養ホーム）がつくられることになったのちも、施設の整備の遅れもあり、状況が大きく変わることはなかった。そのような高齢者福祉の遅れを「社会的入院」として医療が補完することとなり、それは現在まで続いている。

「社会的入院」とは、医学的には入院の必要性が低いにもかかわらず、患者やその家族の生活上の事情により、事実上の介護の代替策として行なわれている入院を意味し、それが解消されない背景には、基礎的社会サービスの整備の遅れがある。「社会的入院」は高齢者に限ったことではなく、障害のある人のなかでもとくに精神障害のある人にとって共通の課題がある。近年、精神障害のある人の社会復帰に向けて、長期入院から地域移行へと模索が続いているが、当事者の意に反して、地域の受け入れの条件整備は進まず、さらに依然医療関係団体等の抵抗は強く、精神病床は減少していない。

周知のとおり、一九六〇年代の日本の高度経済成長は、都市部への人口の集中と核家族化を進行させた。また、老人福祉法制定当時およそ六%だった高齢化率は、一九七〇年には七%を超え、すでに高齢化社会となっていた。家族構成や人口構造の変化を考慮すると、高齢者ケアについての準備を急ぐ必要があったはずであるが、つくられたのは、のちに「社会的入院」として、医療費高騰の批判の的となる日本特有の病床（老人病院）であった。

介護保険制度の創設には、「社会的入院」を解消して医療費の高騰を抑制するねらいもあったのであるが、「社会的入院」は、要介護高齢者やその家族にとってどのような意味をもってきたのだろうか。ケアの内容よりも、負担能力の可否によって、ケアを受ける場所が決められ、その選択肢の一つが病院であった。費用負担と報酬のあり方が、今後も高齢者ケアに重大な影響を及ぼすことが予測されるため、まず費用負担に着目して、「社会的入院」が生まれ今日まで継続している背景について考えてみたい。

施設ケア

「社会的入院」が生まれた背景には、一九七三年に施行された七〇歳以上の高齢者の医療費を無料にするという、いわゆる老人医療費無料化があるといわれている。日本の医療システムは、皆保険を基本に患者のフリーアクセスを保障すること、および、自由開業医制と全国一律の診療報酬が、その特徴としてあげられる。もともと公的病院が極端に少なかったこともあり、医療施設のじつに七割以上が個人を含む民間によって開設されている。[*1] 七〇年代当時は今日の地域医療計画のような国による病床規制もなく、医療機関の開設の自由度は高かった。人口減少によって急性期を担う医療機関としては経営が成り立たない地域では、地価の安さと相まって、老人医療費無料化が後押しするかたちで、七〇歳以上の高齢者の長期入院患者を多く受け入れる病院が建設されていった。それらの病院がその後、医師および看護職員の配置基準が一般病院よりもゆるい特例許可老人病院として制度化されることとなる。

ところで老人医療費無料化は、健康保険法等医療関連法の改正ではなく、老人福祉法改正として実現した。これは、後述するように旧沢内村が「村民の健康を守ることは村行政の責任である」として、最も弱い立場の住民から優先的に医療を保障しようと、一九六〇年に六五歳以上、翌年には六〇歳以上と乳児、さらに結核、精神、母子家庭、重度心身障害者と、無料化の対象を拡大していったのとは、大きな違いである。

人口の都市部への集中、核家族化の進行によって、従来のような家族介護は困難になりつつあったにもかかわらず、在宅福祉はもちろんのこと、特養ホームなどの施設の整備も進まなかった。北欧諸国などでは、施設収容の反省から、よりノーマルな社会をめざして脱施設化に向かったのであるが、日本では、在宅福祉はおろか、施設での生活すら満足に提供されてこなかった。それにはいくつかの要因が考えられる。一つは、特養ホームは戦前の救護法にもとづく養老院のイメージが強く、身寄りがなく貧しい老人が収容される施設であるとの誤解である。もう一つは費用負担の問題で、老人医療費無料化が「社会的入院」を拡大させたのに対して、特養ホーム入所はたび重なる制度改定で本人および扶養義務者からの費用徴収が強化され、実際に入居できる人は低所得者に限られることとなり、施設入所を選択したくてもできなくなっていったのである。

介護保険以前の特養ホーム入所は、老人福祉法にもとづく措置として行なわれ、費用負担は公費負担を原則としていた。入所の措置が必要と認められた場合には、必要な措置を行なった事後に、費用を支弁した地方自治体が財政補填の観点から、資力のある者について費用を徴収できるという建前になっていた。つまり費用徴収は地方自治体に義務づけられたものではなかったため、当事者および家族の生活が困窮することのないような配慮が行なわれていた。仮に費用徴収する場合も、一九六三年の同法制定当初は、当該被措置者の属する世帯をその所得階層によって区分し、それぞれに応じた額を徴収するという税制転用方式が採用され、入所者本人または扶養義務者のいずれか一方を対象として徴収することになっていた。しかし、八〇年四月に全面的な改定が行なわれ、本人に対してはいくつかの控除を設けたうえで、本人の収入によって費用徴収額を決定するという収入認定方式が採用された。さらに、本人の費用徴収額が措置費の全額に満たなかった場合に、扶養義務者に対して税制転用方式を適用するという二本立ての徴収方式となった。この本人と扶養義務者による二本立ての費用徴収は、入所を困難にしていた課税世帯への負担をさらに重くし、費用負担の困難さから途中退居を余儀なくされる入所者も生み出した。特養ホームは生活保護世帯等の低所得者を対象とする養護老人ホームと異なり、経済要件の規定がない施設であるにもかかわらず、実際に入居できていたのは非課税世帯か、高齢者本人が扶養義務者負担分を支払えるごく一部の人に限られる状況であった。[*2] 老人ホームに対する偏見と、いわゆる世間体から入院が好まれたということ以上に、経済的負担の少ない入院を選ばざるをえなかったのである。

在宅ケア

費用負担の問題で特養ホームへの入所が困難であれば、在宅で生活できたかというとそれも難しかった。そもそも施設入所のニーズが増えた背景には、障害があっても住みつづけられる住居の整備の遅れにくわえて、核家族化の進行にともなう高齢者のみの世帯の増加、あるいは仮に子世代との同居であったとしても、夫婦共働きのため、日中の介護の担い手がいない家庭が増えていたことがある。在宅福祉の要であるホームヘルパーは、老人福祉法制定によって老人家庭奉仕員派遣事業として正式にスタートした。法制定当初は、老人ホーム同様に低所得者対策としての要素が大きく、無料で提供される代わりに、派遣対象は所得税非課税世帯に限られていた。その後、所得の高低にかかわらず、必要とする高齢者すべてに在宅福祉サービスが提供されるべきだとする「普遍化」の名のもとに、一九八二年の老人福祉法改正によって、所得要件ははずされた。八一年一二月の社会福祉審議会の意見具申「当面の在宅老人福祉対策のあり方について」で、老人福祉対策の基本的視点として、施策対象の拡大と在宅サービスの重視を掲げる一方で、シルバーサービスの健全育成等をあげ、サービス拡充と引き換えに費用負担を求めた。法では派遣対象は所得税非課税世帯とされていたが、市町村によっては独自基準を設けるなどして、課税層でも低所得の世帯などに無料で派遣してきたケースもあったため、有料化導入後に派遣を辞退する人が少なくなかった。利用者を増やす目的で行なわれた「普遍化」の名のもとでの有料化が、逆に利用を抑制する結果となったのである。*3

一九八九年に「高齢者保健福祉推進一〇カ年戦略」いわゆる「ゴールドプラン」が策定され、ホームヘルパー、デイサービス、ショートステイの在宅福祉三本柱をはじめ、基盤整備についての数値目標も示されたが、高齢化のスピードには追いつかなかった。一般市民にとって介護とは、在宅、施設を問わず高額な負担を強いられるものだったのである。

老人保健法と「老人病院」

老人医療費無料化からわずか一〇年後、一九八二年の老人保健法制定（一九八三年施行）によって、高齢者にも一定の自己負担が求められることとなった。同時に制度化されたのが特例許可老人病院と特例許可外老人病院[*4]であった。何が特例なのかというと、医療法に定められている医師や看護職員の人員配置基準が、一般のそれを下回ってもよい（医師については一般病院の二分の一）という意味で特例なのである。その代わりに、一般病院については規定のない看護補助者（介護職員）の配置基準が設けられた。さらに、それまでは年齢に関係なくこれも日本の医療の特徴の一つである出来高払いの診療報酬が適用されていたが、特例許可老人病院では一部に包括化が導入された。特例許可外老人病院は、七〇歳以上の高齢者の入院比率が六割以上でかつ人員配置基準が緩和された特例許可老人病院の基準すら満たしていない病院で、さらに低い報酬が設定された。老人病院としてその性格を介護にシフトしたとはいえ、いわゆる検査漬け、薬漬けの状態は続き、それに対する批判が高まった。

一九九〇年の診療報酬の改定で定額支払制度が導入された。この定額支払制度は、特例許可老人病院が介護職員を手厚く配置した場合に定額で診療報酬が支払われるというもので、介護力強化病院と呼ばれた。さらに一九九二年七月の医療法の第二次改正では、療養型病床群として制度化され、介護保険創設の議論のなかで「高齢の長期入院患者を多く抱えている病院については、その介護体制を充実し、介護施設への転換を進めることにより、入所者を給付の対象としていくことが適当」[*5]であるとし、二〇〇〇年の介護保険法施行によって介護療養型医療施設（以下介護療養病床）に移行される建前であった。

現在、介護保険施設の一つとして位置づけられている介護老人保健施設（以下、老健施設）は、一九八六年の老人保健法改正で、医療と福祉あるいは入院と在宅の「中間施設」として創設され、モデル施設の時期を経て、一九八八年から本格実施された。老健施設は、入院治療後の障害高齢者が自宅での生活を準備するためのリハビリテーション施設としては一定の効果が期待されたものの、医療と福祉の中間といいながら、定額の診療報酬のため、酸素療法や糖尿病のインスリンなど一定以上の医療的コストを要する「患者」は入所できなかった。老人保健法は「老人の心身の特性を踏まえた医療・療養」という名目で、医療に年齢による差別を持ち込んだ。また、終の棲家としての特養ホームと異なり、三か月程度の入所期間が想定されていたため、とくに低所得者にとっては特養ホーム入所までの待機場所として利用されることも少なくなかった。介護保険法によって介護老人保健施設となった現在においても同様で、一部地域では「第二特養」と呼ばれている。

2 介護保険施行後の療養病床と介護保険施設

介護保険施行後の療養病床の変化

介護保険以前の状況について厚生省（当時）は「実態的には同じような介護を必要とする高齢者でありながら、福祉の措置制度や医療保険（老人保健）制度など異なった制度の下で別々な対応がなされてきたため、利用する介護サービスや施設の種類によって、利用者負担や利用手続き等に不合理な格差や差異が生じている」[*6]ことが問題であるとして、医療・保健・福祉に共通する介護の部分に新たな保険制度をかぶせるという方法で給付を一本化した。

介護保険の施行によって一本化されたはずの高齢者介護施設であったが、療養型病床群は医療保険が適用される病床と介護保険が適用される病床の二種類に分けられた。介護保険が、高騰する老人医療費を削減することを一つのねらいとして設立されたことは周知のとおりであるが、当然ながら療養型病床群をすべて介護保険に移行してしまうと、介護保険料に跳ね返るという新たな問題を生じさせる。苦肉の策として一部を医療保険に残すことになったが、結果として介護保険に移行したのは療養型病床群全体の三分の一程度にとどまった。[*7]むしろ二〇〇一年三月に施行された第四次医療法改正によって、療養型病床群が廃止され、精神病床、感染症病床、結核病床以外の「その他の病床」が「一般病床」と「療養病床」に区分され、一般病床の看護職員の配置基準が引き上げられた影響もあり、療養病床は前年比で三万床以上増加している。同時に特例許可老人病院制度も廃止され、二年後の〇三年三月には介護力強化病院も廃止され、療養病床に一本化された。

医療費削減をねらって療養型病床群が介護保険に移されてからわずか六年後、二〇〇六年の健康保険法等の一部を改正する法律に、当時三五万床あった療養病床を一五万床に削減するという内容が盛り込まれた。介護療養病床は一二年三月末までに廃止し、医療療養病床の一部を老人保健施設やケアハウス、有料老人ホームなどに転換する方針が示された。その後、介護療養病床は減少を続けたものの、厚労省が推進した介護療養老人保健施設等への転換は予想どおりには進まず、一一年に六年間の廃止延期が決まり、さらに延長される見込みである。

介護療養病床の六年後の廃止の方針が出されると同時に、二〇〇六年度の診療報酬改定で、医療療養病床に「医療区分」および「ADL（日常生活動作）区分」が導入された。医療、ADLをそれぞれ三つに区分し、計九通りの患者区分を設定し五種類の包括点数[*8]が設定された。〇五年の中央社会保険医療協議会（以下、中医協）「慢性期入院医療の包括評価調査分科会の調査報告書[*9]」によれば、重症度を測る目安となる、医師による直接の医療提供を必要としない患者がおおむね五割で、介護療養病床と医療療養病床との間にほとんど差はなかった。看護師によるケアの必要度も同様であった。状態の安定性についても、常時監視が必要である、または急性症状が発生するなど不安定な状態の患者は双方とも一割程度で、ほとんど差はなかった。人工的に栄養を摂取している患者は医療療養病床が二七％、介護療養病床が三六％と、経管栄養が一割ほど介護療養病床のほうが多いという差があったが、中心静脈栄養についてはいずれも一％強で差はなかった。介護療養病床の入院要件が要介護1以上で、介護度によって報酬に差があるためと推察されるが、ＡＤＬはむしろ医療療養病床の患者のほうが自立度は高かった。また、入院した背景として、自宅で体制が整わないがいずれも二三％、他施設の空きがないが医療療養病床で一〇％、介護療養病床では一五％（複数回答）であった。これらの調査結果をもとに、医療の必要度の低い高齢者に退院してもらうことで、医療費を削減できると考えたのである。この事態に「介護難民が発生する」との批判が相次いだ。病院から退院を迫られるにもかかわらず「医療難民」ではなく「介護難民」なのである。このことは、介護保険制度創設のねらいの一つであった「社会的入院」の解消が進んでいないことを物語っている。

医療療養病床における「医療区分」の弊害

二〇〇六年以前の医療療養病床の診療報酬は現行の医療区分2と同程度の点数であった。したがって医療区分2以上でないと、医療機関としては採算がとれないため、医療区分2または医療区分3に該当しない患者は、介護度が高くても、入院できる可能性はきわめて低くなる。「食べられなくなったらどうするか」という栄養法に限って医療区分をみてみよう（表1）。最も報酬の高い医療区分3に該当するのが「中心静脈栄養」である。胃瘻《いろう》による経管栄養の管理では、発熱または嘔吐をともなう場合に限って医療

表1　医療区分

	疾患	状態
医療区分３	・スモン	・24時間持続点滴　・医師および看護職員により常時監視および管理　・中心静脈栄養　・人工呼吸器　・ドレーン法または胸腹腔洗浄　・気管切開または気管内挿管（発熱をともなう）　・（密度の高い治療を要する）酸素療法　・感染隔離室での管理
医療区分２	・筋ジストロフィー　・多発性硬化症　・ALS　・パーキンソン病関連疾患　・その他の指定難病　・脊髄損傷（頸髄損傷）　・COPD　・疼痛コントロールが必要な悪性腫瘍	・透析　・肺炎　・尿路感染症　・発熱をともなう脱水　・創傷（皮膚潰瘍・手術創・創傷処置）　・リハビリテーションが必要な疾患が発症してから30日以内　・体内出血　・発熱をともなう頻回の嘔吐　・褥瘡　・末梢循環障害による下肢末端開放創　・せん妄　・うつ状態　・暴行が毎日みられる状態　・発熱または嘔吐をともなう経腸栄養　・１日８回以上の喀痰吸引　・頻回の血糖検査　・酸素療法
医療区分１	医療区分２・３に該当しない者	

出所）2016年診療報酬改定資料をもとに筆者作成。

区分2になるが、寝たきりでも、食べられなくて胃瘻になっているというだけであれば、最も報酬の低い医療区分1に分類される。

急性期病院に入院したさい、そこからの退院先と栄養法の関係は、老人保健施設や特養ホームなどの施設では事情が異なる。医療ソーシャルワーカー（以下、ＭＳＷ）には、退院援助のさいに、退院先に合わせた栄養法について医師に情報提供することが求められている。患者の状態よりも、看護師の勤務体制など受け入れ側の事情によって、胃瘻等の経腸栄養か中心静脈栄養かの選択が迫られることが少なくない。人工栄養のなかでは、より自然な栄養法である経腸栄養が可能であるにもかかわらず、医療区分を上げるために中心静脈栄養が選択されることもめずらしくない。実際、二〇一六年度の中医協の調査[*10]では、医療区分３の該当項目数が一項目の内訳をみると、中心静脈栄養が四六％となっている。

療養病床への転院のために栄養法が変更された実例を紹介

する。Aさんは腹痛を訴えて急性期病院に入院したが、検査の結果、末期の胆管がんと診断され、胆汁を排液するためにドレーンチューブを挿入された。Aさんの夫は、AさんがアルツハイマＩ病を患っていたこともあり、自宅療養に対する不安が強かったため、MSWに相談し、療養病床へ転院させることにした。ところが転院直前にドレーンチューブを抜去することができたために、転院を断られるという事態になった。ドレーンチューブを抜去したことで医療区分が3から1に下がったことが理由であった。個室なら入院可能とのことだったが、年金生活の高齢夫婦にとっては、差額室料を負担する余裕はなかった。退院を急いでいた急性期病院のとった方法は、口から食べられるにもかかわらず、わざわざ中心静脈栄養にして医療区分を3に戻すというものだった。

Aさんの夫は、転院後も電車を乗り継いで、妻が入院する病院に面会に通い、Aさんの好物を食べやすく工夫して、こっそり食べさせていた。「後ろ髪を引かれる思いで帰路に着く」と、夫の胸のうちを打ち明けられた筆者は、思い切って自宅療養を提案してみた。夫とともに入院先の病院を訪ね、病院長に面会を求めた。退院できないかとの夫の話に、病院長は入院費用の問題だろうと、話途中でMSWを呼んだ。療養病床にとって、入退院の問題は経済的な問題というのが一般的なのだろう。そうではないことを伝え、自宅療養に切り替えることについての医学的な意見を求めたところ、「ここ〔療養病床〕に入院している患者で、医学的に自宅療養ができない人は一人もいない」と、ケアの体制次第であるとの認識が示された。

亜急性期を担う病院に転院し、再度全身状態と残存機能についての再評価を行なったのち、カテーテルを抜去して自宅退院となった。自宅での夫婦二人の生活を、看護師とヘルパーが毎日複数回訪問することで支えた。排泄や入浴などの身体的なケアはヘルパーなどが行ない、夫は夫婦での食事を大切にした。一か月余りの短い時間ではあったが、Aさんは夫がつくる懐かしい郷土料理を味わい、病院ではみられなかった笑顔をみせた。妻を見送った夫は「悔いはない」と笑顔だったが、病院から退院先の選択を迫られたときに、もう少し具体的な選択肢が示されれば、直接自宅に退院することも選択できたのではないかと、退院援助のあり方には疑問を呈してもいた。

Aさんの場合、末期がんでもあったので、自宅退院以外に緩和ケア病棟への転院という選択肢もあった。緩和ケア病棟は、その性格から個室が多く、差額室料のない病床に空きは少ないため、急性期病院からの転院は、差額室料を負担できる条件がなければ難しい。療養病床のなかには、高額の保険外負担を徴収し、医療区分を問わず、むしろ重症度の低い患者を積極的に受け入れ、人工栄養になるべく頼らずに、より自然な看取りを実践している病院もある。しかし、このような療養環境は、医療付き有料老人ホームともいうべきで、医療機関である必要がどれほどあるのかについては甚だ疑問である。

3 急性期病院と地域連携の課題

ここまで「社会的入院」に着目し、慢性期病院（療養病床）の歴史的経過と現状について述べてきたが、次に急性期病院の課題について述べる。高齢期の医療の課題は慢性期にあるとの誤解があるように思うが、慢性疾患でも急性増悪すると急性期医療の対象となるばかりでなく、そもそも急性疾患も多く、救急搬送される患者のじつに半数以上が、六五歳以上の高齢者である。[*11] 入院患者に占める高齢者の比率も当然高くなる。「治らないのに退院させられる」ということもよく聞かれることだが、残念ながら治らない病気が多く、何らかの障害を残す場合に、生活面でのケアが必要になるのである。しかし、それは医療だけの課題ではなく社会福祉の課題でもある。前節で示した事例のように、急性期病院の医療内容がその後の生活あるいは人生を左右することになりかねない。

認知症がある場合は、さらに注意が必要である。急性期病院でユマニチュードが注目されているが、これは認知症患者に対する治療の困難さの反映といえよう。認知症のある患者が入院すると、手術などリスクの高い治療は避けられ、必要最小限の治療で退院となることが少なくない。家族不在の場合はなおのことである。「誰が決めるのか」という意思決定が課題となることもあるが、認知症を理由に、治療機会が失われることがあってはならない。

適切な医療が提供されたうえでの入院期間の短縮化は、医療財政の問題以上に、とくに高齢の患者にとって、ストレスを最小限にし、あるいは認知症の進行を予防するためにも必要なことである。そして、介護施設の代替としての病院がなくなればなおのこと、キーワードは地域連携であろう。退院支援に関する各種加算が診療報酬に盛り込まれるようになってから、多くの急性期病院に地域連携室というセクションがおかれるようなった。配置されているのは、看護師や保健師などの看護職、ＭＳＷ、事務といった職種であるが、在宅医療のコーディネートは主に看護職が行ない、ＭＳＷはもっぱら転院相談を行なうところが多いようである。

診療報酬の各種加算などによる誘導もあり、連携に対する意識が高まり、一定の成果が上がっている。個別の患者に対する支援にとどまらず、地域を視野に、大病院を含む地域の主要な病院の主催で地域包括支援センターやケアマネジャーなどと病院スタッフ合同のワークショップなどが開かれることも多くなった。お互いの役割を理解することで、退院援助に対しての効果が期待される。

4 地域保健を住民主体で再構築するために
——沢内村の生命行政に学ぶ

国の老人医療費無料化に先立ち、多くの自治体で高齢者の医療費無料化が行なわれたが、その先駆けとなったのが、岩手県旧沢内村であった。国民健康保険法の全面実施は一九六一年であるが、沢内村は、その前年の六〇年に六五歳以上の高齢者に国保一〇割給付を開始した。さらに翌六一年には六〇歳以上の高齢者と乳児に拡大。村立沢内病院に限っての施策ではあったが、村には沢内病院以外に医療機関は存在しなかったため、乳児と高齢者医療のほぼすべてを網羅したといっていい。当時国保の一部負担金は五割だったので、じつに高齢者と乳児の総医療費の半額を村が負担するという大胆な政策であった。沢内村のいわゆる生命行政の特徴は、単に医療費を村が負担したということにとどまらず、村をあげての保健予防活動の推進にある。病院内に健康管理課を設置し、検診をはじめとした保健予防活動と治療を一体化し、文字どおり村立病院が村民の健康管理のすべてを担うこととなった。その中心的な役割を果たしたのが保健師であった。沢内村では、老人医療無料化に向かう過程の五七年に二名の保健師を採用したのを皮切りに、無料化の前年の五九年には一名増員して三名に、六五年には四名に増員され、住民一五〇〇人に一人の配置は、全国トップだった。医療との連携で、家庭訪問を徹底し、学習の機会を工夫し、保健予防活動が実践された。[*12] WHOが一九八六年のオタワ憲章において、ヘルスプロモーションを提唱し、日本でも健康日本21、健康増進法制定と具体化が進められているが、そのはるか以前に日本一健康な村を実現した旧沢内村に学ぶところは大きい。

昨今、「ごみ屋敷」に象徴される高齢者の「セルフネグレクト」が取りざたされているが、多くは、背景に認知症がある。残念なことに、地域包括支援センターが「見守り」の対象としていながら、認知症に気がついていなかったという例もある。和光市モデルに代表されるような「介護予防」のアウトカムが重視され、必要なケアが提供されなかった結果ということはないだろうか。このような事例は、行政の怠慢による「公的ネグレクト」というべきで、解決のカギは、旧沢内村の保健師を中心とした、徹底したアウトリーチの実践にあるように思う。

近年、「予防」と「自立」をキーワードに政策が展開されているが、予防すべきは介護ではなく疾病であり、介護は保障すべき対象である。また「自立」は、自己決定の尊重という意味での「自律」あるいは「独立」に置き換え、医療を含むケアを当事者が選択できるようなシステムの構築が必要である。

◉注

＊1　「医療施設の動向」（『二〇一一年版厚生労働白書』）。

＊2　特別養護老人ホームの費用徴収の問題については、『月刊　ゆたかなくらし』（同時代社、一九八七年三月号）の特集「扶養の押し付けは許さない」に詳しい。

＊3　河合克義編著『これからの在宅福祉サービス――住民のためのあるべき姿を求めて』（あけび書房、一九九〇年）に新潟県家庭奉仕員連絡協議会の報告が掲載されている。

＊4　第8回社会保障審議会後期高齢者医療の在り方に関する特別部会・二〇〇七年六月一八日・資料三「老人医療に関する療養の基準及び診療報酬について」。

＊5　老人保健福祉審議会最終報告「高齢者介護保険制度の創設について」一九九六年四月。

＊6　老人保健福祉審議会「新たな高齢者介護システムの確立について（中間報告）」二〇〇五年七月。

＊7　二〇〇一年一〇月一日現在の介護療養型医療施設の病床数は一二万四二二床、医療保険適用の療養病床等は二七万二二一七床であった（厚生労働省「介護サービス施設・事業所調査」および「医療施設調査」）。

＊8　患者区分による診療報酬は、医療区分3が一七四〇点、ほぼ寝たきりの状態であるADL区分3の場合、医療区分2が一三四四点、医療区分1が八八五点となっている。

＊9　中医協平成18年度第6回診療報酬調査専門組織・慢性期入院医療の包括評価調査分科会資料　http://www.mhlw.go.jp/shingi/2007/03/dl/s0308-7e.pdf（二〇一七年一〇月八日最終閲覧）。

＊10　中医協平成29年度第7回入院医療等の調査・評価分科会資料　http://www.mhlw.go.jp/file/05-Shingikai-12404000-

Hokenkyoku-Iryouka/000176519.pdf（二〇一七年一〇月八日最終閲覧）。

＊11　総務省消防庁「平成28年版救急・救助の現況」。http://fdma.go.jp/neuter/topics/kyukyukyujo_genkyo/h28/01kyukyu.pdf（二〇一七年八月一三日最終閲覧）。

＊12　詳しくは、太田祖電・増田進・田中トシ・上坪陽・田辺順一『沢内村奮戦記――住民の生命を守る村』（あけび書房、一九八三年）および菊地武雄『自分たちで生命を守った村』（岩波新書、一九六八年）を参照。

（末永　睦子）

第2章 新たな段階を迎えた介護保険制度改革

1 本章の課題

二〇一七年五月二六日、参議院本会議において、介護保険法「改正」法（地域包括ケアシステムの強化のための介護保険等の一部を改正する法律）が、民進党、共産党、希望の会（自由・社民）等を除く与野党の賛成多数で成立した。今回の「改正」は、性格の異なる三一本の法「改正」を十把一絡げに束ねた一括法として提案され、具体的内容の多くを政省令にゆだねるものだった。法案審議にさいし、政府与党は、衆議院厚生労働委員会では与野党間の合意を踏みにじり、わずか二二時間で審議を一方的に打ち切って採決を強行し、参議院厚生労働委員会では、首相質疑すら実施せず、さらに短い一六時間の審議で採決を行なった。詳細不明な一括法として提案し、審議を尽くさないまま採決を断行した政府与党の責任は二重の意味で重い。

今回の見直しは、「社会保障・税一体改革」の徹底化をはかるために打ち出された「経済・財政一体改革」（経済・財政再生計画）のもとで検討、具体化された。法「改正」では二〇一一年、一四年法「改正」の延長線上の内容（利用者負担の見直しや介護医療院の創設など）とともに、「自立支援・重度化防止に向けた保険者機能の強化」「共生型サービスの創設」など、これまでの見直しとは一線を画するものが盛り込まれた。また、それだけではなく、「改正」を要しない政省令や介護報酬改定によって実施する新たな負担増・給付抑制が含まれており、さらに、強い反対世論があって今回は見送らざるをえなかった本格的な「軽度斬り」政策が、次期以降の課題として検討期限も含めて明記された（本稿では法「改正」をはじめとする今回の見直し全体を「介護保険二〇一七年改革」と表現している）。

本章では、今「改正」の土台となっている「経済・財政一体改革」をふまえ、「介護保険二〇一七年改革」の内容について検討する（第2節）。くわえて、現在焦点となっている政府の介護人材政策（第3節）と、改革のもう一つの側面である介護の「産業化」（第4節）についてもふれておきたい。これら一連の改革は、現状の介護困難を打開し、高齢者・国民が望む「介護の社会化」に向かうものではなく、前章で述べた介護保険制度自体が直面している危機的な事態をいっそう深化させるものとなる。

2 「二〇一七年改革」の全体像と問題点

(1) 経済・財政一体改革と介護保険制度改革

安倍政権は、二〇二五年を目途に社会保障・税一体改革が掲げた医療・介護提供体制の再編・縮小、負担強化と給付抑制を強力かつ確実に推進することを目的に、新たに経済・財政一体改革を打ち出した(「骨太方針二〇一五」)。文字どおり「経済（＝再生）」と「財政（＝健全化）」を一体的に推進する改革であり、社会保障領域でいえば、前者は「社会保障の産業化」すなわち社会保障を経済成長に資するビジネス仕様につくり変えていくことを、後者の財政健全化は、赤字の主因とされる社会保障費を徹底的に削減する歳出改革を断行することを意味する。社会保障の「持続可能性の確保」を掲げてはいるが、改革の目的はあくまで経済再生と財政健全化であり、社会保障改革はそのための手段と位置づけられ、社会保障給付を抑制することは、国民負担を抑制し、経済成長にも寄与するとしている。[*1]

社会保障の改革検討項目のうち約八割が医療・介護関連項目であり、介護の領域では、「医療・介護提供体制の適正化」、「インセンティブ改革」、「負担能力に応じた公平な負担、給付の適正化」、「公的サービスの産業化」に区分された検討項目が列挙されている。さらに「改革工程表」を示し、検討項目ごとにそれぞれ「結論を得て速やかに実施」、「二〇一七年通常国会に法案として提出」、「引き続き検討」という三段階の工程を明示するとともに、さまざまな角度から地域差を「見える化」し、その「是正」を財政的インセンティブの導入によって達成させる手法を特徴とする。

同時に、介護保険「二〇一七年改革」は、安倍政権が掲げる社会保障費(自然増分)の削減方策の一環としても検討された。特に、一六年度以降の三年間を「集中改革期間」として設定し、社会保障費自然増分を毎年五〇〇〇億円まで圧縮する方針を掲げた。一七年度予算では、医療と合わせ、六四〇〇億円から五〇〇〇億円へと一四〇〇億円の削減が目標とされた。

(2) 「二〇一七年改革」をめぐる経過

「改正」に対し、早い時期から具体案を提言していたのが財務省(財政制度等審議会)だった。二〇一五年の段階で、「軽度」者の生活援助と福祉用具貸与の全額自己負担化、「軽度」給付の総合事業への移行(財務省は要介護2以下を「軽度」と称している)、六五~七四歳の利用料負担の二割化など、これまでの給付のあり方を根本から改変する見直し案を示した。この財務省案に対して介護保険部会(社会保障審議会)の委員、事業者・職能団体などから多くの異論が出され、二〇〇を超える自治体が反対の意見書を採択し政府に提出した。新たな給付削減、負担増を許さない世論に押され、政府は財務省が示した改革案を取り下げることを余儀なくされた。

その後、介護保険部会が「介護保険制度見直しに関する意見」(「意見」)をとりまとめ(一二月九日)、大臣折衝(同一九日)を経て、三一本の法「改正」を束ねた一括法として「地域包括ケアシステムの強化のための介護保険法等の一部を改正する法案」が国会に提出された。それが衆議院厚生労働委員会での強行採決を経て、五月二六日に可決・成立したのは先に述べたとおりだ。

以下、介護保険「二〇一七年改革」の内容を検討する。

(3)「二つの柱」と「三つの流れ」

「二〇一七年改革」は、「介護保険制度の持続可能性の確保」と「地域包括ケアシステムの深化・推進」を改革の「二つの柱」とする。表1は、「改正」法、大臣折衝事項、介護保険部会「意見」が示した主な内容を「改革工程表」が設定している三段階の時期区分にそって、この「二つの柱」ごとに整理したものである。

さらに今「改正」の背景には、政策の大きな「三つの流れ」があり、「二〇一七年改革」はそれを合流させ一つに束ねたものとしてとらえることができる[*2](第1章表1参照)。

第一に、「給付と負担の見直し」である。介護保険施行以来掲げられている「持続可能性の確保」を目的とした給付削減・負担増を徹底させる流れであり、利用料などの引き上げのほか介護報酬の改定による

表1　介護保険「2017年改革」の主な内容

(改革工程表)	介護保険の持続可能性の確保		地域包括ケアシステムの深化・推進	
法「改正」事項	「地域包括ケアシステムの強化のための介護保険等の一部を改正する法律案」(一括法案)			
	○現役並み所得者の利用料3割化	2018年8月	○自立支援・重度化防止に向けた保険者機能の強化	2018年4月
	○介護納付金に対する総報酬割の導入	2017年8月	○医療・介護の連携～療養病床の削減 －「介護医療院」の創設	2023年度末までに実施
			○「共生型サービス」の創設	2018年4月
			○(その他)事業指定等に対する保険者の関与許可等	2018年4月
法「改正」を要せず実施する事項(政省令・報酬改定)	○高額介護サービス費の負担上限額引き上げ	2017年8月	○適切なケアマネジメントの推進	介護報酬改定
	○福祉用具の見直し(価格の公表など)	2018年4・10月		
	○生活援助の人員基準の緩和，報酬設定	介護報酬改定		
	○通所介護などその他の給付の「適正化」	介護報酬改定		
引き続き検討する事項	○要介護2以下のサービスを地域支援事業(総合事業)へ	2019年度末までに結論	○ケアマネジメントに関する利用者負担	－
	○利用料の引き上げ(2割負担の対象拡大)	－		
	○補足給付の要件見直し(不動産の勘案など)	－		
	○被保険者の範囲の見直し(年齢の引き下げ)	－		

出所）厚労省・介護保険部会「意見」，大臣折衝事項，「改正」法案より筆者作成。

個別給付の「適正化」などが盛り込まれている。「自立支援・重度化防止に向けた保険者機能の強化」も、後述するように恒常的な給付削減の仕組みづくりを目的としている点ではこの系譜に連なるといってよい。

第二は、「医療・介護の一体的改革」であり、地域包括ケアを病床の機能再編・削減（地域医療構想）の受け皿としてつくりあげていくという二〇一一年の法「改正」以降進められている流れだ（第1章3節参照）。「改正」法では、慢性期病床（療養病床）の新たな転換先の一つとして「介護医療院」を創設する。

さらに第三の流れとして、「福祉のあり方の見直し」が新たにくわわる。これは政府が昨年打ち出した『我が事・丸ごと』地域共生社会」構想を土台とする。「改正」法では、介護・障害サービスを複合化させる「共生型サービス」の創設などが盛り込まれた。『我が事・丸ごと』地域共生社会」は地域包括ケアの上位概念とされ、「地域包括ケアの深化・推進」とは、高齢者のみを対象とした現在の地域包括ケアを、障害者等を含む全世代型の地域包括ケアへと「進化」させることだと説明されている。

以下、「二つの柱」にそって、具体的な内容・問題点を検討する。

(4)「介護保険の持続可能性の確保」で何が打ち出されたか

ここでいう「持続可能性」が、利用者の生活や事業所の経営ではなく、あくまでも保険財政にとっての「持続可能性」であることは従来と何ら変わりはなく、負担増と給付抑制を先行させる内容となっている。

法「改正」によって実施するもの

「現役並み所得」者の利用料を三割に引き上げる。年間収入単身三四〇万円以上（夫婦四六三万円以上）が対象となり、全利用者のうち一二万人（三％）が該当する。収入に応じた「応分」の負担を求めること自体に異論はないが、問題は対象となった利用者がはたして三割負担に耐えられるのか具体的な検討がまったくされていない点にある。また、「医療保険における患者負担割合を踏まえ」とされているが、介護保険の利用料を医療保険の窓口負担に合わせることについて納得できる説明はされていない。導入のねらいは、「一割」「二割」「三割」の負担メニューを揃え、「応能負担」の名のもとに二割負担の対象を拡大し、将来的に原則二割負担としていくための「地ならし」にあると考えられる。

くわえて、第二号被保険者の介護納付金に総報酬割を導入し、現在協会けんぽに投入されている国庫負担を段階的に廃止し、大企業が加入する健保組合、共済組合の負担に付け替える。二〇一七年八月から実施し、一七・一八年度に二分の一、一九年度に四分の三、二〇年度に一〇〇%導入（国庫負担全額廃止）する。負担の応能化の側面はあるが、本質は介護保険に対する国家責任の縮小にある。

この総報酬割の導入には前述の利用料三割化が関係している。二〇一七年度予算編成において社会保障費削減（自然増分一四〇〇億円）に充てる財源を捻出する方策として総報酬割導入が必須とされたが（約四四〇億円の削減が可能）、負担増となる財界・大企業は導入に強く反対していた。そのため「世代間の公平」のロジックを押し立て、高齢者に「応分」の負担（三割負担）を求めることと引き換えに総報酬割導入にこぎつけたというのが経過である。

結論を得て速やかに実施するもの（政省令等による）

高額介護サービス費の負担上限額の「一般区分」を、現行の三万七二〇〇円から四万四四〇〇円に引き上げる。大幅な負担増に対する国民の批判を危惧する公明党の反発があり、最終段階で年間上限（二〇二〇年七月までの期限措置として三万七二〇〇円×一二か月＝四四万六四〇〇円）が設定された。これも一七年度予算の社会保障費自然増分削減策の一環である（約一〇億円）。

さらに、大臣折衝事項では、介護報酬二〇一八年改定において、「生活援助を中心に訪問介護を行う場合の人員基準の緩和及びそれに応じた報酬の設定」「通所介護などその他の給付の適正化の検討」を実施するとした。とくに前者は、訪問介護のうち生活援助に特化した担い手を短時間の研修で養成し、その対価となる介護報酬を低く設定するという内容であり、生活援助の専門性を否定し、給付の大幅な切り下げをねらうものである。同時に、これは総合事業の基準緩和サービスとほぼ同様の内容でもあり、本体給付に組み込むことによって、基準緩和サービスの導入、実施を促進していく方策であるとも考えられる。

次期以降「引き続き検討する」とされたもの

介護保険部会「意見」や大臣折衝事項のなかで、次期の制度見直しの論点・課題が示されたことは今回の「改正」論議の大きな特徴である。

「意見」では、今回見送りとなった「各種給付の総合事業への移行」のほか、「利用料負担の見直し」、「補足給付の見直し（資産要件に不動産を追加）」「被保険者の範囲拡大（対象年齢の引き下げ）」「ケアマネジメントに関する利用者負担の導入」などがあげられている。[*3]

さらに、大臣折衝事項では、「軽度者に対する生活援助サービスやその他の給付の地域支援事業への移行」について、「介護予防訪問介護等の移行状況等をふまえつつ、引き続き検討し、その結果に基づき必要な措置を講ずる」とし、「平成三一年度末まで」という期限を明記した。最短で、二〇一九年度末までに結論を得て二〇年度の通常国会に関係法案を提出、二一年度施行という「工程」が想定されていると考えられる。財務省も「軽度」給付の地域支援事業の移行を重ねて提言している。*4

(5)「地域包括ケアシステムの深化・推進」とは何か

「介護医療院」の創設——療養病床削減の新たな受け皿

「日常的な医療管理」「看取り・ターミナル」等の機能と「生活施設」としての機能を兼ね備えた新たなタイプの介護保険施設として、介護医療院を創設する。地域医療構想にもとづく病床再編方針の一環であり、政府の必要病床数の推計（二〇一五年六月）では、約三〇万人を病床ではなく、「将来、介護施設や高齢者住宅をふくめた在宅医療等で追加的に対応」するとされているが、介護医療院はその対応策の一つである。具体的には、医療療養病床の一部削減（医療区分一の七割等で七・六万床）、介護療養病床の廃止（六・一万床）のための受け皿（転換先）として想定されている。しかし、必要な医療・ケアの機能を備えたものになるかは現時点で不透明であり、現行の老健施設と同等とされている面積基準（八㎡）が生活施設にふさわしいといえるのか疑問を抱かざるをえない。

そもそも介護療養病床は二〇一一年度末までに廃止する計画だった。それを一七年度末までに期限を延ばしたが達成できず、今「改正」でさらに延長して二三年度末を期限とした。しかし、厚生労働省（厚労省・介護給付費分科会）が今年三月に発表した調査では、介護療養病床の患者の「退院時期の目標」を尋ねたところ全体の八五％が「退院困難」であるという結果が示されている。[*5] 療養病床の機械的な削減・廃止は、長期の療養が必要な要医療・中重度の患者・利用者を「難民」化させかねない。療養病床の機能再編・削減を前提にした介護医療院の創設には多くの問題・矛盾があると考える。

自立支援・重度化防止に向けた保険者機能の強化――恒常的な給付抑制と「自立支援型介護」

「自立支援・重度化防止」に向けて、国が示す評価指標にもとづいて市町村が目標を設定し、その成果に応じて財政支援（財政的インセンティブの付与）を行なう。今「改正」の「一丁目一番地」とされている。具体的な評価指標として、現在の説明では介護予防の取り組み状況や地域ケア会議の開催頻度などがあげられているが（プロセス指標）、要介護認定率（高齢者に占める認定者の割合）の引き下げに「成功」している埼玉県和光市や大分県などが「好事例」として紹介されている点からみても、最終的に要介護認定率や一人当たり介護給付費を加味した評価指標が作成され（アウトカム指標）、自治体間のばらつき（財務省は「不合理な差」と表現）を是正させる方向に向かうことは確実と考えられる。財政支援（インセンティブ）の内容として調整交付金の傾斜配分があげられており、調整交付金の増減は介護費用の必要財源の確保に直結することから、市町村は「自立支援・重度化防止」をめざし、要介護認定率の引き下げ、給付費の削減競争に否応なく駆り立てられることになるだろう。政府が掲げる「保険者機能の強化」は「保険者責任の強化」の裏返しであり、市町村の責任で給付の管理・コントロールを徹底させる方向といえる。[*6]

個々の事業所は、要介護度の改善などを目標とする「自立支援」の結果を出すことを市町村から強く要請されることになる。二〇一六年一〇月、安倍首相は自身がトップを務める未来投資会議で「介護のパラダイムシフト」を宣言し、「介護が要らない状態までの回復をめざす」意向を表明した。介護現場からみれば荒唐無稽な主張であり、政府が掲げる「自立」「支援」の本質が、必要な介護サービスからの「離脱」「強制」であることをより露骨なかたちで示したともいえる。同会議では新たに「自立支援介護」(科学的介護)を掲げ、食事・排泄などの介助を中心とした「お世話型の介護」からの転換を打ち出した。そしてその推進策として、要介護度を改善させた事業所の報酬を引き上げ(インセンティブ)、自立支援に後ろ向きな事業所には報酬上のペナルティを課す成功報酬の導入を提案した。[*7]

現在実施されている総合事業では、要介護認定率の引き下げや給付費の削減を目標に掲げている一部の市町村において、行政主導での介護サービスの一方的打ち切りによる病態悪化など、利用者に深刻な実害が生じていることが報告されている。[*8] 今回の「改正」は、「維持」に価値を認めず、システム上の矛盾が解消されていない要介護度を尺度に、「自立」や「改善」を市町村に競わせることで、介護サービスの打ち切り(「卒業」ならぬ強制退学)や要介護認定にまわさない門前払い(「入学」すら認めない水際作戦)をさらに拡大させる危険性がある。「改善」が見込めない（インセンティブの対象とならない）利用者が選別され、制度から排除される事態も生じかねない。介護の目的を「改善」に一面化することは「介護保険そのものの内容を変える」との指摘もあり[*9]、さらに、「自立支援介護」の強要は「虐待と言っても過言ではない」という強い批判も出されている。[*10]「尊厳の保持」を欠いた「自立支援」は、介護保険法に掲げられた目的（第一条）に反する疑いがある。

今回の「改正」がめざしているのは、「自立支援・重度化防止」「自立支援介護」推進の名のもとに、市町村、事業所をともに給付費削減に仕向けていく恒常的な「仕組み」づくりである。そのもとで高齢者、国民は「自立」「改善」をめざすよう意識変革と行動変容を強いられ、それに駆り立てられていく。その意味で、「自立支援・重度化防止に向けた保険者機能の強化」は、個々のサービスの利用制限や介護報酬の引き下げといった従来型の給付抑制策とは異なる、新たな質をともなう改革といえるだろう。

「共生型サービス」の創設——公的支援の「効率化」「下請け化」

高齢者、障害者両方に対応できる新たなサービス類型として共生型サービスを創設する。これによって介護保険、障害福祉いずれかの指定を受けた事業所が、他方の制度における指定を受けることが容易になるとされ、対象となるサービスとして、訪問介護、通所介護、短期入所などが例示されている。たしかに障害・高齢分野における行政の縦割りを是正させる面はあるが、肝心の人員体制や介護・障害報酬がどのように設定されるのか、はたしてサービスの質が担保され、障害者・高齢者の願いに適う事業になるのか、現時点で不明である。本質的なねらいは、介護・障害サービスの「安上がり」な複合化・効率化にあると考えられる。

「共生型サービス」のより重大な問題は、高齢障害者に対する「介護保険優先原則」の固定化をはかる点にある。障害者が六五歳になったさい、いままで利用していた障害福祉サービス事業所が介護保険事業所の指定を受けていなければ事業所を替えなければならないが、そうした事態を回避するために指定の取得を容易にする点に「改正」の主旨があるからだ。さらに、共生型サービスの種類や対象年齢を拡大し、財源を介護保険に付け替え、若い年齢層から介護保険料を徴収することになれば、過去にいったん立ち消えになった障害者施策と介護保険制度との「統合」(介護保険への「吸収」、福祉の保険化)に一気に向かうことになる(次期の介護保険制度改革の検討課題に、「被保険者の範囲の見直し」があげられている意味はこの点にあるとも考えられる)。介護保険優先原則、および両制度の「統合」は、障害者自立支援法違憲訴訟において訴訟団と国(厚労省)との間で確認された「基本合意」(二〇一〇年一月七日)の内容に反するものであり、障害者団体からは強い批判が寄せられている。

この「共生型サービス」の土台になっているのが、政府が昨年七月に打ち出した『我が事・丸ごと』地域共生社会」構想である。障害者や高齢者のケアや子育て、生活困窮といった地域のさまざまな課題(地域生活課題)を住民一人ひとりが「我が事」としてとらえ、「丸ごと」対応すると説明されている。[*11] しかし、ここでいう「丸ごと」の本質は、社会保障を「公的支援」という表現に置き換えたうえで、「共生型サービス」の創設にみられるような、縦割り行政の是正という名でのサービス事業や地域の相談体制、担い手の養成まで含めた「公的支援の効率化」と、さらに「公」と「民」の垣根を取り払い、本来公的責任において対応すべきものを住民の支援（互助）に移し替えていく、いわば「公的支援の下請け化」にあると考えられる。実際にめざすところは「我が事・丸投げ・地域強制社会」といってよい。[*12]

地域包括ケアとの関係では、『我が事・丸ごと』地域共生社会」は、現在の地域包括ケア構想の「上位概念」として位置づけられており、地域包括ケアシステムの「深化・推進」とは、地域包括ケアを高齢者にとどまらない、障害者や子ども・子育て世代を含めた全世代を対象に展開（進化）させていくことを意味するとされている。地域包括ケアの「入り口」とされ「互助」を組み込んだ総合事業は、「我が事・丸ごと」地域共生社会を牽引していく要素の一つとなっていくだろう。

『我が事・丸ごと』地域共生社会」は、「共生」という異を唱えにくいスローガンのもとに、地域福祉、社会保障に対する公的責任を縮小・解体させていく新たな政策枠組みとなることは間違いない。その端緒が今回の法「改正」によって開かれたことになる（第3章1節参照）。

(6) 政府が描く介護保険の将来像は拒否すべき未来像

これまで紹介してきた介護保険部会「意見」、大臣折衝事項、財政審「建議」などを掛け合わせると、

図1　政府が描く介護保険の将来像

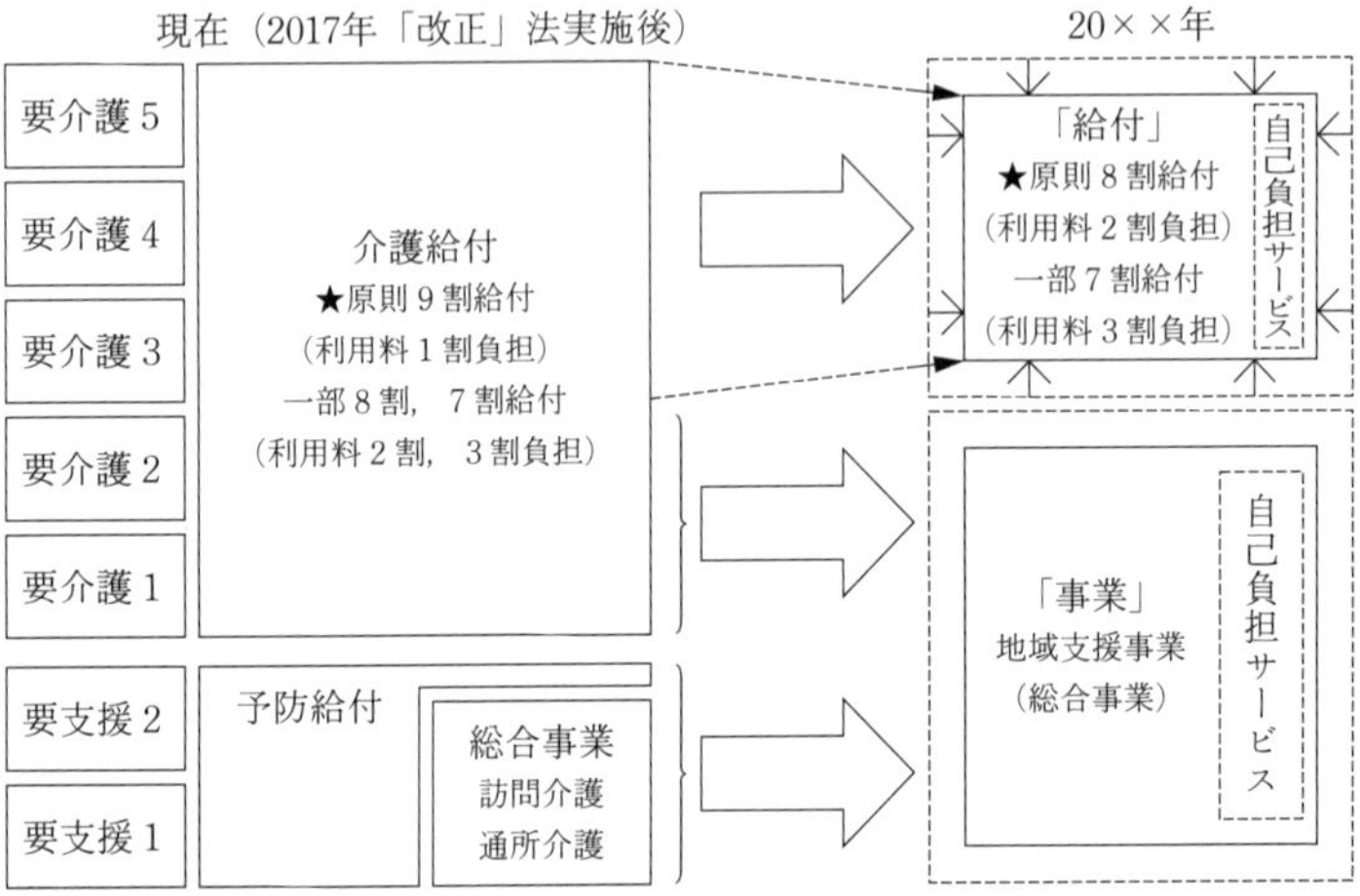

出所）政府資料より筆者作成。

政府が描く介護保険の将来像が浮かび上がってくる（図1）。それは、病床機能の再編（＝削減）を前提に、医療から介護へのコストシフトによってふくらむことが予測される総介護給付費の抑制と、在宅の重度化に備えた給付の重点化（軽度の切り捨て、中重度への特化）である。

まず、要介護3以上については「給付」の対象として、全国一律の基準でサービスを提供する。ただし、利用料を引き上げ（原則二割負担、一部三割負担）、保険給付の割合を切り下げる（原則八割給付、一部七割給付）。次に、要介護2以下は、市町村が自らの裁量で、実状（ボランティアなどの社会資源や財政力）に応じて実施する「事業」（地域支援事業）の対象とする。現在、要支援者の訪問介護、通所介護の移行先となっている総合事業がその受け皿として想定されている。さらに、生活援助や福祉用具貸与、住宅改修など「日常生活で通常負担する費用」と判断されるものは自己負担とし、介護保険そのものからはずしていく。

現在、認定者の六五％が要介護2以下である（二〇一六年四月時）。政府の構想が実現すれば、この層が全員「事業」の対象となる。内容が縮小されたサービスやボランティアでの対応では、さまざまな生活困難、介護困難が生じ、在宅では暮らしつづけられない事態が生じるだろう。事業所の側では低い事業単価のために経営困難に陥り、多数の事業所が廃業に追い込まれることになりかねない。残り三五％の要介護3以上は「給付」の対象となるものの、給付割合の切り下げ（利用料の負担増）によって保険内で利用できるサービスが制限され、軽度者と同様、在宅生活に困難を来し、家族の負担が増大することになる。利用者・家族、事業者双方に、これまでとは比較にならない多大な影響が生じることは確実であり、政府が描く将来像は、高齢者・国民にとって断固拒否すべき未来像といえるだろう。

3 「安上がり」で効率的な提供体制を担う介護人材政策

厚労省は、二〇一五年二月、「二〇二五年に向けた介護人材の確保——量と質の好循環の確保に向けて」（福祉部会福祉人材確保専門委員会）を発表した。

このなかで、政府としてはじめて介護職員の需給見通しを示し、二〇二五年の需要見込み二五三万人に対して、供給見込みが二一五万人、両者の差（需給ギャップ）を約三七・七万人と推計した。ただし、起点（二〇一五年度）の需給ギャップをゼロと想定しているため、現在の深刻な人手不足のもとでの介護水準は、そのままスライドしていくことになる。供給対策として示されているのが「参入促進」「労働環境・処遇の改善」「資質の向上」の三つの施策だ。

「参入促進」では、就労していない女性、他業種、若者、障害者、中高年者を介護の担い手とする「人材のすそ野の拡大」を掲げた。すでに、厚労省は介護未経験者、なかでも「元気な中高年」を対象とする「入門研修」（現在の介護職員初任者研修の半分程度の受講時間）の創設を準備しており、中高年「総活躍」の環境が着々と整えられつつある。

これに外国人介護職の参入がくわわる。昨年、ＥＰＡ（経済連携協定）にもとづく介護福祉士の訪問事業所での就業を認め、在留資格に「介護」をくわえる法「改正」も行なわれた。さらに、現行の技能実習制度の対象職域に「介護」を追加した。この技能実習制度は、もともと海外への技能移転（農業、機械、食品製造など）を目的としたものだが、実際は安価な労働力の供給手段に使われ、違法行為や人権侵害の温床になっている実態が告発されてきた。こうした問題を抱えたままでの介護分野への導入は、介護職全体の処遇劣化をもたらす危険性が大きい。

「資質の向上」では、介護の担い手を「介護福祉士」、「研修等を修了し一定の水準にある者」、「基本的な知識・技能を有する者」に区分し、利用者の状態やサービスの内容に応じて役割を振り分けていく方向を打ち出した。たとえば、中重度ケアは介護福祉士が担い、軽度や総合事業、生活援助は主にその他の介護職員が担うといった職能の階層化を想定しているのだろう。介護福祉士については、これまで厚労省は介護職資格を介護福祉士に一元化するとしていたが、「二〇二五年までに介護人材の五割をめざす」方向に切り替え、専門職養成の方針を大幅に後退させた。

「労働条件・処遇の改善」では、介護職のイメージアップなどをあげてはいるが、最も肝心な労働条件の抜本的改善に向けた方策は盛り込まれていない。給与については、「ニッポン一億総活躍プラン」の工程表に従って二〇一七年度から二〇年の四年間、毎年一万円相当の給与引き上げを行なうとしているが、全産業平均給与との差（月額約一〇万円）を埋める対策とはとうていいえず、事業者の責任・自己努力に転嫁していく方向が基本とされている。

以上のように、政府の「介護人材の確保」対策は、現状の根本的な打開を回避したまま、専門性を落とし、徹底して「安上がり」で効率的な体制を構築していくことを基本としている。これで介護の質を確保し、高齢化にともなって増大していく介護需要に応えていけるのか疑問を抱かざるをえない。

4 介護の「産業化」をめぐる動向

重点施策としてあげられているのが介護ロボットの導入だ。「ニッポン一億総活躍プラン」にも盛り込まれ、「改革工程表」の「公的サービスの産業化」の項では、「介護分野の生産性向上に向けた取り組み」として「介護ロボットの開発・普及」が明記された。政府は、二〇二〇年度に向けて国内の介護ロボット市場を五〇〇億円に拡大することを目標としており、一八年の介護報酬改定において、介護ロボットを活用している事業所を報酬上評価する方向が半ば既定路線化されている。こうした動きに対して、介護保険部会では、安全性を危惧する声、政府が主張する人材削減効果や性急な対応への疑問が出されている。

さらに政府は、保険外サービスの開発・促進に本格的に着手した。二〇一六年三月、厚労・農水・経産三省が共同で、保険外サービスを紹介する冊子を作成した。企業が提供する保険外サービスのカタログであり、清掃などの家事のサポート、配食、移動支援、見守り、居場所・コミュニティ拠点などのほか、「オーダーメイド型訪問看護」を展開している企業などが紹介されている。[*13]

こうした動きに呼応するように、昨年来「混合介護の弾力化」に向けた検討が重ねられている。現在の介護保険は混合介護を容認しているものの、保険内サービスと保険外サービスの「同時・一体的」提供を認めていない。昨年九月、公正取引委員会が「混合介護の弾力化」を提言（「介護分野に関する調査報告書」）し、「家族の食事や洗濯などの提供」「ヘルパーの指名（指名料の導入）」などを提案した。それを受けるかたちで規制改革推進会議が本格的な検討を開始したが、当面は現行制度の枠内で混合介護を実施するさいの全国ルールを明確にするとしている。[*14] こうした動きのなかで、東京都豊島区が混合介護を「選択的介護」と言い換え、特区申請（国家戦略特区）を国に行なった。制度設計のための費用を二〇一七年度予算に計上し、一八年度からモデル事業を開始するとしている。

「混合介護の弾力化」による本格的な「介護の二階建て化」は「介護の差別化」に直結する。低年金・低収入の高齢者にとって企業が提供する自由料金サービスの利用はとうてい困難であり、また保険外サービス（二階）の拡大によって、保険給付（一階）が切り下げられることになれば、介護困難・格差がさらに広がることは明らかである。なお、厚労省は現時点では「不明朗な形で料金が徴収され、保険外の負担をしないとサービスを受けられなくなる懸念がある」とコメントしており、いまのところは実施に慎重な姿勢を崩していない。

さらに、「自立支援介護」への転換を提案した未来投資会議が、「成長戦略の司令塔」とされる日本経済再生本部の諮問機関の一つである点も見逃せない。「自立」後の受け皿として想定されているのが健康産業やシルバービジネスであり、「自立支援」の名による公的サービスからの追い出しと、介護の産業化・ビジネス化をセットにした介護保険制度改革は、経済・財政一体改革の本質をよく示している。

5 むすびにかえて

「プロクルステスの寝床」というギリシャ神話をご存知だろうか。旅人を鉄の寝台に縛りつけ、はみ出した手足を斧で切り落として殺してしまう山賊プロクルステスの挿話である。第1章で論じた介護保険制度の経過と現状、そして本章で検討した、政府が今後進めようとしている制度改革の方向は、この神話をあらためて想起させる。「保険給付」という寝台をはじめから小さく誂《あつら》えたうえで、「改正」のたびごとにより小さな寝台に入れ替え、「自己責任」「保険原理」と記された斧にますます磨きをかけ、手足を切り落とされたくなければ、市場で広い寝台を調達するか、もしくは寝台そのものを利用しないことを強いる、そんなイメージだ。

これでは現状の介護保険が直面している「給付抑制による信頼失墜」「人手不足の深刻化」「財政破綻」という危機的な事態を回避・打開できるどころか、いっそう深化させていくことは間違いない。

厚労省のある幹部は、二〇二五年に向けた医療・介護制度改革の節目として、一二年を「ホップ」、一八年を「ステップ」、二四年を「ジャンプ」と表現した。この「ホップ」「ステップ」「ジャンプ」の三段跳び改革も、そもそも高齢者・国民にとって必要な制度改革という点からいえば、すでに「ホップ」の段階で、本来の踏み切り板から大きく足を踏みはずしたものだ。

稀代の山賊プロクルステスは、アテナイの英雄テーセウス王の手で罰せられることになる。だが、政府の社会保障構造改革路線の撤回と、保険主義を突出させた、いわば「名ばかり」社会保険からの脱却をめざす介護保険制度改革は英雄頼みというわけにはいかない。世界に類をみない高齢化の進展のもとで、また、介護をめぐるさまざまな困難の広がりのなかで、憲法第二五条を土台に据えた介護保険・介護保障の抜本的な改革が急務となっている。

◉注

＊1　経済・財政一体改革の全体像と問題点について、横山壽一「経済・財政一体改革と社会保障改革」（『国民医療』No.三三四、二〇一七年春季号）参照。

＊2　中村秀一元老健局長は、「法案に含まれる三つの流れ」として、「骨太方針二〇一六」をふまえた「介護保険制度の見直し」「介護療養型医療施設の廃止」「地域包括ケアの深化・地域共生社会の実現」をあげている（「地域包括ケアの深化・地域共生社会の実現へ――最近の福祉政策を考える」MEDIFAX web 二〇一七年四月一九日）。

＊3　第1章注11で紹介した厚労省老健局の内部資料では、認定制度の見直しのほかに、「利用料の二割化」「高額介護サービス費の負担上限額の引き上げ」「施設多床室における減価償却費（居住費）の徴収」「補足給付への資産要件の導入」「介護給付費の地域差をふまえた国庫負担の見直し」などが財政効果（国費削減の見込額）とともに列挙されており、二〇一四年、一七年法「改正」で実施に移された制度改革メニューが〇九年段階でひと揃い示されていたことに注目したい。同資料では、これ以外に「区分支給限度額の引き下げ（一割または二割）」をあげている。さらに「利用料の二割化」では「在宅サービスのみ二割化」「在宅サービス・施設すべてを二割化」の区分案、多床室での減価償却費徴収

の対象を特養ホームだけでなく全施設とする案、補足給付の資産要件として不動産をくわえ一五〇〇万円を基準価額とする案などが示されている。

＊4　財政制度等審議会「平成二九年度の予算編成に関する建議」（二〇一六年一一月九日）。このなかで、要介護1・2の生活援助、通所介護を地域支援事業（総合事業）に移行させる前提として、「保険給付の割合の大幅な引き下げ、どのように重度化防止、自立支援につながるのかをケアプランに明記することを義務づけ」（生活援助）、「利用者の居場所づくりにとどまっていると認められる場合は減算措置を含めた介護報酬の適正化」（通所介護）を新たに提言している。

＊5　第一三六回社会保障審議会介護給付費分科会資料「平成二七年度介護報酬改定の効果検証及び調査研究に係る調査（平成二八年度調査）の結果（病院・診療所等が行う中重度者の医療ニーズに関する調査研究事業）」（二〇一七年三月三一日）。

＊6　今回の「改正」で事業指定に対する市町村の権限が強化され、総量規制や市町村協議制の対象となるサービス事業の拡大などにより、居宅サービスの指定に市町村の意向がより反映されやすくなる仕組みがつくられた。

＊7　第二回未来投資会議（二〇一六年一一月一〇日）。「科学的介護」については「未来投資戦略二〇一七」（二〇一七年六月九日）参照。

＊8　たとえば三重県桑名市では「在宅生活の限界点を高めるケアマネジメント」を掲げ、「地域生活応援会議」においてケアプランの内容を行政がチェックし、インフォーマルサービスに移行するよう計画の変更を促している。「卒業」（＝地域デビュー）できれば、「元気アップ交付金」が事業所、ケアマネジメント実施機関、本人に支給される。詳細については藤井真一「介護保険の『卒業』が目標の『自立支援』がもたらすもの」（『議会と自治体』二〇一七年八月号）参照。五月二三日の参議院厚生労働委員会で参考人として意見を陳述した村瀬博は、同市の要介護認定率が二年間で二ポイント近く低下している背景に、地域生活応援会議において「カイゼン」を求める行政の指導に対して、ケアマネジャーの萎縮が生じていることなどを指摘している。

＊9　参議院厚生労働委員会（五月二三日）での日本ケアマネジメント学会・服部万里子副理事長の意見陳述。

＊10　全国老人施設協議会の意見書（二〇一六年一二月）。このなかで、『自立支援介護』が敷かれた場合、（中略）『QOLの向上を伴わないADL回復の目的化』が促進されるリスクが強く危惧」されるとし、「事実上要介護度改善の義務化を課すことは、もはや虐待といっても過言ではありません」と述べている。同様の趣旨として、浅川澄一「要介護者への行き過ぎた自立支援は虐待と変わらない」（ダイヤモンドオンライン、二〇一六年一二月七日）。

＊11　「誰もが支え合う地域の構築に向けた福祉サービスの実現（新たな福祉の提供ビジョン）」（二〇一五年九月）において「共生型の地域社会」が提起され、「骨太方針二〇一六」「ニッポン一億総活躍プラン」（二〇一六年六月）を経て、二〇一六年七月、「我が事・丸ごと」地域共生社会実現本部が設置された。二〇一七年二月には『地域共生社会』の実現に向けて（当面の改革工程）」が発表されている。このなかで『我が事・丸ごと』地域共生社会」は、「制度・分野ごとの縦割りや『支え手』『受け手』という関係を超えて、地域住民や地域の多様な主体が『我が事』として参画し、人と人、人と資源が世代や分野を超えて『丸ごと』つながることで、住民一人一人の暮らしと生きがい、地域を共に創っていく社会」と定義されている。現在、実現本部のもとに「地域力強化」、「公的サービス改革」、「専門人材」を課題とした三つのワーキンググループが設置され、検討・具体化の作業が進められている。

＊12　「『我が事・丸ごと』地域共生社会」の本質・内容について、山下幸子『『我が事・丸ごと』地域共生社会実現への方向性と障害福祉施策」（『賃金と社会保障』№一六七七、二〇一七年三月上旬号）、山崎光弘「『我が事・丸ごと』地域共生社会の本質と課題」（中央社保協『社会保障』二〇一七年夏季号）参照。

＊13　厚生労働省・農林水産省・経済産業省「地域包括ケアシステム構築に向けた公的介護保険外サービスの参考事例集（保険外サービス活用ガイドブック）」（二〇一六年三月）。巻末には、「保険外サービスを把握、理解したうえで、適切に推進されていくことが必要」とのコメントが「自治体向けのメッセージ」として収載されている。

＊14　規制改革推進会議「第一次答申」（二〇一七年五月二三日）。

（林　泰則）

第3章　歪められる地域包括ケアシステム

1　「我が事・丸ごと」をどうみるか
――これは「地域共生社会」ではない

安倍内閣は二〇一七年二月七日に介護保険法などの一括「改正」法＝「地域包括ケアシステムの強化のための介護保険法等の一部を改正する法律」を閣議決定し、自民公明の与党は第一九三回国会で強行採決を交え、強引にこれを成立させた。この法律は、介護保険法だけではなく「介護保険法等の一部を改正する法律」とあるように、健康保険法、児童福祉法、医療法、社会福祉法、老人福祉法、地域保健法、構造改革特別区域法、生活保護法、子ども・子育て支援法など三一の法律の「改正」を行なう一括の改定であった。そのなかで「地域包括ケアシステム」とならんで「地域共生社会」の推進が改革のキーワードになっている。*1

(1) 地域の相談援助における公的責任の欠落と住民対応

社会福祉法の改定

厚生労働省（厚労省）の示した「改正する法律のポイント」では「地域包括ケアシステムの進化・推進」として、「1　自立支援・重度化防止に向けた保険者機能の強化等の取組の推進（介護保険法）」、「2　医療・介護の連携の推進等（介護保険法、医療法）」にくわえて「3　地域共生社会の実現に向けた取組の推進等（社会福祉法、介護保険法、障害者総合支援法、児童福祉法）」があげられ、「市町村による地域住民と行政等との協働による包括的支援体制作り、福祉分野の共通事項を記載した地域福祉計画の策定の努力義務化」と「高齢者と障害者が同一事業所でサービスを受けやすくするため、介護保険と障害者福祉制度に新たに共生型サービス」が示されている。

「市町村による地域住民と行政等との協働による包括的支援体制作り」として、社会福祉法の第四条、第五条、第六条が改定され、二〇一八年四月一日より施行される。

第四条（地域福祉の推進）の2は、「地域住民等は、地域福祉の推進に当たっては、福祉サービスを必要とする地域住民及びその世帯が抱える福祉、介護、介護予防、保健医療、住まい、就労及び教育に関する課題、地域生活課題（＝地域社会からの孤立、日常生活を営み、あらゆる分野の活動に参加する機会が確保される上での各般の課題）を把握し、支援関係機関との連携等によりその解決を図るよう特に留意するものとする」と改定された。

また第六条の2では、「国及び地方公共団体は、地域住民等が地域生活課題を把握し、支援関係機関との連携等によりその解決を図ることを促進する施策、その他に地域福祉の推進のために必要な各般の措置を講ずるよう努めなければならない」と改定された。

相談体制の公的責任

第四条は、福祉サービスを必要とする住民とその世帯の「地域生活課題」を「地域住民等」が把握し、支援関係機関と連携して解決をはかるように「留意」するとしているが（「留意」とは気をつけるだけではなく、「そのように言動すること」*2という意味）、ある住民の福祉問題や生活問題をほかの住民が把握し解決をはかるというのは、プライバシーや社会福祉の公的責任からは、理解しがたい。社会福祉は、憲法第一三条の個人の尊重と第二五条の生存権の保障を目的に、福祉ニーズをもつ国民を専門職・行政職員が把握し相談援助を実施し、「必要充足」原則のもと、ニーズに応じた社会福祉を提供する国と自治体の公的責任から成り立っている。これは、社会福祉の核心部分であり、社会福祉が社会福祉たる根幹にかかわる。

「地域包括ケアシステム」は、公的責任の基盤のうえに構築されるべきである。地域住民の貧困、孤立、生活困難、健康問題、介護問題を解決できる「能力」をもつのは、行政機関と専門福祉機関である。しかし、改定社会福祉法第四条では、ニーズ把握と解決の主体が行政と福祉機関ではなく、住民と位置づけられている。

では、別のところで公的責任が明確に規定されているのか。追加された第六条2項では、地域住民が地域生活課題を把握し解決をはかるための施策の推進の努力規程であり「国及び地方公共団体」の直接的な責任が規定されているわけではない。

そもそも、社会福祉法では、社会福祉提供（サービスと相談援助を含む）に関する公的責任は不明瞭なままであった。今回の改定では、明らかに地域住民を地域の福祉問題（地域生活課題）の解決主体として位置づけている。公的責任を強化し、地域生活課題を行政がどう解決するかという規定が不明瞭なまま、住民を解決主体として位置づけるというアンバランスな構造が固定化されようとしている。

ないがしろにされる公的責任と住民の位置づけ

もちろん、住民が地域福祉や「まちづくり」の主体ではない、といっているのではない。住民は、地方自治の主人公として、地域福祉の理論と実践において「住民主体」と位置づけられてきた。[*3] また、福祉専門職を援護し地域福祉課題に対応する活動を行なってきた。しかし、新自由主義改革路線の強行のもとで深刻化し厳しくなってゆく地域問題に対して、地域の難問にできるだけ自力で対応する主体として住民を位置づけようとする動きが、強まっている。「地域包括ケア」において地方自治体の責任、政府の責任を強化せず、住民対応を強化する方向では、真のケアシステムは構築できない。

社会福祉の公的責任の根幹部分がなし崩しにされるなかで、「地域包括ケアシステム」とともに、『我が事・丸ごと』地域共生社会」づくりが国策として進められようとしている。では、それは、いったいどのような意味なのだろうか。

(2)「『我が事・丸ごと』地域共生社会」の問題点

「我が事・丸ごと」の改革工程

「『我が事・丸ごと』地域共生社会」についていまの時点でまとまって示されているのは、『地域共生社会』の実現に向けて（当面の改革工程）」（二〇一七年二月七日、以下、「改革工程」）という政策文書である。「改革工程」では、「かつて我が国では、地域の相互扶助や家族同士の助け合いにより、人々の暮しが支えられてきた」というノスタルジックな認識からスタートする（この「かつて」がどの時代をさしているのかは不明である）。「我が事・丸ごと」が求められる背景を、次のように述べている。

「様々な分野の課題が絡み合って複雑化したり、個人や世帯単位で複数分野の課題を抱え、複合的な支援を必要とするといった状況がみられ、対象者ごとに『縦割り』で整備された公的な支援制度の下で、対応が困難なケースが浮き彫りとなっている」。このため、地域の実状に応じて高齢・障害という分野をまたがって総合的に支援を提供しやすくし、「公的支援のあり方を『縦割り』から『丸ごと』へと転換する改革が必要」としている。

すり替えられる問題背景

それに続く「つながり」に関する説明では、いま地域で、「社会的孤立」や、制度が対象としない身近な生活課題（例：電球の取り換え、ごみ出し、買い物や通院のための移動）への支援の必要性が顕在化し、「軽度の認知症や精神障害が疑われ様々な問題を抱えているが公的支援制度の受給要件を満たさない『制度の狭間』の問題も存在する」が、「こうした課題の多くは、かつては、地域や家族などのつながりの中で対応されてきた」と根拠なく言い切っている。さらに、地域のつながりの弱化、家庭の機能の低下、職場での人間関係の希薄化を背景に、「社会的孤立」や「制度の狭間」などの課題が表面化しているとする。

軽度の認知症の人への支援が不十分なのは、介護保険改革による対象制限の結果であり、明らかに制度問題である。精神障害が疑われる人への支援が不十分なのも、精神医療や精神保健福祉のシステムの問題である。対象・給付・専門的援助・ニーズ把握などで医療・福祉制度が十分に機能しておらず、制度改革で対象からはずされていくために、「狭間」の問題があらわになっているのである。人のつながりが十分であれば、対応できるという問題ではない。

「制度の狭間」は制度問題

「制度の狭間」は、制度拡充と専門職活動の強化など福祉行政の課題として国と地方自治体の責任で早急に解決すべきであり、住民に解決をゆだねるべき話ではない。要支援からの「給付とりあげ」を転換し、「軽度の認知症」の人にケアサービスや生活支援サービスを提供すべきであり、認知症患者へのケアを継続できる医療体制を整備すべきである。公的責任で地域のソーシャルワーカー配置を拡充して、アウトリーチ（専門職の側から地域に入りニーズを掘り起し、困難を抱えた住民につながる実践）をかけ潜在化する「精神障害が疑われる人」とその困難を発見し、医療機関や精神保健福祉の対応につなげるようにすべきである。[*4] 制度責任の問題を、人のつながりの希薄化を要因とする問題に「すり替え」てはならない。

「つながり」への過剰期待

たしかに旧地域共同体や家父長制家族、従業員の生活・人格のまるごと従属を前提にした会社主義の職場では、「つながり」が強固で、今日より助けあいがしっかりしていたかもしれない。しかし、もう一面でその集団内では、過剰同調や同質化の圧力、価値観の押しつけ、支配と従属があり、それに適合できない人、それを拒む人には排除や差別が行なわれていた。すべての人に「つながり」が担保され助けあうことができていたわけではない。つまり、どのような条件や構造であれ、人の「つながり」がありさえすれば、孤立も、排除もなく、生活課題が発生しなかったわけではないのである。

「我が事・丸ごと」とはどういうことか？

地域における責任体系が求められる

「我が事・丸ごと」の意味について、二つの論点をあげておきたい。

第一に、行政の責任の確立と住民の役割の区別についてである。

住民が地域問題に関心をもち、主体的にとりくむことは重要である。しかし、それは住民のみで対応できることではない。貧困、生活困難、孤立などの生活問題は、ある地域にのみ発生しているのではなく、いまの日本社会全体に拡大している社会問題である。つまり、生活問題の地域性と社会的背景に目を向け、国と自治体の責任、専門機関・専門職の機能を後退させず発揮させることと一体にして、住民の主体的なとりくみが追求されるべきなのである。

国と自治体、専門機関と専門職にあまり依拠することができないから、住民独自で対応するという文脈で「我が事」が強調されてはならない。生活にかかわる社会問題に関しては、行政・公務員、専門機関・専門職による「地域における責任の体系」がつくられ、それとの関係で住民のとりくみ、住民だからこそできる活動が追求されるべきなのである。

個人の多面性や私的領域を度外視

第二に、個人の多様性・多面性・独自性と整合性をもたない「丸ごと」の強調である。

「改革工程」では「丸ごと」の意味を、「人と人、人と資源が世代や分野を超えて『丸ごと』つながる」と説明している。人と人、人と資源が「丸ごと」つながるというのは理解に苦しむ。住民が地域の福祉活動に参加するとしても、それは「丸ごと」であるはずがない。

人の生活は、私的領域・時間、職業上の領域・時間、地域など共同に費やす領域・時間から構成されるであろう。地域の活動に参加するとしても、私的領域・時間や職業上の領域・時間とのバランスのなかで決められる。私的領域・時間や家族関係においても人が「丸ごと」つながるという状態は想定しがたい。人がある活動にかかわるとしても、その人のすべてを「丸ごと」ささげるものではなく、その活動の性質や時間、自分がそこで発揮できる力に応じてになるはずである。

「丸ごと」という表現には、住民の助けあいの活動を「総動員」的に活用して、新自由主義改革のもとでの地域難を乗り切らせるという方針がすけてみえる。

共生とはいえない

「改革工程」で示されているのは共同、助けあい、共助の勧めではあっても「共生社会」の推進方策ではない。「改革工程」で推進しようとしている助けあいや「つながり」は、近代以前、近代以降、戦前までの、旧共同体や古い家族制度とどう違うのか明確な説明はみあたらない。

社会福祉研究者の真田是は、「社会福祉の障碍」の一つとして、支配層による旧共同体型救済・扶助システムの利用・依存があることを指摘し、社会福祉の代替としての位置づけと追求が行なわれつづけている問題を指摘していた。[*5]「改革工程」の作成者に旧共同体を再生するつもりはないであろう。社会保障財政抑制、新自由主義改革の進展によって地域の衰退が進むことを〝心配〟して、住民独自の地域課題への対応システムづくりを提案しているのかもしれない。しかし、強権的な改革に対抗する個人の尊重、権利保障という発想はない。それは、「共生」という考え方とも結びつかない。

「改革工程」で示されているのは「地域共生社会」でなく、「我が事・丸ごと」地域共同の勧め、それも

「かつて」とそれらとの違いがあいまいな共同の推進方策といわざるをえない。

(3) 地域を共生社会にするとはどういうことか

共生のルーツ

では、そもそも「共生」とはどういうことなのか。じつは「共生」のとらえ方には、宗教、思想、文化論などさまざまな立場からさまざまな理解がある。その整理にあたっては、一九九七年の日本学術会議の報告が最も適切であろう。同年に日本学術会議は山口定を委員長とする特別委員会の報告書『アジア・太平洋地域における平和と共生特別委員会報告』[*6]（以下『平和と共生』）を発行している。

山口は、この報告に関連して、「共生」という言葉は、二つの語源的ルーツと七つの社会的ルーツがあり、訳語というより現代の日本語の一つであることを明らかにしている。[*7]

積極的な共存の高次の形態

山口は、『平和と共生』の前に、「共生」に関して今日からみても重要な提起を行なっている。[*8] それは、「共生」は異なるものとの消極的共存ではなく、積極的な共存の高次の形態として、「生かし、生かし合う」関係を相互信頼にもとづいて創出するものであり、そのためには相互の自己変革が要請されるということである。「共生」を提起する者には自己変革の姿勢と、双方の自律・自治を尊重する姿勢が求められ、不用意な「共生」の提起は強者による介入や欺瞞になることをわきまえるべきだという指摘である。

「共生」の提唱の条件

山口は、「共生」の提唱が積極的な意味をもつためには条件があるという。第一に、競争社会において優位に立つ者の生き方の自己変革への決意表明であること。第二に、出来合いの共同体的価値観の強要や関係の同質化への方向づけではなく、異質なものの共存の承認と新たな結合関係を立てるべきである。第三に、相互のもたれあいではなく自立との緊張関係をもつ。第四に、平等と公正の原理で内在的にチェックされるべきである。第五に、透明で開かれた政策決定過程の制度的保障に支えられたものでなければならない。山口は東アジア情勢にからんで日本の平和憲法は、冷戦後の新しい秩序理念として世界に発信する意味をもつとしている。

『平和と共生』では、「共生」の英訳は living together であり、積極的共存の哲学として現代社会において失われつつある人間の生き生きとした交流関係（conviviality）の復活をめざすものであるとしている。[*9] さらに、さまざまな人が「ともに生きる」うえでの障害を取り除く具体的方策をとるべきであり、「その際、『共生』の原理が、人間平等と人権の普遍性の原理に立ち、そのうえで、それぞれの個性が発揮できる共生・共存の形態がさぐられなければならない」としている。[*10]

共生と共同の混同

こうした「共生」の本質をふまえれば、「『我が事・丸ごと』地域共生社会」は、地域に「共生」を実現する方策とはいいがたい。強者の自己変革の視点も、過剰同調や介入への注意も、障壁となるものを除去する方策も、多文化共生の視点も、平等視点も権利保障も不十分なままの「我が事・丸ごと」共同の勧奨であるといわなければならない。言い換えれば、「共生」の意味を深く追うことなく、共同と共生を混同しているのが「改革工程」である。

共同に関しても論点があるが、ここでは一点だけ指摘しておこう。哲学者の尾関周二は、社会的弱者が強者と「共生」関係を実現しようとする場合、共同（体）による対抗力が必要で、そうでなければ「共生」は抑圧・支配を隠蔽するイデオロギーになりかねないと指摘しつつ、「共生」と共同は社会に欠くことのできない理念で、相互補完的関係だと位置づけている。[*11] 地域共同も「共生理念」にもとづくべきであり、強者の論理を貫徹するために地域共同を利用するねらいから「共生」が利用されてはならない。

地域ケアにおける「共生」

地域ケアや地域福祉にかかわって「共生」はどのように追求されるべきなのだろうか。

第一に、地域に、貧困、生活困難、孤立、排除、差別、制度からの除外、制度の負担増大による生活圧迫といった社会的困難を抱えた人が存在することを認識し、個人の尊重や平等、生存権、社会参加など権利保障からみて重大な問題があることを直視することから、「共生」への模索がはじまる。

第二に、閉じられた旧いタイプの地域共同が温存されているだけでは、弱者や同調しない人、異質な人への排除が起こりかねないため、「共生」にもとづく開かれた民主的な地域共同づくりや、「共生」にふさわしい人と人の結びつき方を発展させる運動性をもつことが肝要である。

第三に、強者、権力者（人だけではなく、政府、大企業などの組織も含まれる）の「共生」に向けた責任と自己変革が求められるということである。社会保障制度上でいえば、財源である税金に関する優遇措置の廃止・応能負担の徹底や、経済活動でいえば開発規制や最低賃金の引き上げ、労働時間規制の強化が求められる。

第四に、社会保障や地域福祉における「共生」とは、政策の立ち遅れや後退を補完するものではなく、むしろ「共生」の実現のためには、生活を支える社会保障政策の整備や、共生的な共同活動を支えるシステムの整備が必要である。われわれは、日本の政治が憲法にもとづく平和的外交と諸外国の貧困・格差などの社会問題への支援にも積極的に乗り出し、国内にあっては市民の生活保障を実現する「新しい福祉国家」政策に踏み出すことが、地域における「共生」につながる道であると考える。

第五に、以上のことから「共生」は最終目的ではなく、それによってどのような社会を実現しようとするのかが問われるということである。

「共生」を論じる権力化されない地域の場

地域を共生できる場とするには、多数者も少数者も、居住期間が長い人も短い人も、ともかくさまざまな人が「権力化されない議論の場」[*12]において、自由に意見交換でき「共生」への活動が生み出せる民主主義が不可欠である。それが「地域共生社会」を「地域強制社会」に転嫁させないための条件である。

ことは、個人の自由意思と地方自治体や地域という単位の自主性にかかわる。地方自治はその地域の自律的な政治・行政を行なう自治権を基礎にしているが、同時に、それは、国民のいのちと暮らしを守る国家による政策の存在を基盤に成り立っている。そうした政策構造の充実ぬきに、地域の問題解決力や「丸ごと」のつながりを求めることは、市民一人ひとりの地域生活を不自由なものにし、各自治体単位の「自由」も奪う動員体制になる恐れがある。

また、住民一人ひとりの自由、自律性とそれらに対する国家による支配・干渉の危険性という問題もある。「人と人とのつながりの再構築」や「つながりのある地域をつくる」重要性を支持する人もいるであろう。しかし、それは住民の自発的で主体的な意志によるべきであり、特定の時期の政権、特定の省庁の思惑や、本質からずれた一方的な方向づけによって進められるべきではない。

なんのために「つながりのある地域をつくる」のか、その意義や方向性は住民が自律的に探るべきことである。つまり、「地域づくり」は地方自治そのものなのである。

「共生」は、住民の権利として位置づけられるべきである。権利としての「共生」を論じる視点こそがいま求められている。

（岡﨑　祐司）

2 新しい総合事業の問題点
――下流に押し流されるニーズの行方

(1) 新しい総合事業に至る経緯

新しい総合事業（新しい介護予防・日常生活支援総合事業）が二〇一七年四月、すべての市町村で実施開始期限を迎えた。第2章でふれたように、その原型はすでに二〇一一年法改正（介護サービスの基盤強化のための介護保険法等の一部を改正する法律）で導入されたものであった。

当時厚生労働省（厚労省）の説明資料[*13]は、総合事業に関し次のように説明していた。

「市町村の判断により、要支援者・介護予防事業対象者向けの介護予防・日常生活支援のためのサービスを総合的に実施できる制度を創設」した。「市町村・地域包括支援センターが、利用者の状態像や意向に応じて、予防給付で対応するのか、新たな総合サービスを利用するのかを判断」する。

この時点では「市町村の判断」により選択的に実施するものだったが、二〇一四年に成立した「医療・介護総合確保法」（地域における医療及び介護の総合的な確保を推進するための関係法律の整備等に関する法律）によって、すべての自治体が実施義務を課されることになったのである。

旧総合事業の創設理由を、社会保障審議会介護保険部会の「意見」(二〇一〇年)は、概略を次のように述べている。

予防給付の状況をみると、たとえば訪問介護について、生活援助に多くの時間が割かれているように、自立をめざすという制度趣旨が必ずしも徹底されていない。今後は重度者や医療ニーズの高い高齢者に対して給付を重点的に行ない、要支援者・軽度の要介護者に対する給付の効率化、効果の向上をはかることについて、検討する必要がある。とくに、「軽度」の要介護者のうち要支援1・2と非該当を行き来する人については切れ目のないサービス提供の観点から、予防給付と生活支援サービスを一体化し、利用者の視点に立って市町村がサービスをコーディネートすることが効果的なのではないか。そこで「保険者の判断」でサービスを総合化した介護予防・生活支援サービスを「地域支援事業」に導入する必要がある。

だが、これはあくまで任意による実施であり、二〇一二年度に何らかの総合事業を実施したのは二七保険者で、一五五三保険者(当時)の一・七%、一三年度は四四保険者、一四年度は五五保険者であり、新しい総合事業が施行された一五年にようやく三桁(二八九保険者)に乗るまで、二桁台で推移していた。[*14]

当時の総合事業は、〈利用者の視点に立った柔軟な対応〉と〈地域活力の向上に向けた取組〉を二本柱とし、①予防サービス、②生活支援サービス、③ケアマネジメントにかかる事業が各々実施されていた。

このうち①予防サービスは、通所型と訪問型で構成され、要支援者ならびに二次予防対象者に向けたものだった。たとえば、二〇一三年当時の岡山県浅口市では、訪問型予防サービスとして二次予防対象者を中心に保健師・看護師による訪問、通所型として運動器の機能向上教室・運動教室・お元気教室・なかよし会が行なわれ、生活支援サービスとして、二次予防対象者と要支援者のうち独居、高齢者世帯の人を対象に、地域包括支援センターのアセスメント・ケアマネジメントにより、「地域の元気な高齢者の支え合いサポーター」が社会福祉協議会を通じて派遣され、ゴミ出し、買い物等が行なわれていた。*15

なぜ、実施保険者が拡大しなかったのか。

二〇一三年五月開催の厚労省の社会保障審議会・介護保険部会で、委員からの問いかけに対し、厚労省は次のように説明している。第一に、給付を事業の形に組み直すのが、「市町村にとっては少し大変である」こと。そして生活支援サービスが地域にいかに普及しているかが事業成功の鍵だが、まだまだ地域においてとりくみが十分進んでいないため市町村も手を出しにくい。*16保険者の選択にゆだねてはみたものの、十分な広がりが得られない。にもかかわらず、同年九月の部会で厚労省は「介護予防給付の地域支援事業への移行」、すなわち、総合事業の義務化を早くも提案したのである。

その必要性について、第一に、生活支援サービスの充実を訴えた。

すなわち電球の交換、部屋の模様替え、掃除、買い物、散歩、食事、通院、ごみだし、薬をのむといったニーズを満たすには、公的な介護サービスだけでなく、「比較的細々とした生活支援のニーズを満たすような地域づくりが重要」であり、生活支援サービスを担う事業主体を支援する体制が必要である。

第二に、予防給付の見直しの必要性を次の四つの点から説明している。

一点目として、介護給付同様に予防給付サービスの種類・内容・運営基準・単価を全国一律で国が定めている状況では、要支援者の多様な生活支援ニーズに応えられない。既存介護サービス事業者だけでなく、NPO、協同組合、ボランティア、社会福祉法人、さまざまな主体の重層的なサービス提供が望ましいこと。

二点目として、生活ニーズへの対応を家族や地域に頼ることは難しいため、生活支援サービスの整備とあわせて提供のあり方をより効果的にすること。

三点目として、元気な高齢者にも生活支援の担い手となってもらい、「高齢者が中心となった地域の支え合いの仕組みの構築」が重要であること。

四点目として、介護保険制度の持続性を確保するため、介護保険財源も活用して地域住民も巻き込みながら、要支援者に対するサービス給付を効果的・効率的なものにしていく必要があること。

そして、要支援者の予防給付を「給付」から「事業」へ見直し、従来の地域支援事業における介護予防事業も「少し内容を見直して」、この二つを合わせて「新しい総合事業という形で組み直したらどうか」と、提案したのである。[*17]

総合事業が普及しにくい理由として厚労省自身があげていた「給付を事業の形に組み直すことの大変さ」や、「生活支援サービスの不足」を義務化・事業化で強硬に乗り越えようとしたのだろう。

「選択的に実施」から「義務化」へと、厚労省の姿勢が変化する過程に、八月の「社会保障制度改革国民会議報告書」[*18]がある。同報告書は自助・互助・公助の最適な組み合わせによる社会保障制度改革と、そのもとでの地域包括ケアシステム実現のため、「介護保険給付と地域支援事業の在り方を見直すべきである。地域支援事業については、地域包括ケアの一翼を担うにふさわしい質を備えた効率的な事業（地域包括推進事業〔仮称〕）として再構築するとともに、要支援者に対する介護予防給付について、市町村が地域の実情に応じ、住民主体の取組等を積極的に活用しながら柔軟かつ効率的にサービスを提供できるよう、受け皿を確保しながら新たな地域包括推進事業（仮称）に段階的に移行させていくべき」と提言していた。

こうして新しい総合事業が、全自治体に与えられた義務として実施を迫られることとなったのである。

(2) 新しい総合事業を含む新しい地域支援事業の概要

新しい総合事業は、従来の要支援者に対する予防給付のうち、介護予防訪問介護や通所予防介護の代替策である訪問型・通所型事業と介護予防事業を再編したものである。

また、新しい総合事業はさらに大きな枠組みである「新しい地域支援事業」の一部でもある（図1）。

介護予防事業の再編

介護保険法第四条（国民の努力及び義務）は、国民に対し「自ら要介護状態となることを予防」する努

図1　新しい地域支援事業の全体像

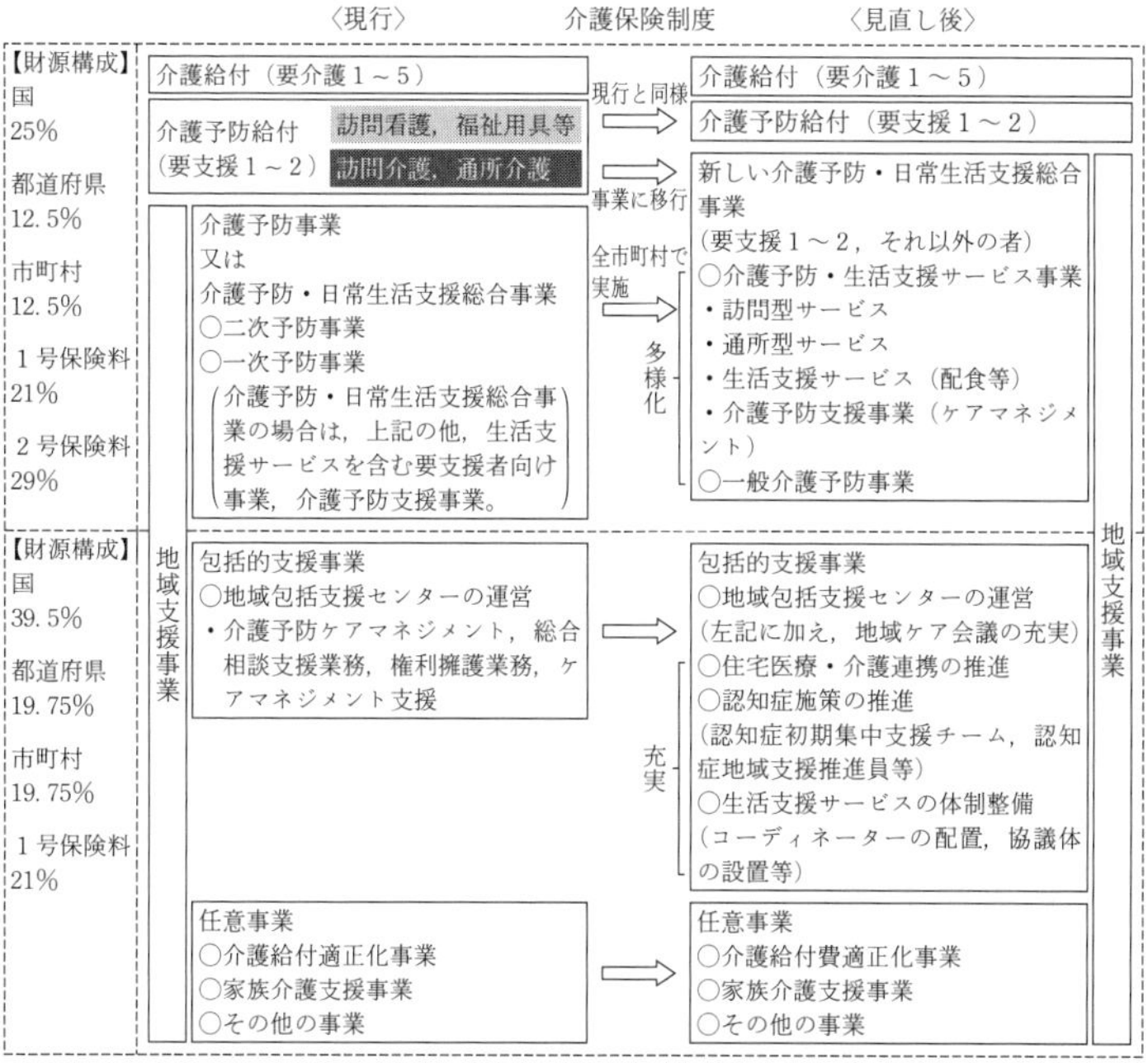

出所）全国介護保険・高齢者保健福祉担当課長会議資料，2014年2月25日。

力を求めている。介護予防は、「要介護状態の発生をできる限り防ぐ（遅らせる）こと、そして要介護状態にあってもその悪化をできる限り防ぐこと、さらには軽減を目指すこと」と定義され、その事業は「水際作戦」とも呼ばれていた。*19

従来の介護予防事業は「一次予防事業」と「二次予防事業」の二本立てだった。

一次予防事業では、全高齢者を対象に、たとえば〈健康体操教室〉といった「各種運動教室」や、〈介護予防教室〉といった講演会などがとりくまれていた。

二次予防事業は、まず高齢者に暮

らしぶりや、運動、栄養・口腔機能などについて点数化し把握する「基本チェックリスト」を広く配布・回収し、その結果から、「要介護状態に陥る可能性がある高齢者」を把握し、把握した人たちを対象に、通所型介護予防事業として、運動器の機能向上プログラム、栄養改善プログラム、口腔機能の向上プログラム等を、「訪問型介護予防事業」として、閉じこもり、うつ、認知機能低下への対応、通所が困難な高齢者への対応等を行なってきた。

今回の地域支援事業見直しにより、介護予防事業の総称が「新しい介護予防・日常生活支援総合事業」に改められ、一次・二次の区分けをなくして、「介護予防・生活支援サービス事業」と「一般介護予防事業」に再編された。前者の「介護予防・生活支援サービス事業」のなかに位置づけられたのが、「訪問型サービス」「通所型サービス」「生活支援サービス」「介護予防支援事業」(ケアマネジメント)である。

互助の構築と自立の促進

新しい総合事業の概要を、厚労省の「介護予防・日常生活支援総合事業ガイドライン」[20](以下「ガイドライン」二〇一五年六月五日)からみておきたい。

「ガイドライン」は、新しい総合事業の目的を、「市町村が中心となって、地域の実情に応じて、住民等の多様な主体が参画し、多様なサービスを充実することにより、地域の支え合いの体制づくりを推進し、要支援者等に対する効果的かつ効率的な支援等を可能とすることを目指す」とし、「支援する側とされる側という画一的な関係性ではなく、地域とのつながりを維持しながら、有する能力に応じた柔軟な支援を受けていくことで、自立意欲の向上につなげていくことが期待される」と述べる。

新しい総合事業のサービスは、国ではなく市町村が中心となって担い、その提供主体は従来の「画一的な関係性」の事業者ではなく「住民等の多様な主体」だとされる。めざされるのは、「地域の支え合いの体制づくり」と、その結果としての要支援者の「自立意欲の向上」である。

つまり、新しい総合事業は、介護サービスの提供そのものでなく、市町村が中心となり、地域の支え合いの体制をつくる＝互助の構築と、高齢者の「自立」を促すこと＝自助の推進を第一の目的に据えたものなのである。

基本チェックリストの位置づけの変更

新しい総合事業では、サービス利用における「基本チェックリスト」の位置づけが変わった（図2）。二次予防対象者の把握ではなく、「訪問型サービス」「通所型サービス」等を受けることができるのか否かを判定するツールとなったのである。

厚労省は「介護予防事業（地域支援事業）の実施状況」を例年調査し、公表している。[*21] たとえば二〇一四年に基本チェックリストが実施された高齢者は全高齢者人口中三四・八％、「決定」された二次予防事業対象者は、要介護認定の更新時に非該当となった人や前年度からの継続者を合わせて総数三〇五万二八

図2　サービスの利用の流れ

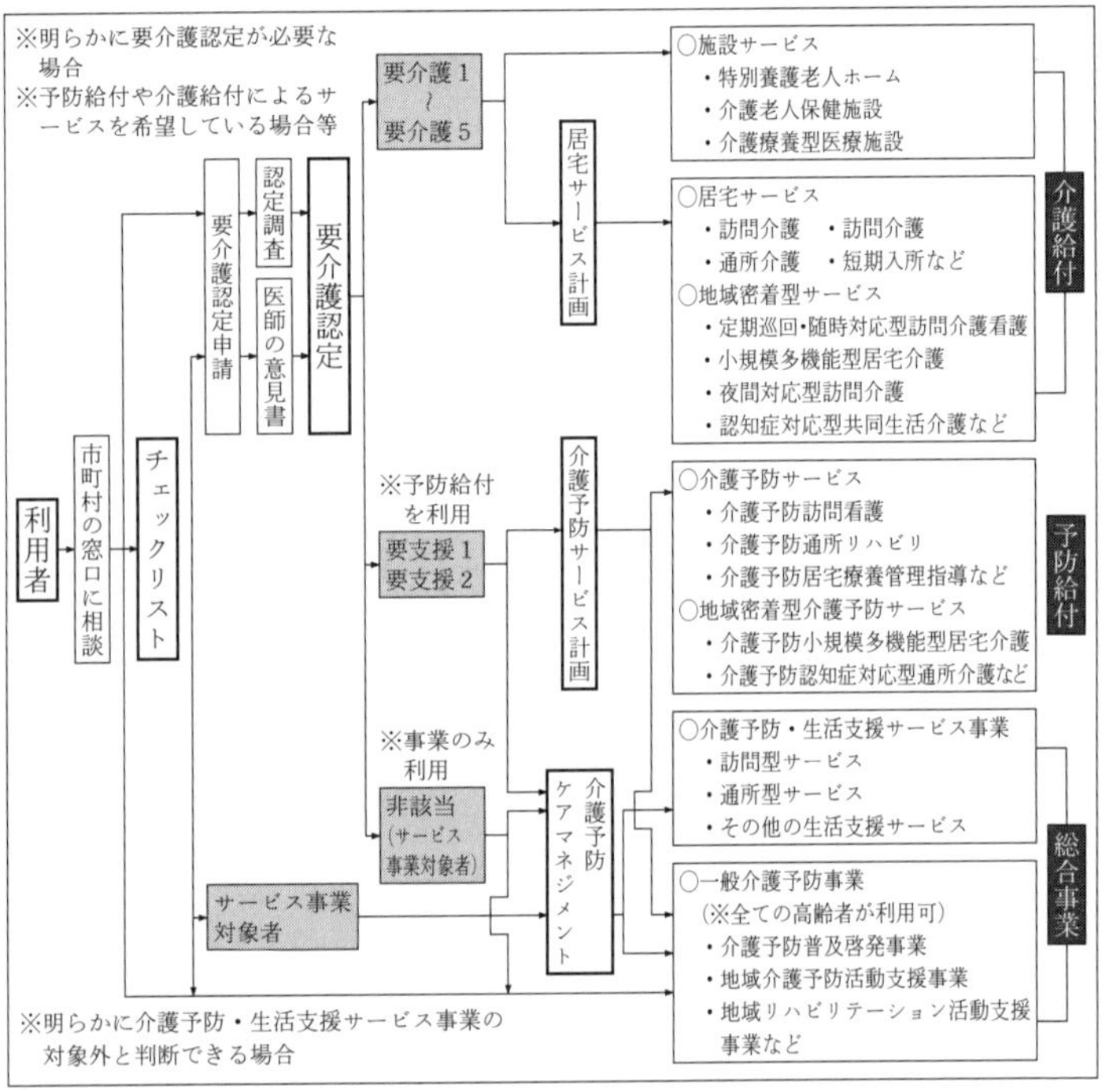

出所）「介護予防・日常生活支援総合事業のガイドライン」62頁。

六七人（高齢者人口の九・三%）である。決して少ない人数ではない。国の目的が「水際作戦」であったとしても、自治体が高齢者の状態を把握する手段として、無意味だったとは考えられない。だが国は「従来のような二次予防事業対象者の把握のためという活用方法ではなく、相談窓口において、必ずしも認定を受けなくても、必要なサービスを事業で利用できるよう本人の状況を確認するツールとして用いる」と「ガイドライン」に明記した。

　国は新しい総合事業の事業対

象者決定を基本的にチェックリストですませたいはずである。なぜなら「要支援」認定されると新しい総合事業に移行していない「介護予防訪問看護」や「通所リハビリテーション」利用が可能となる。給付抑制したい国にすれば予防給付に直接つながらない「基本チェックリスト」での事業対象者決定を望ましく考えるであろう。くわえて国は「要介護認定の簡素化」を志向し、更新認定の有効期間の延長とあわせ、介護認定審査会における審査の簡素化を検討している。[*22] 審査会開催にかかる経費や医師意見書作成にかかる費用軽減という事情もあるものと考えられる。

基準緩和で実施される訪問型・通所型サービス

新しい総合事業における訪問型・通所型サービスは、「市町村が中心となって、地域の実情に応じて」、「サービスを類型化し、それに併せた基準や単価等を定めることが必要」とされている。「ガイドライン」には「参考」類型が示されており、各市町村はこれを手がかりに各々準備を進めてきた。

訪問型は「現行の訪問介護相当」と「多様なサービス」に分けられている。「現行の訪問介護相当」には「①訪問介護」が、「多様なサービス」には、「②訪問型サービスA（緩和した基準によるサービス）」、「③訪問型サービスB（住民主体による支援）」、「④訪問型サービスC（短期集中予防サービス）」、「⑤訪問型サービスD（移動支援）」、が示されている（図3）。A、Bのサービス提供者は専門職ではなく、無資格者が担い手に想定される。想定される事業者への報酬は予防給付よりも低く抑えられ、利用料は保険給付同

図3　介護予防・日常生活支援総合事業（新しい総合事業）の構成例

＊以下はサービスの典型例を示しているため，市町村はこれらの例を踏まえて，地域の実情に応じたサービス内容を検討。

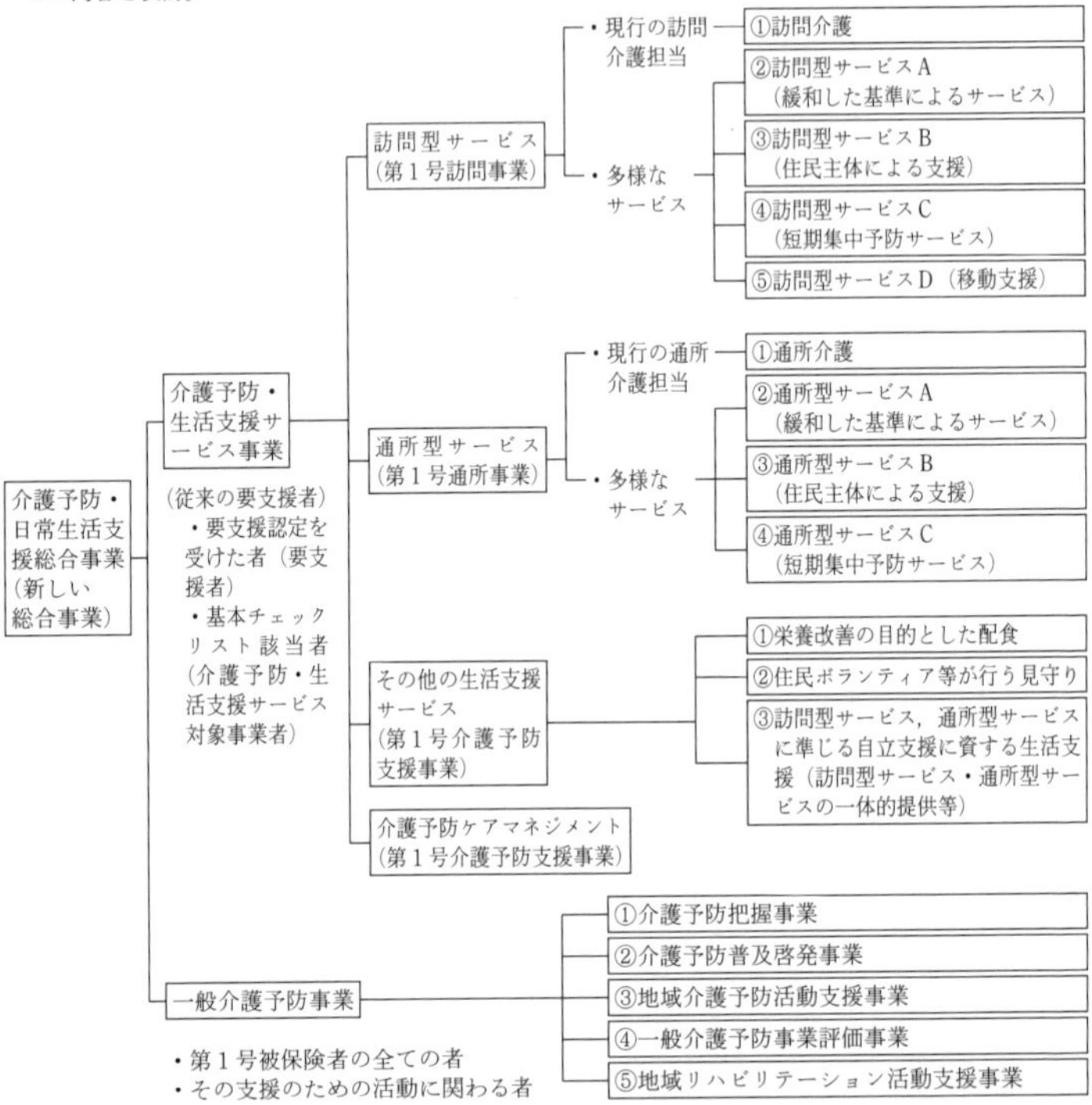

出所）「介護予防・日常生活支援総合事業のガイドライン」11頁。

様の一割ないし二割（一定以上所得者）である。

「ガイドライン」は、市町村が「効率的な事業実施」をめざし、住民主体のサービスの推進（低廉な単価のサービスの利用普及）等を通じ、「結果として費用の効率化」をはかるよう求めている（図4）。

「市場の補足」としての生活支援サービス

訪問・通所サービスと並んで創設された「その

図4　総合事業へのサービス移行の推進等による費用の効率化（イメージ）

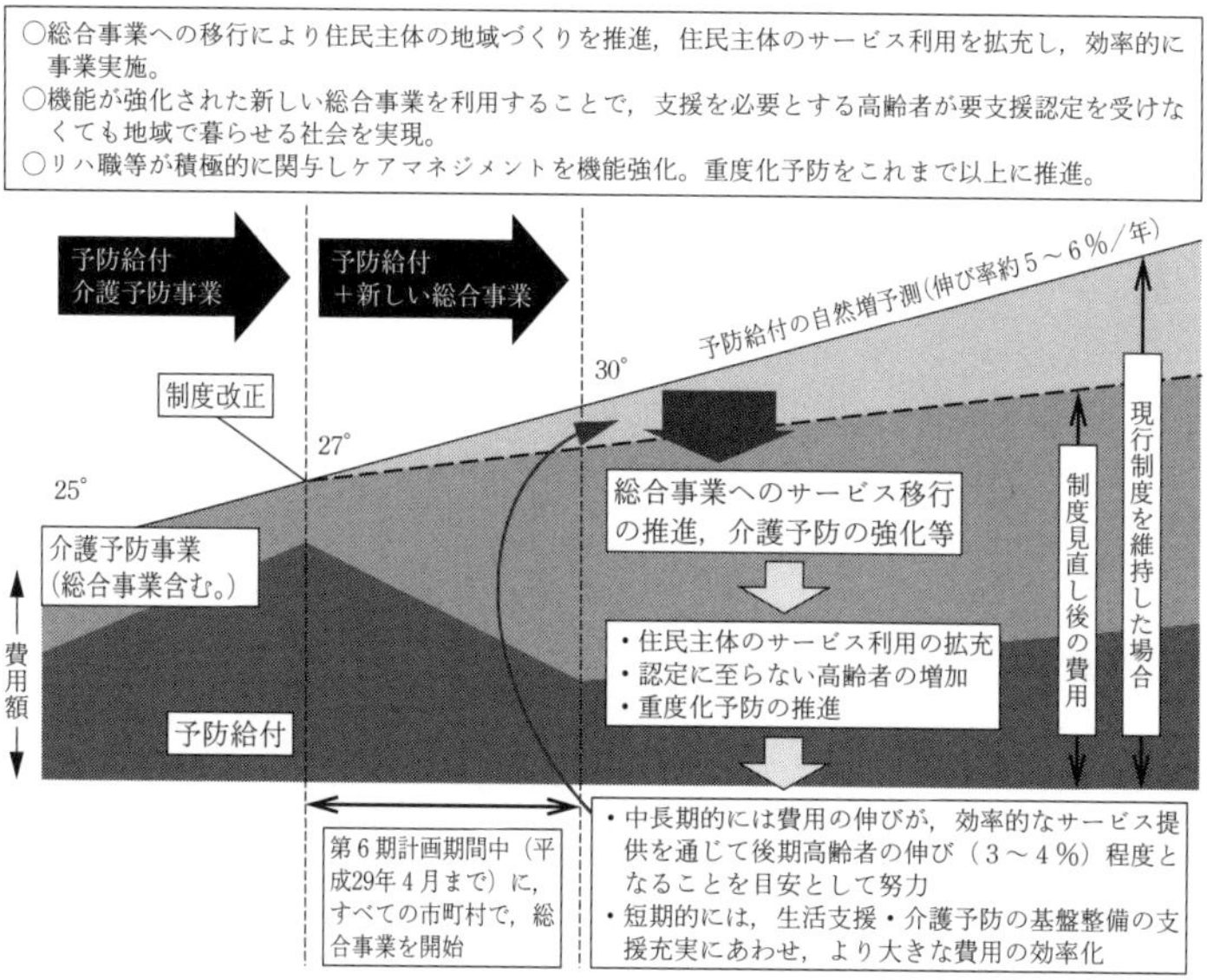
○総合事業への移行により住民主体の地域づくりを推進，住民主体のサービス利用を拡充し，効率的に事業実施。
○機能が強化された新しい総合事業を利用することで，支援を必要とする高齢者が要支援認定を受けなくても地域で暮らせる社会を実現。
○リハ職等が積極的に関与しケアマネジメントを機能強化。重度化予防をこれまで以上に推進。
予防給付
介護予防事業
予防給付
＋新しい総合事業
予防給付の自然増予測（伸び率約5～6％/年）
30°
制度改正
27°
25°
総合事業へのサービス移行の推進，介護予防の強化等
現行制度を維持した場合
制度見直し後の費用
介護予防事業（総合事業含む。）
費用額
・住民主体のサービス利用の拡充
・認定に至らない高齢者の増加
・重度化予防の推進
予防給付
第6期計画期間中（平成29年4月まで）に，すべての市町村で，総合事業を開始
・中長期的には費用の伸びが，効率的なサービス提供を通じて後期高齢者の伸び（3～4％）程度となることを目安として努力
・短期的には，生活支援・介護予防の基盤整備の支援充実にあわせ，より大きな費用の効率化

出所）「介護予防・日常生活支援総合事業のガイドライン」16頁。

他の生活支援サービス」について、「ガイドライン」は、「被保険者の地域における自立した日常生活の支援」を目的に、「訪問型」および「通所型」サービスと一体的に行なわれる場合に効果があると認められるものと定義している。具体的にあげられているのが、配食、定期的な安否確認および緊急時の対応、その他（訪問型・通所型サービスとの一体的提供）の三つである。「安否確認・緊急時の対応」は、ボランティアによる見守り活動が念頭におかれている。

また「ガイドライン」は〈留意事項〉を付しており、「その他の生活支援サービス」についてあくまで「市場」の「補足」だとしている。たとえば、配食サービスを

実施する場合も、「食材費などの補助を行う趣旨ではない」。「実費」は「利用者に負担を求め」よと書いている。

「上限」がある総合事業の財源

地域支援事業は介護保険制度上の仕組みであるため、その財源も介護保険財政でまかなわれている。これまでの地域支援事業は、「介護予防事業」と「包括的支援・任意事業」各々が介護給付費見込み額の二%を上限としており、なおかつ地域支援事業全体で見込み額の三%を上限としていた。それが新しい地域支援事業では、新しい総合事業と包括的支援・任意事業のそれぞれについて上限管理するものの、事業全体の上限は設定されないこととなった。

新しい総合事業は【①当該市町村の事業開始の前年度の予防給付（介護予防訪問介護、介護予防通所介護、介護予防支援）＋介護予防事業の総額】×【②当該市町村の75歳以上高齢者の伸び】が上限として設定される。[*23]

なおガイドラインは事業実施後、結果として上限を超えることを一定の特殊事情を勘案して認めるとしている。その例示として、病気などの大流行や災害、実施後に住民主体の取り組み等が確実に促進され費用の伸びが低減していく見込みである場合等をあげている。

包括的支援事業の見直し

地域支援事業見直しのもう一つの柱が包括的支援事業の見直しである。

従来、包括的支援事業とは、地域包括支援センターが担う「総合相談・支援事業」「権利擁護事業」「介護予防マネジメント事業」「包括的・継続的マネジメント支援事業」で構成されていた。

そこへ今回、新たに、①在宅医療・介護連携事業、②認知症施策、③生活支援サービス体制整備、④地域ケア会議の充実の四つがくわえられた。

以下では、とりわけ生活支援サービスの体制整備についてみておきたい。

市町村は生活支援コーディネーターの養成・設置が求められている。これは「地域支え合い推進員」とも呼ばれ、「多様な主体による多様な取組のコーディネート機能を担い、一体的な活動を推進」し、「資源開発・ネットワーク構築・ニーズと取組のマッチング」を進める存在とされている。[*24]

そのコーディネーターが「地域づくり」を進めるべく設置を求められるのが「協議体」である。協議体は、生活支援・介護予防サービスを「多様な主体の参画」によって進めるため、市町村を主体に「定期的な情報の共有・連携強化の場」として設置される。構成団体として例示されるのは地域包括支援センター等の行政機関のほか、生活支援コーディネーターと地域の関係者（NPO、社会福祉法人、社会福祉協議会、地縁組織、協同組合、民間企業、ボランティア団体、介護サービス事業者、シルバー人材センター等）である。

以上の生活支援サービス体制整備事業について国は次のように述べている。「市町村の生活支援等サービスの体制整備を目的としており、介護保険でのサービスのみならず、市町村実施事業や民間市場、あるいは地域の支え合いで行われているサービスを含めて市町村内の資源を把握し、保険外のサービスを促進しつつ、互助を基本とした生活支援等サービスが創出されるような取り組みを積極的に進める必要がある」る。[*25]

国が思い描く地域支援とは、介護保険サービスをむしろ頼りにせず、民間市場も活用した自治体と地域住民の努力による「自助」「互助」の浸透・定着策である。コーディネーターはその旗振り役であり、協議体はそのための情報を共有し、そうした地域づくりに向けての価値観の統一を促す場である。地域に「自助」「互助」思想を根づかせようとする意図を感じる。そうした地域づくり構想のなかに、医療・介護連携や認知症対策もが包括されていくのだとすれば、各々の事業の必要性とは裏腹に、公的な責任にもとづく高齢期のケア保障にはなりえない。

(3) 矛盾を回収して利潤につなぐ

川上から川下へ流されるニーズ

歴史的にみても、現に果たしている機能をみても、介護保険制度は膨張する医療保険財政への対応策としての役割を担ってきた。

第一に介護保険制度は医療保険財政への公費投入額膨張を緩和すべく、医療ニーズを医療保険に代わって受けとめる。第二に介護保険制度の給付へ移行したサービス提供も、要介護認定や上限額設定で抑制し、時には給付範囲さえ限定する。いわば「二重の給付抑制機能」を担っているのである。

医療・介護総合確保法による改正介護保険制度は、この二重の給付抑制機能を強化する。同法は、入院医療から在宅医療や介護サービスを含んだ医療・介護の提供体制をより強化させるものである。二〇二五年を目途に、効率的な姿へ改変させようとするものであり、これらを「川上・川下」の一体的改革と呼ぶ。

「川上」改革は入院医療改革であり、病床機能分化を進め、病床数抑制・平均在院日数短縮を実現し、医療費抑制をはかる。結果、患者の在宅移行が進む。政府の「医療・介護情報の活用による改革の推進に関する専門調査会第一次報告」(二〇一五年六月一五日)は、二〇二五年の必要病床数について「機能分化をしない場合に比べて」最大三七万床抑制可能とする一方、「将来、介護施設や高齢者住宅を含めた在宅医療等で追加的に対応する(注・改革によって新たに在宅医療が必要となる)患者数」を最大三三・七万人と推計した(図5)。新たな在宅医療の患者は、自然に発生するわけではない。国が実施する病床機能分化・病床数抑制によって政策的に在宅＝「川下」へ押しやられて発生するのである。

「川下」改革は、その受け皿としての地域包括ケアシステム構築である。そこでは介護保険制度が担う第一の給付抑制機能が発揮される。改革の出発点が医療費抑制である以上、在宅療養も医療保険ではなく介護保険での対応が可能なかぎり追求されるはずである。

国によって新たに生み出される三三・七万人もの追加的に在宅医療が必要となる人たちを、介護サービ

図5　2025年の医療機能別必要病床の推計結果（全図ベースの積上げ）

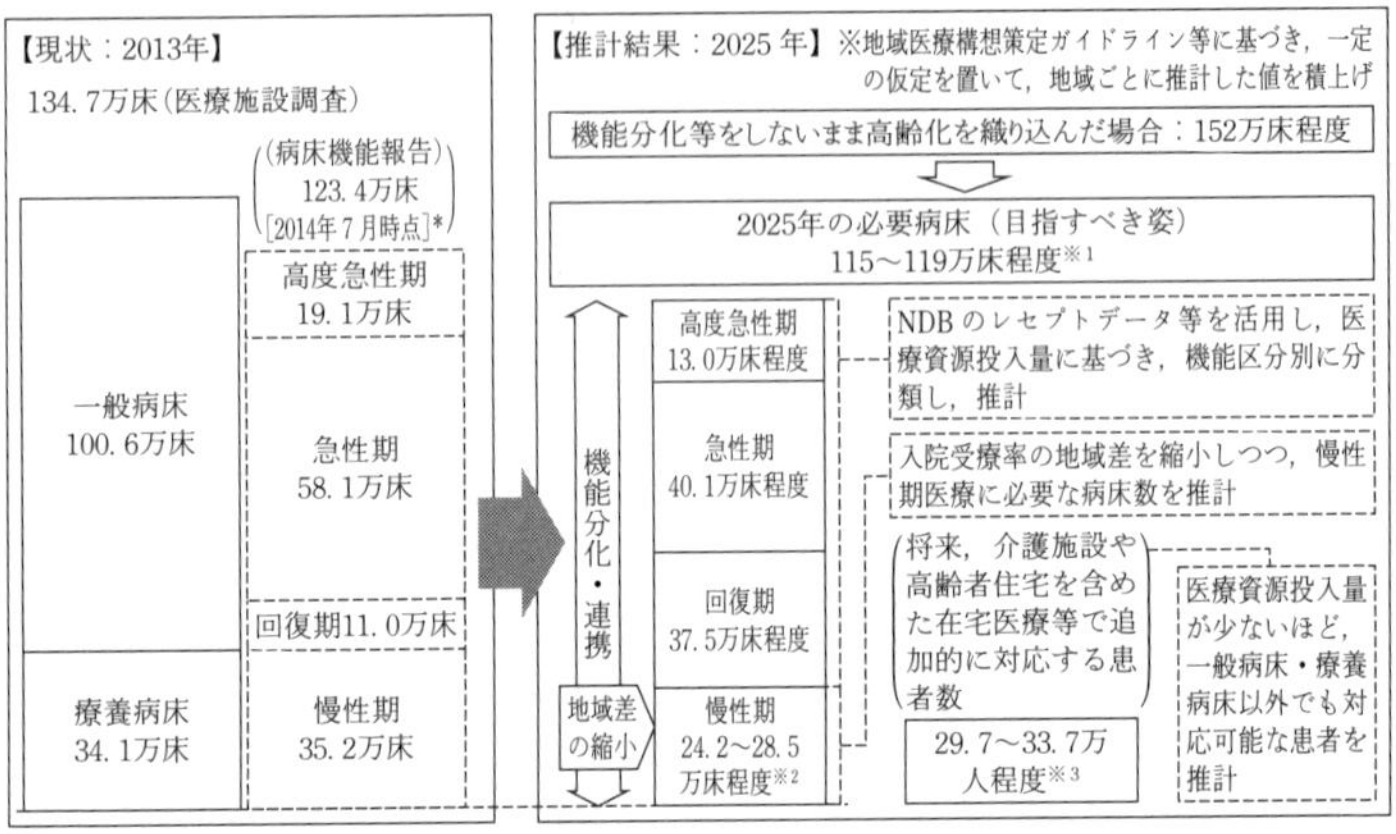

出所）医療・介護情報の活用による改革の推進に関する専門調査会「医療・介護情報の活用による改革の推進に関する専門調査会第１次報告〜医療機能別病床数の推計及び地域医療構想の策定に当たって」（2015年６月15日）21頁。

スを軸に地域で受けとめるには、介護保険サイドが強烈な財政圧力を受ける。そこでとられた方策は、保険給付範囲の見直しであり、要支援１・２と認定された人たちへの訪問・通所介護を保険給付の埒外へ追いやる「軽度者斬り」だった。

すなわち、医療・介護の埒外に追いやられた人々のニーズの集積点として準備されたのが、介護予防・日常生活支援総合事業（新しい総合事業）を含めた「新たな地域支援事業」だと考えられる。

以上のことから、新しい総合事業とは、医療・介護費用を抑制しうる、〈効率的〉な提供体制への転換にともなって排除されるニーズの受け皿づくりだといえる。

滞留するニーズを受けとめる産業化

医療保険から、そして介護保険からも遠ざけられた人々のニーズが、最後に滞留するのが地域である。そして市町村は、「新しい地域支援事業」や、そのなかでの「新しい総合事業」の実施を迫られ、限られた財源の枠内での「創意工夫」を求められている。市民にも、互助や「絆」に意義を見出した「地域包括ケア」を支える街づくりを展開する役割が期待されている。「見守り」「配食」「支え合い」「居場所づくり」が、住民の創意工夫で展開され、市町村も補助金を通じてそれを育成する、というような事例もつくられるだろう。

しかし、それは全国津々浦々の地域で、普遍的に可能なことではない。まして高齢化の進行するなかで継続し、ふくらむニーズに対応してキャパシティを増やしていくことなど、簡単にできることでもない。すべてのニーズを互助で受けとめることなど不可能だからである。

そこで地域に堆積したニーズの回収が「ビジネスチャンス」につながるのである。安倍成長戦略の一角を構成する「ヘルスケア産業」の育成である。それは、新しい総合事業に位置づけられた生活支援サービスは「市場」の「補足」と謳われ、新たに包括支援事業に位置づけられた「生活支援体制整備事業」の協議体の構成には「民間企業」が例示されていることにも表れている。

近年、「ジャパンヘルスケアビジネスコンテスト」なるイベントが開催されている。主催者は経済産業省〈経産省〉で、厚労省も〈協力〉団体である。コンテストの審査基準には、国家課題の解決に資する社会的な影響度、応募者の熱意、新規性・革新性、成長性・将来性〈事業実現のための調達計画等があるかも含め審査〉とあり、審査員にベンチャー企業の代表者とともに、厚労省や経産省の官僚が名を連ねる。[*26] へルスケア産業の育成は国策なのである。経済産業省は「健康寿命延伸分野の市場創出及び産業育成」のため、「官民一体となって具体的な対応策の検討を行う」として、「次世代ヘルスケア産業協議会」を二〇一三年に立ち上げた。

同協議会は二〇一四年六月に「中間とりまとめ」を行ない、「慢性期医療にかかる費用を、公的保険外サービスを活用した予防・管理に大胆にシフト」し、「国民の健康増進・医療費削減・新産業創出の一石三鳥の実現を図る」と打ち出した。さらに、地域経済・コミュニティの活性化のために、地域包括ケアシステム構築の一方で「公的保険外サービスに対するニーズ」を拡大し、「地域の経済活性化と医療費削減」を両立させると述べていた。標的は「地域」であり、地域の医療・介護関係者を「糾合」した「地域版協議会」を創設し、「地域の実情に応じた」ビジネス展開推進を提起したのである。

ヘルスケア産業にとって、川下の果てに流れ着いた、公的制度によって充足されえないニーズこそ、ビジネスチャンスである。しかも「公的保険外サービスに対するニーズ」拡大とは、公的保険内サービスを縮小させることと表裏一体の関係である。

新しい総合支援事業の生活支援サービスが「市場の補完」とされているのはその端緒にすぎない。端から公的なサービス保障をする気のない国の政策を許しつづけるなら、あらゆるものが市場の補完にされかねないのである。そのようにして、満たされず・解決しない課題が、ニーズとして堆積し、資力のある高齢者のニーズはヘルスケア産業に回収され、そうでない高齢者は「互助」の「絆」に頼るほかなくなる。

新たな地域支援事業の向こうには、そんな近未来が待ち受けている。

(4) 地域差縮減圧力と新しい総合事業

市町村を介護サービスに頼らない「自助」「互助」にもとづく地域づくりに駆り立てる動きとして、くわえて注視すべきものが「医療・介護の地域差縮減」の動きである。具体的には医療保険給付費や入院受療率等の差であり、介護給付費や要介護認定率の差である。医療・介護サービスは本来的に個別性の高いものであり、その差異は生活・就労・自然環境など、暮らしの場の違いが大きく影響している。それを介護給付費や認定率という数字だけに着目し、縮減せよというのである。

二〇一七年五月に成立した改正介護保険法には、「保険者機能強化策」として、市町村が国からのデータ提供を受けて分析した地域課題について、効果的な介護予防策(地域支援事業・総合事業)を展開した結果、要介護状態が「改善」した保険者に対しては、財政的なインセンティブを与える仕組みが盛り込まれた。新しい総合事業を義務づけられた市町村が、他自治体との地域差を根拠に、給付抑制競争へ駆り立てられることになるのである。

新しい総合事業において国はどのような事例を推奨するであろうか。できるだけ費用をかけず、設定された財源の上限を下回るコストで、住民の善意に依拠し、要介護認定率を下げることであろうか。そうしたあり方が好事例にあげられ、仮に保険者が血道をあげてそれを追求するような事態となれば、介護保険制度の存在意義とは何か、被保険者は何のために介護保険料を支払うのか、といった根本的な問いに突き当たらざるをえない。

とはいえ、新しい総合事業が実施されれば従来サービスが後退し、「まともな介護」が受けられなくなる、といった指摘が急激に現実のものとなるとは考えにくい。むしろ事態はゆっくりと真綿で首を締めるように進行すると予想される。

二〇一五年四月からいち早く新しい総合事業をスタートさせた桑名市は、高齢者の介護保険「卒業」と地域活動への「デビュー」を掲げ、国からも先進事例と評価されている。だがそうした市町村ばかりではないはずである。現時点では、多くの市町村担当者は国の政策に戸惑ったり、矛盾を感じたりして苦難に直面しつつ、法にそった制度運営を進めているものと考えられる。

これまでサービスを受けてきた住民からサービスを奪うわけにはいかない。自治体は、新しい総合事業が問題に満ちた制度であっても、その枠内で精一杯のサービス提供に努力するだろう。だからこそ、少なくとも当座においては、制度の矛盾が市町村と事業者へ集中するはずである。

保険者機能強化策が推進され、市町村は財政圧力にさらされ、事業所へさらなる低報酬でのサービス提供が押しつけられ、その結果として実際の高齢者に対するサービス低下へとつながっていくであろう。新しい総合事業がもたらす矛盾はそのような順序でもたらされるはずである。

市町村にとって、新しい総合事業の「担い手」確保は苦難の第一関門となった。通所・訪問型事業の担い手は、従来の事業所が基本にならざるをえない。低報酬が前提である事業へ、収益も見込めないまま新規参入する事業者はいないからである。

担い手問題が端的に現れている人口約三〇〇〇人程度の小さな自治体をみてみよう。

自治体の担当者から話を聞く機会を得たのは実施期限まで半年という時点であったが、実施方針がはっきりと定まっていなかった。自治体にある介護サービス事業所は社会福祉協議会の運営する事業所のみであり、報酬面も含め最終的な折合いがつきにくい状況にあった。社協にしても自分たちが引き受けるしかないことははっきりしており、もちろん自治体は社協に頼るしかない。これに似た状況にある自治体はいくつも存在するであろう。こうした自治体にとっては、「地域の実情に応じて」という言葉は、「サービスがないなら、ないなりに何とかしろ」ということでしかない。

自治体ではボランティアが見守り活動などをすでに担っているという。小さな自治体だからこそ、互助が生きている側面は確かにあるようだ。だが、それを資源と位置づけて制度上縛り、いま以上に役割を拡大させ、「ガイドライン」に示された「③訪問型サービスB（住民主体による支援）」にまでもっていくことは簡単ではない。善意は善意であり、それ以上でもそれ以下でもないからである。

人口一四〇万人を超える市の介護保険担当課の職員からは、二〇一七年四月の実施直後に話を聞くことができた。

市は「従来の介護予防サービスと同等」でホームヘルパーが身体介護も行なう「介護型」、「緩和した基準」によりホームヘルパーが生活援助を行なう「生活支援型」、同じく「緩和した基準」によるサービスとして一定のカリキュラム等にもとづく研修を受けた専門職ではない従事者による「支え合いヘルプ型サービス」の三類型を導入した。

「介護型」の自己負担は一割負担の場合、週一回の利用で月額一四二二円に対し、「生活支援型」は一二〇二円、「支え合い型」は七九〇円である。

職員はいう。「ホームヘルパーによるものか否かによって、サービス利用にかかる市民の負担が変わる。専門職だから高い利用料、専門職でないからリーズナブル、これを市民は納得して受け入れる可能性が高い」。だが介護型と生活支援型の利用料の違いについては、矛盾を感じるという。同じ専門職が担うサービスでありながら、身体介護よりも生活援助の料金が安いのはなぜかを論理的に説明することが難しいからである。また事業所側からみれば、同じヘルパーを派遣しても報酬に差異が生じてしまう。事業経営への負の影響は明らかで、生活支援型の担い手確保が順調に推移するかに不安があるという。

さらに「支え合いヘルプ型サービス」は、ケアプランにおいて「介護型」や「生活支援型」は利用できないが、生活援助は必要だという人を対象としたサービスである。だが結局のところ、それがどういう状態の人たちであるか、基本的なことであるにもかかわらず判然としていないのが実態であり、必要量の見込みも難しいとのことであった。

担当者はいう。新しい総合事業導入の背景には、どう考えても国の財政問題がある。保険料が高くなりすぎることが問題になっているが、本当にそれを解決するには国庫負担割合を引き上げるしかない。だが給付がどれだけふくらんでも、国の負担は二五％で変わらない。地方自治体は国庫負担引き上げを求めつづけてきたが、国はまったく聞く耳をもたなかった。どれだけの財源を新しい総合事業に使えるのかは、各自治体の介護給付費や高齢化率によって違う。それぞれの事情のなかで考え、報酬を決めるしかない。実際の事業設計に携わる自治体職員の多くは、国が新しい総合事業を創設した動機が、「地域の支え合いの体制」づくりではなく、たんに財政抑制にあることをリアルにとらえているものと考えられよう。

(5) 公的責任にもとづく地域の医療・福祉体制の再構築を

日本で構造改革政治が本格化した一九九〇年代中葉以降、「地域の荒廃」が加速度的に進んだ。もともと地域の結びつきが希薄化していたところへ、構造改革は地方自治体の担う地域保健を後退させたのである。九四年の地域保健法施行（保健所法廃止）が呼び水となり、介護保険法で福祉事務所をはじめ、自治体の高齢福祉機能が介護事業者・ケアマネジャーに移行し、健康日本21（二〇〇〇年）が健康自己責任を高らかに謳い上げ、小泉内閣が特定健康診査・保健指導の導入で「基本健康診査」を廃止した。市町村が公として住民の生命・健康を守る保健・福祉機能を果たすためのツールは後退しつづけているのである。

そのなかで自助・互助を地域資源に位置づけ、住民と自治体で何とかせよ、というのが新しい地域支援事業である。そして、ヘルスケア産業が地域包括ケアビジネスの展開を、虎視眈々とねらっている。

国の地域包括ケア研究会の事務局を務めるコンサルティング会社の三菱ＵＦＪリサーチ＆コンサルティングが、横浜市の事業者説明会で使った「新しい総合事業を理解するために」というスライドは次の言葉で始まる。

「人口減少社会による担い手不足の中で、増大する地域のニーズに応える方法：①活動的生活の継続による介護予防の強化　②専門職以外の生活支援の担い手の確保しかありません」。

この断定的な文言は、空疎で、無意味で、なおかつ有害である。しかしだからこそ、新しい総合事業とは何であるのかをわかりやすく示している。結局は、国・自治体の医療・介護保障責務、地方自治体の保健衛生行政の意義、医療・介護労働の専門性、地域の疲弊、住民の孤独・孤立・貧困という実態、そのいずれの視点も欠落し、ただ住民の自己努力とその支援を行政に求めているだけなのである。そして、国の財政負担抑制に資する効率的な医療・介護提供体制への転換にともない、排除されるニーズの受け皿づくりであり、そこにヘルスケア産業育成が絡んでいる。

かつて厚労省老健局長を務めた堤修三は二〇〇七年の著書で、予防給付・介護予防事業を導入した二〇〇五年介護保険制度改正に際してこう指摘していた。「強制加入の社会保険では被保険者は自分に給付が戻ってくるという前提に立って保険料を拠出しているからであり、例外的に給付以外の事業に保険料が使われるとしたら、被保険者自身が特別にそれを了承している場合に限られるべきなのである。すなわち、保険料を充てる『事業』の実施は保険者の任意とするのが筋である」[*27]。

それから一〇年。給付自体を事業に付け替えるところまで介護保険制度はきてしまった。堤の指摘にそっていうなら、新しい総合事業とは、まともな保険制度ですらなくなった介護保険制度の象徴であろう。

だがそれは、「地域包括ケア」あるいは「地域共生社会実現」という美しい言葉に飾られ、抗しがたいかたちで推進されるのである。地域の助けあいや見守りなどのボランタリーなとりくみは、地域の実状のなかで、住民一人ひとりの主体的な判断によってなされるべきものである。こうしたとりくみが国策として推奨される場合、何かしら邪な国の意図がそこには必ずあるとみなければならない。だが実際に少なくない人たちが地域の実状に胸を痛め、一〇〇%の善意から居場所づくりや見守りにとりくんでいる。そうした人たちが、国の政策の矛盾に気がつき、実践と同時に制度改善の運動へ立ち上がる状況を、私たちはつくらねばならないのである。

それは「社会保障で幸せになれる国」の実現をめざす私たちの使命である。

（中村　暁）

◉注

＊1　澤井勇人「地域包括ケアシステムの強化のための介護保険法等改正案」（『立法と調査』参議院常任委員会調査室・特別調査室、第三八七号、二〇一七年四月）四〇頁。

＊2　山田忠雄主幹編集『新明解国語辞典』（三省堂、二〇〇六年）一五六四頁。

＊3　地域福祉のとらえ方については、拙稿「共同の衰退、孤立の拡大のなかでの地域再生――地域福祉の課題」（唯物論

研究協会編『唯物論研究年誌第一四号　地域再生のリアリズム』青木書店、二〇〇九年）を参照。

＊4　アウトリーチについては、拙稿「地域包括ケアシステムと『アウトリーチ』」（『民医連医療』全日本民主医療機関連合会、第五三七号、二〇一七年五月）で詳しく述べている。

＊5　真田是『新版　社会福祉の今日と明日』（かもがわ出版、二〇〇三年）一七八～一七九頁。

＊6　『アジア・太平洋地域における平和と共生特別委員会報告』日本学術会議、一九九七年七月一五日。なお、山口委員長のほか、松井透、清水睦、伊藤學、堀尾輝久、神谷不二、長砂實、若杉明、大瀧仁志、山崎耕宇、糸川嘉則が委員である。

＊7　山口定「『共生』とはなにか?」（『学術の動向』日本学術会議、一九九七年一月）。語源的ルーツとは生物学の symbiosis の訳語の共生、もう一つは仏教とくに浄土宗で唱えている「共生（ともいき）」である。社会的ルーツは、①社会連帯論、ノーマライゼイションの議論から広がった共生、②日本文化論的発想での共生、③経済との関連で、（a）日本の国際競争力と貿易摩擦を意識した諸外国との共生、（b）経済学における市場原理の問い直し、市場原理の限界と対処からいう国際的共生、（c）企業理念としての共生、（d）経営者層からいわれる日本型企業の理念としての共生、④エコロジーから強調される共生、⑤フェミニズムのなかで称揚されている共生、⑥小田実などが主張してきた多国籍者との共生、⑦多文化主義からの共生、である。

＊8　山口定「『共生』ということ」（『朝日新聞』一九九四年一〇月三〇日朝刊）。

＊9　前掲、『アジア・太平洋地域における平和と共生特別委員会報告』四三四頁。

＊10　同前、四三八頁。

＊11　尾関周二『現代コミュニケーションと共生・共同』（青木書店、一九九五年）一五四頁。尾関の共生と共同の関係に関する分析は、地域活動の実践においても重要であるが、それを手がかりにした分析は他日を期したい。

＊12　白藤博行『新しい時代の地方自治像の探求』（自治体研究社、二〇一三年）二一四頁。

＊13　厚生労働省老健局「平成23年介護保険法改正について（介護サービスの基盤強化のための介護保険法等の一部を改正

する法律）」（http://www.mhlw.go.jp/seisakunitsuite/bunya/hukushi_kaigo/kaigo_koureisha/gaiyo/dl/k2012.pdf 二〇一七年六月二七日閲覧）。

＊14 厚生労働省老健局老人保健課「介護予防事業及び介護予防・日常生活支援総合事業（地域支援事業）の実施状況に関する調査結果（概要）」（平成24年度〜27年度）（http://www.mhlw.go.jp/stf/seisakunitsuite/bunya/hukushi_kaigo/kaigo_koureisha/yobou/index.html 二〇一七年六月二七日閲覧）。

＊15 平成25年度　老人保健事業推進費等補助金老人保健健康増進等事業「介護予防・日常生活支援総合事業の実施効果に関する調査研究事業報告書」みずほ情報総研、二〇一六年三月（https://www.mizuho-ir.co.jp/case/research/pdf/mhlw_kaigo2014_01.pdf 二〇一七年六月二七日閲覧）。

＊16 厚生労働省「第44回社会保障審議会介護保険部会議事録」二〇一三年五月一五日（http://www.mhlw.go.jp/stf/shingi/2r98520000033spn.html 二〇一七年六月二七日閲覧）。

＊17 厚生労働省「第47回社会保障審議会介護保険部会議事録」二〇一三年九月四日（http://www.mhlw.go.jp/stf/shingi/0000026272.html 二〇一七年六月二七日閲覧）。

＊18 「社会保障制度改革国民会議報告書　確かな社会保障を将来世代に伝えるための道筋」二〇一三年八月六日（http://www.kantei.go.jp/jp/singi/kokuminkaigi/pdf/houkokusyo.pdf 二〇一七年六月二七日閲覧）。

＊19 介護予防マニュアル改訂版（厚生労働省、二〇一四年三月）は次のように述べている。「水際作戦」は、「何らかのきっかけで生活機能が低下したときに、速やかに把握して介護予防の取り組みを一定期間に集中的に行うことにより生活機能を元のレベルに戻そうとすることを言う。これにより、要介護状態の発生をできる限り遅らせようとするのである」。

＊20 厚生労働省老健局長「介護予防・日常生活支援総合事業のガイドラインについて」老発〇六〇五第五号、二〇一五年六月五日（http://www.mhlw.go.jp/file/06-Seisakujouhou-12300000-Roukenkyoku/0000088520.pdf 二〇一七年六月閲覧）。

＊21　総合事業の制度化以降、「介護予防事業及び介護予防・日常生活支援総合事業（地域支援事業）の実施状況に関する調査結果」と題名が変更された。

＊22　厚生労働省老健局総務課「第63回社会保障審議会介護保険部会」二〇一六年九月七日（http://www.mhlw.go.jp/stf/shingi2/0000136021.html　二〇一七年六月二七日閲覧）。

＊23　「ガイドライン」は「予防給付全体での費用効率化の取組を評価し、以下の計算式による上限を選択可能」として、次の式も示している。総合事業の上限は、【①当該市町村の事業開始の前年度の予防給付全体＋介護予防事業の総額】×【②当該市町村の75歳以上高齢者の伸び】－当該市町村の当該年度の予防給付の総額。一方の「包括的支援事業」の上限は、介護給付費見込み額の２％×当該市町村の高齢者数の伸び率、である。

＊24　三菱ＵＦＪリサーチ＆コンサルティングが、平成二七年度老人保健健康増進等事業「地域支援事業の新しい総合事業の市町村による円滑な実施に向けた調査研究事業」の一環として開催した「地域づくりにおける協議体・生活支援コーディネーターの役割――総合事業推進に向けて」セミナーにおける「『生活支援コーディネーター及び協議体とは』～その目的、仕組み及び養成について～」（厚生労働省・老健局振興課）資料、ならびに『平成28年度生活支援コーディネーター（地域支え合い推進員）に係る中央研修』資料より。

＊25　同前。

＊26　二〇一七年のグランプリは、トリプル・ダブリュー・ジャパンの「排泄予知ウェアラブル『DFree』」。

＊27　堤修三『社会保障改革の立法政策的批判――二〇〇五／二〇〇六年介護・福祉・医療改革を巡って』社会保険研究所、二〇〇七年。

第4章 介護保険財政の仕組みと現状

1 介護保険の構造的欠陥と介護保険財政

(1) 介護保険の構造的欠陥

介護保険は、日本における第五番目の社会保険として制度化され、実施されてきた。社会保険方式自体は、公費を投入しない限りなく民間保険に近いものから、大部分を公費でまかない保険料を極力抑える限りなく税財源方式に近いものまで多様な形態をとって存在する。*1 制度設計と運営の分岐点は、保険原則

（収支相当の原則、給付・反対給付相当の原則等）にどこまで忠実に設計・運営するかにある。公費に近い方式は、保険原則を部分的な適用にとどめ、社会的扶養を主導的な原則とする方式であり、民間保険に近い方式は、文字どおり保険原則をほぼそのまま適用する方式といってよい。ただし、社会保険方式をとる以上は、いずれにせよ完全に保険原則から自由になることはできない。

介護保険は、それまでの高齢者福祉施策（税財源方式）のうち介護にかかわる部分を切り離して独立させるかたちで制度化されたが、他の社会保険においても程度の差はあれ公費投入を行なってきたことから、公費と保険料の組み合わせの方式で制度設計された。そのかぎりでは他の社会保険と大差はないが、医療保険とくらべても利用上の制約が多く、きわめて使いづらい制度内容となっている。具体的には、年齢による制限、要介護認定による基準外の申請者の排除、第二号被保険者への特定疾病を基準とする利用制限、介護度ごとの区分支給限度額による上限設定など幾重にも利用制限が組み込まれている。利用制限は、制度改正のたびにさらに拡大強化され、要支援者の介護保険適用の廃止、施設利用の要介護3以上への制限など、介護が必要とされても利用を認めない、つまり制度の目的すら踏みにじるところまできている。

こうした利用の制約は、介護ニーズの増大に対応して利用が増えても、比例的には介護保険費用が増大しないために設けられた仕掛けである。その意味で介護保険は、当初より、介護ニーズ中心に組み立てられた制度ではなく、財政優先の給付抑制型制度として設計されているところに大きな特徴があり、医療保険との決定的な違いがある。したがって、これらの制約は、制度の部分的手直しで取り除くことができるものではなく、制度それ自体に根差しているという点で、介護保険のもつ構造的欠陥にほかならない。

(2) 介護保険の財政構造

こうした介護保険の構造的欠陥は、介護保険の財政構造と一体不可分の関係にある。まず、介護保険の財政構造の特徴を整理しておこう。

第一は、保険料と公費の割合を五対五とし(利用者負担分を除く)、しかも公費のうち国庫負担分を五割(全体の二・五割)として、高齢者福祉の負担割合五割を半減させ、その分を都道府県・市町村および被保険者の負担へ転嫁させたことである。保険料の負担割合五割は、負担割合を限度ぎりぎりまで引き上げた仕組みである。

第二は、保険料負担分について、第一号被保険者と第二号被保険者のそれぞれの負担割合を被保険者数に応じて按分する方式をとったことである。この方式は、高齢化が進行する度合いに応じて第一号被保険者の負担割合が自動的に引き上げられる方式であり、しかも、年金世代と現役世代という負担能力の違いからみて明らかに第一号被保険者の負担を重くする方式である。

第三は、第一号被保険者の保険料を保険者ごと(ほぼ市町村ごと)に設定することで、保険給付に要する費用と連動させ、市町村単位で自律的に収支を調整させる方式としたことである。この方式が、保険給付水準と保険料水準との衝突を生み、保険給付をとるか保険料をとるかという選択を迫ることになった。

しかも、第一の点からみて、第一号被保険者の保険料は、給付水準を据え置いたとしても保険料が上がっていかざるをえないことから、保険給付水準の引き上げは大幅な引き上げにならざるをえず、保険給付の改善をはかる選択はいっそう困難になり、仮にその選択をした場合には、重い保険料を覚悟しなければならない。この点は、のちにあらためてとりあげる。

第四は、保険料の賦課の方式が、一応は負担能力に応じた方式をとっているとはいえ、所得段階区分が大括りのため文字どおりの応能負担にはなっていないこと、しかも、市町村民税本人非課税者（本人は市町村民税が非課税だがその世帯に属する者のなかには課税されている人がいる者）の場合を標準保険料の対象とし（制度発足時は第三段階）、市町村民税世帯非課税者（本人およびその世帯に属する者の全員が市町村民税非課税の者）からも徴収する方式をとっていることである。これは、所得が低くて納税を免除された人からも保険料を徴収する方式であり、公租公課負担の原則に反する。保険料を負担できない人からも保険料を徴収するこの方式が、じつは介護保険財政の最大の矛盾である。

第五は、保険料徴収を年金からの天引きとしたことである。しかも、その対象を年金額の月額が一・五万円（年額一八万円以上）というきわめて低い水準で設定したことで、大部分がその対象となり、とりわけ年金額の低い高齢者の家計負担をいっそう強めることになった。

第六は、利用料を定率一割（一定所得以上は二割）に設定し、負担能力に応じて負担する応能負担ではなく、利用量に応じて負担する応益負担としたこと、そのことによって、負担できる限度によって利用者が自主的に利用を抑制する仕組みができあがるとともに、介護報酬を引き上げれば利用料も自動的に引き上げられることになり、利用者と事業者とが対立的な関係におかれることになったことである。

(3) 介護保険の構造的欠陥と財政構造との関係

これらの介護保険がもつ構造的欠陥と介護保険財政の構造は、先述のとおり、一体不可分の関係にある。介護保険のもつ幾重もの利用上の制約は、費用負担を抑制するための仕掛けであるが、それを実際に機能させるように設計されているのが独自の財政構造である。年齢制限や要介護認定、特定疾病による利用制限は、介護保険がはじめからすべての介護ニーズに対応するようには設計されていないことを端的に示している。一見すると介護ニーズに対応しているかのようにみえる介護度ごとの支給限度額も、上限を定めている点でやはり給付抑制の仕組みであり、それを超えて利用する場合は全額自費とすることで、費用を抑制している。また、利用料も同様に、利用量を増やせば自己負担が増大するため、利用抑制の仕組みとしてはたらく。利用者は、介護ニーズが充足されているかどうかではなく、どの程度利用料を負担できるかで利用量を決定せざるをえない。その意味で、応益負担の利用料設定は、いわば「個人レベルにおける給付と負担の調整」の仕組みといってよい。

介護保険は、給付と負担の調整を自治体ごとに行なう仕組みもあわせて制度化した。項をあらためてこの点をとりあげよう。

2 自治体単位での給付と負担の調整＝自己抑制の財政メカニズム

(1) 介護保険財政と自治体

まずは、介護保険財政と自治体との関係について確認しておこう。[*2] 介護保険の費用のうち事務費を除く介護給付にかかる費用（＝給付費）は、給付費から利用者が利用料として負担する額（原則として利用額の一割）を除いた額について、公費で二分の一、保険料で二分の一をそれぞれ負担する。公費負担は、国と都道府県および市町村が一定の割合で分担して負担する。具体的には、要介護者への「介護給付のうちの居宅給付」および要支援者への「予防給付」の費用の合算額（自治体の上乗せ分は除く）の二五％を国が、一二・五％を市町村および都道府県が定率でそれぞれ負担する。また、介護給付費のうち施設等給付費については、当初は居宅給付等と同じであったが、二〇〇六年度から、国二〇％、都道府県一七・五％、市町村一二・五％を負担するように変更された。

また国は、国の負担分のうち、全市町村の総給付費の五％にあたる額を「調整交付金」として交付（市町村の財政力格差の調整、五％未満あるいは五％以上の場合も）する。この「調整交付金」は、保険者の責任

表1　第１号被保険者と第２号被保険者による保険料の按分

	第１号被保険者	第２号被保険者
2000～02年度	17%	33%
2003～05年度	18%	22%
2006～08年度	19%	31%
2009～11年度	20%	30%
2012～14年度	21%	29%
2015～17年度	22%	28%

出所）厚生労働省「介護保険事業状況報告」各年版より作成。

によらない事由での保険料の差を調整する目的で設けられた仕組みで、具体的には、①要介護状態の発生確率が高い後期高齢者の割合の違い、②第一号被保険者の所得の格差、③災害時の保険料減免等に対応するものとされている。

保険料は、第一号被保険者と第二号被保険者の平均的な一人あたりの金額がほぼ同じ水準になるように、公費分を除く給付費を、それぞれの被保険者の総人数比で按分して負担する方式をとっている。その按分比は表1のとおりである。

具体的には、市町村の介護保険特別会計に、当該市町村の給付費への負担分として、第二号被保険者の負担割合に応じた金額が、社会保険診療報酬支払基金から支払われることで決済される。

市町村が第一号被保険者から徴収すべき保険料は、給付費から国等の負担金および支払基金からの交付金を除いた額（按分比でいえば、現在は二二%だが、調整交付金の割合が違うので、市町村ごとに異なる）である。また、これら給付費以外の費用、具体的には、①財政安定化基金への拠出および償還金、②市町村独自の保険給付の上乗せ、③保健福祉事業、これらについても第一号被保険者の保険料からまかなうことになっている。なお、介護保険にかかる事務の費用（事務費）は、市町村の一般財源でまかなう。制度開始当初は要介護認定等に関する費用の二分の一相当が事務費交付金として交付されていたが、二〇〇八年度からは一般財源化された。

介護保険財政は、以上の内容にくわえて、いくつか財政調整の仕組みを設けている。その一つが「財政安定化基金」の設置である。財政安定化基金は、保険料収納率の低下、給付費の増大等で介護保険財政が悪化しないために、また市町村の一般会計からの繰り入れを余儀なくされるなどの事態を避けるために設けられた制度である。

具体的な事業として、「資金交付」と「資金貸付」がある。「資金交付」は、保険料収納率の悪化で保険料収納に不足が生じた場合、不足額の二分の一を交付する事業である。また「資金貸付」は、見込みを上回る給付費の増大等により介護保険財政に不足が生じた場合に必要な資金を貸与する事業である。貸付を受けた市町村は保険料設定の際に償還費用を算入し、基金に対して次の期間（中期財政運営期間）の三年間で分割償還する。財政安定化基金の財源は、国、都道府県、市町村がそれぞれ三分の一ずつ負担する。給付費に対する拠出率は、第五期（二〇一二〜一四年）は一〇万分の三七、第六期は一〇万分の三九である。[*3]

介護保険財政におけるもう一つの財政調整の仕組みが、「市町村相互財政安定化事業」である。この事業は、小規模な市町村で財政が不安定になりがちであること、近隣市町村で保険料格差への不満が生じることなどへの対応として、複数の市町村間で創設して実施する事業である。この事業を活用して、それぞれの介護給付の総額と収入総額とが均衡するように「調整保険料率」を設定できることになっている。この調整保険料率にもとづいて、広域的な保険財政の調整が行なわれる。

(2) 自治体による給付と負担の調整

以上の仕組みのねらいは、自治体によって給付と負担を自主的に調整することで、介護保険費用の抑制をはかることにある。自治体は、介護保険事業計画を立て、それにそって介護保険サービス量の提供を調整するとともに、その費用をまかなうことができる水準で第一号被保険者の保険料を設定する。すでに、これ自体が、自治体にサービス供給量と費用負担水準の選択を迫る仕組みである。保険料水準の見込み違いで介護保険財政に赤字が生じた場合には「財政安定化基金」を利用することが可能であるが、次期の保険料設定のさいには、基金から貸付を受けた分を回収することができるよう対応しなければならない。つまり、一時的に財政調整によって困難が回避されても、どこまでも責任は自治体にあるため、最終的には自治体が責任をとらなければならない仕組みである。「市町村相互財政安定化事業」も、基本的には同じで、財政の調整を広域で行なわせるための仕組みである。

自治体に、サービス供給と費用負担の両方の権限をもたせ、自ら給付と負担の調整にあたらせる仕組みは、国民健康保険の都道府県化によって医療保険においても具体化され、医療費抑制の強力な装置として機能しはじめようとしている。

こうした調整の仕組みにおいて、その成否のカギを握っているのは、いうまでもなく保険料である。だがそれ自体が、じつはこの調整の仕組みの限界を生み出している。次に、保険料について検討しよう。

3　介護保険料と自治体による給付と負担の調整の限界

(1) 第一号保険料の設定と賦課

第一号保険料は、市町村が条例で三年に一度設定する。保険料設定にあたっては、まず、保険給付の対象となる介護サービスの見込み量等にもとづき給付費を見込む。次に、この額に財政安定化基金への拠出金および償還金額、地域支援事業の額、市町村特別給付の額、保健福祉事業の額、事務費の額等をくわえ、支出額を算出する。

一方で、定率の国庫負担金、調整交付金、地域支援事業交付金、都道府県負担金および地域支援事業交付金、支払基金からの介護給付費交付金、国からの事務費交付金（二〇〇七年度まで）、市町村の一般会計からの繰入金、その他見込まれる収入額を算出する。

そして、算出された支出額と収入額との差を第一号保険料によりまかなう。そのさいに以下のことが求められる。①要介護者の伸び、サービス利用量の増加等を推計し、三年間の適正な変動を見込む。②保険料の収納率が一〇〇%を見込めない市町村では、保険料賦課総額は、見込まれる収納率で確保できる総額とする。

次に、保険料の賦課についてみる。市町村は、第一号被保険者のそれぞれの所得を把握し、当該市町村の保険料率の基準にあてはめ、個別の保険料を算定し、賦課する。通常は、六月頃に一年分の保険料の賦課を行ない、年度途中に第一号被保険者となった場合は月割りで賦課する。保険料率の基準となる段階区分は、国が示す標準は九段階(二〇一二年度から提示、それ以前は六段階)であるが、市町村で自由に設定できることになっている。

保険料の徴収には、「特別徴収」と「普通徴収」がある。「特別徴収」は、年金から徴収(天引き)する方式で年金額一・五万円以上(月額)の被保険者が対象となる。「普通徴収」は、年金額が月額一・五万円未満の被保険者を対象とするもので、直接納入通知書を送付し納入を求める。実際には口座振替等を市町村が推奨し協力を求める。保険料は、世帯主に対して連帯納付の義務が課される。

保険料には、減免制度がある。介護保険法第一四二条は、市町村が条例で定めることで、特別の理由がある者に対して保険料を減免し、またはその徴収を猶予することができる旨を規定している。実際には、各市町村で異なるが、おおむね、入院、失業、災害等の事情により一時的に負担能力の低下が認められる場合、生活が著しく苦しい場合などがその対象とされている。[*4]

各自治体では、のちにみるように、この規定にはない多様な方式で減免を実施してきたが、厚生労働省(厚労省)は、介護保険は皆で支えあうものであるとして、①保険料の全額免除、②収入のみに着目した一律の免除、③保険料減免分に対する一般財源の繰り入れは適当ではないとし、これらを行なわないことを保険料減免三原則として遵守を求めている。[*5] しかし、実際には、現在でも自治体の判断で実施しているところがある。[*6]

保険料の滞納者に対しては、制裁措置をとることが定められている。具体的には以下の措置が実施される。①督促、②滞納処分(自主的納入が期待できない場合、強制的に保険料を徴収する権限が与えられる)、③保険給付を受けている者には、現物給付をやめて償還払いに変更、保険給付の一時差し止め、差し止められた保険給付から滞納保険料を控除(相殺)、④要介護状態にない時期に第一号保険料を滞納した場合、要介護状態になって保険給付を受けるに至ったさい、消滅した徴収債権の時期に応じて、保険給付を九割から七割に引き下げたり、高額サービス費の給付適用をしない等の措置がとられる。⑤国保加入の第二号被保険者で医療保険料の滞納がある場合、市町村は、介護給付の差し止めを行なうことができることになっている(介護保険法第六六条、第六七条、第六九条)。

(2) 現行保険料方式と給付・負担の調整の限界

上でみたように、介護保険財政において、保険料は介護保険支出のうちの介護給付費部分の五割を負担する。これを第一号被保険者と第二号被保険者の間で被保険者数に応じて按分し、それぞれの方式で徴収する。このうち第一号被保険者は、各保険者単位、具体的には市町村単位で保険料を設定することから、市町村の給付の変動と直接に連動するかたちで変化していくことになる。保険給付は、いうまでもなく高齢化の程度、高齢者の健康状態、家族介護の度合い、サービスの提供体制の整備状況などによって変動する。とりわけ、後期高齢者の数が増大すれば、介護を要する高齢者も増大し、要介護認定者、そして介護保険給付を受ける人も増大し、給付費用は増加していく。それは、ごく自然の変化であり、市町村が人為的に操作できるものではない。

保険料は介護給付費用のうち第一号被保険者が負担すべき部分（現在は二二%）をまかなうことができるように設定されるが、それを負担するのは六五歳以上の高齢者である。高齢者の収入には個人差があるが、多くは年金の収入のみに依存する状況にあり、所得水準は相対的に低い。しかも収入増は見込めず、むしろ実質的には低下が避けられない。

こうした状況をみれば、どう考えても現行の方式では早晩行き詰まらざるをえない。増大する介護費用をまかなうためには保険料をどこまでも引き上げていかなければならないが、年金収入で支払うことができる保険料の水準はおのずと限界があるからである。のちにみるように、この限界はすでに現実のものになりつつある。こうして、自治体単位で給付と負担を調整する現行の方式は、保険料設定の限界から行き詰まり、やがて介護保険制度そのものが維持できなくなる方向へと動きはじめている。

4 破綻する介護保険財政
――現状と問題

(1) 負担能力を超える保険料水準

では、保険料は実際にはどのような状況にあるか。[*7] まずは、保険料の全国平均の推移をみると、第一期（二〇〇〇～〇二年）が二九一一円、第二期（二〇〇三～〇五年）が三二九三円、第三期（二〇〇六～〇八年）が四〇九〇円、第四期（二〇〇九～一一年）が四一六〇円、第五期（二〇一二～一四年）が四九七二円、そして第六期（二〇一五～一七年）が五五一四円である。一五年間にほぼ二倍に上昇している。

次に、第六期についてさらに具体的にみよう。まず、都道府県の基準保険料（市町村の規準保険料の平均）であるが、六〇〇〇円台が六県、五〇〇〇円台が三七県、四〇〇〇円台が三県と、五〇〇〇円台が大半を占める。最高額は沖縄県の六二六七円、最低額は埼玉県の四八三五円である。

ただ都道府県の保険料は、あくまで全体状況を近似的に示すものでしかない。そこで、次に、直接の基準額を示す保険者単位での金額をみる。

まず保険料基準額の階層別分布をみると、保険者総数一五七九のうち、二〇〇〇円台が二（〇・一%）、三〇〇〇円台が二四（一・六%）、四〇〇〇円台が四二五（二七・〇%）、五〇〇〇円台が九一三（五九・八%）、六〇〇〇円台が二〇二（一二・八%）、七〇〇〇円台が一一（〇・七%）、八〇〇〇円台が二（〇・一%）である。五〇〇〇円台がほぼ六割を占める状況だが、七〇〇〇円台、八〇〇〇円台が登場してきたことは大きな変化である。というのは、これらの額は老齢基礎年金の満額（月約六・七万円）を超えているからである。しかも、満額の基礎年金を受給している高齢者は多くない。

保険料が最高額となった奈良県天川村について詳しくみてみよう。天川村の保険料は、八六八六円である（八〇〇〇円台のもう一つは福島県飯舘村である）。二〇一五年一〇月一日現在の天川村の人口は一三五四人、高齢化率は四六・三%、高齢者に占める後期高齢者の比率は六四・九%、要介護認定率は二六・九%（二〇一四年一二月末）である。[*8] 一〇年の「国勢調査」で高齢化率が四〇%を超える市町村は九七市町村で多数ではないが（全市町村の五・五%）、三〇%台の市町村は六二八市町村（同三五・九%）もあり、一〇年以内にはほぼ確実に四〇%台に移行することが予想されることから、決して例外的な地域ではない。後期高齢者が高齢者の半数を超える市町村もめずらしくないことから、この面でも特別な存在とはいえない。要介護認定率も、こうした高齢化の状況を考えれば高くはなく、むしろやや低めといってもいい。

天川村の状況は、繰り返すが決して例外的ではなく、多くの市町村が迎える近未来の姿である。ここでの保険料が八〇〇〇円台ということは、多くの市町村の保険料が遠くない時期にこの水準に達するということを示している。実際にも、厚労省は、二〇二五年度の保険料の見込み額は八一六五円となるとの試算を行なっている。[*9]

高齢者の主な収入である年金は、先にふれたような水準であり、しかも、マクロ経済スライドの発動および二〇一六年一二月の制度改正による新たな年金改正ルールにそって推移していけば、年金額は長期にわたって低下していくことになる。[*10] 保険料の水準は、高齢者の負担可能な水準を超えており、保険料の仕組み自体が限界を露呈しはじめている。

保険料の滞納の増大が、その現実化がすでにはじまっていることを示している。年金額が年一八万円以下の場合は年金からの天引きではなく、自ら納入する（普通徴収）。この普通徴収の収納率が、制度発足時の二〇〇〇年度には九三・二％であったが、一四年度には八七・一％に低下している。最も収納率の低い熊本市では八二・九％と、滞納率は二割に近づく状況にある。年度を超えた滞納分の収納率を示す「滞納繰越分普通収納率」も、全国平均で一五・四％と低く、一〇％未満の保険者も少なくない。[*11] 滞納が長期化すれば、それだけ保険料徴収もより困難となるだけに、収納率の低下は今後も続く。

保険料の滞納が一年以上の場合は、いったんは利用料を全額自己負担し、のちに償還払いで払い戻しとなる。一年六か月以上になると、滞納分の保険料が支払われるまで、払い戻しが差し止めされる。さらに二年以上になると、利用料が一割から三割に引き上げられる。こうしたペナルティの対象となった被保険者は、二〇一四年の全国一七四一市区町村を対象とした調査によると、給付の九割・八割から七割への減額が一万七四七人、償還払いへの変更が二四五九人、差し押さえが一万三一人（五一七市区町村）にものぼっている。[*12] 自治体の保険料未収金合計額でみると、二〇〇〇年度は二五億円であったが、一四年には二七七億円、じつに一〇倍以上に増大している。[*13]

負担能力を超える高い保険料は、被保険者、とりわけ負担能力の低い高齢者を制度から遠ざけるとともに、保険者である自治体にも財政運営の厳しさをもたらしている。

(2) 危機が近づく自治体の介護保険財政

三年に一度介護保険料を見直す作業にとりくんできた保険者である市町村は、こうした保険料負担をめぐる厳しい状況を改定のたびに経験し、限界を感じてきた。保険料改定の前提となる介護保険事業計画の策定にあたっては、介護ニーズの把握を行ない、今後の推移を予測して必要なサービス量を割り出すが、高齢化が進み、後期高齢者の比率が高まり、重度化した高齢者が増えるなかでは、ニーズの増大を見通し、サービスの必要量の増大を見通さないわけにはいかないし、介護施設も増設しないわけにはいかない。そうすれば、当然のこととして介護費用は増大し、それをまかなうだけの保険料は、驚くほど高い保険料にならざるをえない。しかし、そのまま高い保険料を提案すれば住民からの強い批判を免れることはできない。そこで自治体は、受け入れ可能と思われる保険料を念頭におきながら、当初予測した介護サービス量を見直して削り、帳尻を合わせる作業を続けることになる。しかし、実際には人為的に削減した介護サー

表2　財政安定化基金貸付・交付状況（各年度末累計）

（上段：貸付保険者数，下段：貸付金額・単位100万円）

	1年度目	2年度目	3年度目	貸付金額累計
第1期 （2000〜2002年）	79 668	398 11,638	735 40,370	 40,370
第2期 （2003〜2005年）	170 4,320	341 19,411	423 39,183	 79,440
第3期 （2006〜2008年）	21 734	36 1,347	57 2,200	 81,640
第4期 （2009〜2011年）	9 392	38 1,955	138 9,814	 93,800
第5期 （2012〜2014年）	30 1,346	66 2,570	125 7,569	 105,286

注）貸付・交付額累計は，前の期の貸付累計額に当該の期の累計額（3年度目の金額）をくわえた金額であるが，それぞれ各都道府県ごとに100万円未満を四捨五入したうえでの合計額であるため，累計額とは一致しない。

出所）厚生労働省「財政安定化基金貸付等状況」各期より作成。

ビス量は、当然ながらそのとおりには推移はしない。そのため、現行の保険料の水準では収入不足をきたすことになる。そうした事態の広がりを示しているのが、財政安定化基金貸付状況である。

厚労省の「第5期財政安定化基金貸付状況（平成26年度末）」によれば、財政安定化基金の貸付状況の年度末累計額は、七五億六九〇〇万円、貸付を受けた保険者は、一二五にのぼる。保険料は、上述のとおり三年ごとに決められ、介護保険財政も三年を単位に調整されていく。そして貸付を受けた保険者は次の期に償還しなければならず、保険料はその金額も含めて設定されるため、保険料はそれだけ高く設定されることになる。表2は、貸付保険者数と貸付金額（各年度末累計）および各期の累計貸付金額である。これに保険料収納に不足が生じた場合に三年目に行なわれる「資金交付」（不足額の二分の一を交付）をくわえると、不足金額はさらに増える。貸付金額の制度発足からの累計額は、一〇〇〇億円を超える。たしかに、貸付を受けた保険者の比率は決して多くはない。しかし、それは安定した財政のもとでの健全な運営を意味しているわけではなく、赤字を出さないためのやや高めの保険料の設定、国主導のもとでの費用抑制のためのさまざまな利用制限、提供体制の不備による利用の伸び悩み等の結果であり、その陰に住民の負担があることを見落としてはならない。

都道府県別にさらに詳細な実態をみてみよう。保険者数に占める貸付保険者割合は、全国平均で七・九%であるが、佐賀県二八・六%、山形県二五・七%、群馬県二五・七%、和歌山県二三・三%、滋賀県二一・一%と、二割を超える県が五つある。また、各期の最終年度に急増している都道府県（福島県、群馬県、滋賀県、兵庫県、大阪府、愛媛県、鹿児島県など）、それまでゼロであったが最終年度で多額貸付が行なわれた都道府県もある（秋田県、滋賀県、佐賀県、東京都、神奈川県など）[*14]。

財政安定化基金の以上のような状況は、自治体の苦渋の姿を浮き彫りにしている。住民の負担を考慮して保険料水準を抑制して設定すると、給付費がまかなえず貸付けを仰ぐことになってしまい、結果的には、次期には償還のために貸付額を保険料に反映させて高い保険料を設定せざるをえなくなる。それを避けるためには高めに保険料を設定するか、利用を制限して費用を抑制する方向に向かわざるをえないが、それは住民に背を向けることになる。いずれも、住民のニーズに応える道ではない。こうして介護保険という欠陥だらけの制度が、住民も自治体も苦しめている。

(3) はじまった制度破壊による財政の帳尻合わせ

保険料の負担が限界を迎えるなかで、新たな制度見直しが本格化してきた。保険料収入を負担可能な水準にとどめたうえで財政バランスを維持するためには、公費の負担割合を引き上げるほかない。しかも、都道府県・市町村は、財政状況に大きな格差があるため引き上げを自治体にゆだねるとさらに格差を広げる可能性がある。したがって、公費の負担割合の引き上げは、国庫負担分の引き上げに求めるのが適切な選択である。二〇一五年度改正の検討のさいに、介護保険給付部会の委員からも、また自治体関係者、国民からも公費負担割合引き上げを求める声が上がった。[*15]

だが政府はこれには応じず、制度自体を縮減して給付費用を削減し財政バランスをとる方法を選択し強行した。具体的には、介護予防給付の保険はずし、施設介護利用の要介護3以上への限定、補足給付の適用の厳格化などによる本格的な利用制限の実施である。これらの見直しは、いずれも介護保険制度の根幹にかかわる内容であり、制度の変質・解体のはじまりといわなければならない。というのは、介護保険は、家族介護が限界を迎え介護の社会化が求められてきたことが発足の直接の背景であるが、そこでは要支援・要介護状態にある人が制度を利用できることが大前提だったからである。要支援・要介護の状態であっても制度を使わせないという対応は、政府自ら率先して介護保険を壊しはじめたことを意味する。

こうした制度破壊による財政の帳尻合わせでは、何も問題は解決しない。なぜなら、高齢化の進展によって高齢者は増大を続け、要支援・要介護の人たちが増加することは高い確率で予想されるからである。しかも、利用が制限された場合、状態がむしろ重度化して介護保険の利用者として戻ってくる可能性も小さくないことから、かえって財政のバランスをとることを難しくしているともいえる。

(4)「共助」でさえなくなった介護保険

社会保障・税一体改革による「社会保障改革」は、社会保障の理念の転換をベースに進められてきた。その具体化のために設置された「社会保障制度改革国民会議」は、「自助・共助・公助」論を展開し、さらには社会保険を自助の共同化＝共助と位置づけた。[*16] しかし、社会保険がたんなる助けあいによる事業ではないことは、法によって制度が設けられ、国によって受給を認められていることからも明らかである。社会保険＝共助論は、社会保障として社会保険が位置づけられていることを理解せず、もっぱら社会保険の「保険」の側面に目を奪われて、「社会的扶養」「権利保障」の側面を見落とした謬論でしかない。

介護保険も社会保障としての社会保険にほかならない。だが、被保険者に対して受給権を保障しない介護保険は、社会保険としての要件を失っている。それだけではない。介護保険はもはや「共助」としての内容すら失いはじめている。というのは、「共助」は少なくとも保険料を払い「仲間」にくわわった者は「助け」を受けられることが最低限の要件であるが、保険料を納めた「仲間」に対する「助け」も認めない状態に陥っているからである。これは「仲間」への背信行為であり、詐欺である。[*17]

(5) 保険外サービスの活用による市場化

介護保険の利用が制限されても状態自体が改善するわけではないので、重度化してふたたび介護保険へ戻ってくる可能性があると先ほど指摘したが、そうなれば財政の悪化がさらに進むことになる。そのことを見越してか、政府は、介護保険を使わない、使わせない道を本格的に追求しはじめた。それが、ほかならぬ介護サービスの打ち切り（「卒業」という名の「強制」）であり、介護保険外サービスの活用である。[*18]

介護保険外サービスの活用は、安倍政権の成長戦略文書である「日本再興戦略」の最初から登場し、戦略的市場創造の一つの柱として位置づけられてきた。[*19] その後、「骨太方針二〇一五」が示した「経済・財政再生計画」では、「公的サービスの産業化」を担うものとして本格的な推進がはじまった。[*20] そして、「経済・財政再生計画」の具体化としてまとめられた「社会保障関連検討項目」四四項目のなかにも位置づけられた。同時に策定された「改革工程表」では、「介護保険外サービスを創出するに当たって参考となる事例やノウハウを記載した『保険外サービス活用ガイドブック（仮称）』を二〇一五年度中に策定」することが盛り込まれ、このガイドブックの活用によるとりくみの推進が掲げられた。そのガイドブックが一六年三月にとりまとめられた。

「地域包括ケアシステムに向けた公的介護保険外サービスの参考事例集」と題した「介護保険外活用ガイドブック」には、三八の事例が紹介されている。その中心は地域包括ケアシステムのなかの「生活支援」を担うサービスであり、「地域包括ケアシステム」自体が、介護保険外サービスの活用と「公的サービスの産業化」の政策そのものであることを示している。「ガイドブック」は、事例をふまえて「高齢者向け保険外サービスの企画・実践におけるポイント（事例からの示唆）」を示し、そのなかで「要介護認定を受ける前から、家庭内労働力の代替＝家族代わりのニーズがある」「要介護認定を受ける前段階では、『出かける場所』『参加するところ』そのものの価値がある」「介護保険サービスの資源（設備・人・ノウハウ）は、他の市場でも価値を生む可能性あり」など、具体的な事業化へのアドバイスを載せ、保険外サービス推進の指南を行なっている。[*21]

これらのサービスが、実際に全国各地で総合事業の具体化のなかで活用されはじめている。総合事業では、従来型のサービス（訪問介護、通所介護）の利用を認めるかどうか振り分けが行なわれるが、それだけでなく、総合事業の対象にするかどうかも検討対象になりはじめており、四日市市にみられるように、要支援の人たちのなかには、総合事業の対象としても認められず、民間サービスの利用へとまわされるような事態も生まれている。「介護保険外サービス」は、こうして実際にも介護保険から高齢者を遠ざけはるか彼方へと追いやる「武器」として機能しはじめている。

介護保険外サービスは、このように、介護保険を使わせないことで財政抑制をはかることを目的としているが、それだけではなく、まさしく成長戦略を担う存在として位置づけられ活用されている。そして、この二つの目的が一体不可分に展開されているところに重要な意味がある。介護保険外サービスを促進することで介護保険を削減し、介護保険を削減することで介護保険外サービスの市場を拡大するという、まさしく「二正面作戦」の展開である。[*22] 経済・財政優先による介護保険の再編・縮小は、市場化された民間サービスが公的サービスに取って代わる過程の本格的なはじまりとみなければならない。

◉注

＊1　社会保険の財源構成は、きわめて多様で国際比較は容易ではないが、比較可能なEUついてみると（二〇〇五年）、社会保険料、一般財源、その他の収入のうち、社会保険料の割合は、最も高いベルギー（七三・四％：雇用主五一・四％・被保険者二二・〇％）から、最も低いデンマーク（二八・八％：雇用主一〇・三％、被保険者一八・五％）まで大きな開きがある。公費負担割合は、ほぼその逆の順になる(European social statistics, Social protection Expenditure and receipts, Data 1997–2005　片山信子「社会保障財源の国際比較――給付水準と財源構成」国立国会図書館調査及び立法考査局『レファレンス』第六九三号、二〇〇八年一〇月号、を参照)。また、アジア諸国には、国庫負担がなく、すべて労使の保険料でまかなうフィリピンの年金制度、シンガポールの医療保険（Medisave）等がある（厚生労働省『２０１６年海外情勢報告』http://www.mhlw.go.jp/wp/hakusyo/kaigai/17/ 最終閲覧日二〇一七年六月二〇日）。

＊2　介護保険財政の仕組みについては『介護保険の手引』各年版（ぎょうせい）、『介護保険の実務』各年版（社会保険研究所）および厚生労働省のホームページ等を参考にした。

＊3　財政安定化基金拠出率は、三年ごとに厚生労働大臣が、次期計画期間における「基金からの交付金・貸付金の見込額」「基金借入金の償還見込額」「給付費の見込額」を勘案して定めることになっている。第六期については、一〇万分の三九とされたが、厚労省は、「財政安定化基金積立残額を勘案し、各都道府県が設定する拠出率については『0』となることを想定している」としていた。実際にも、大部分の都道府県では拠出が停止された。なお、介護保険法第一四七条は、財政安定化基金について以下のように規定している。「3　都道府県は、財政安定化基金に充てるため、政令で

定めるところにより、市町村から財政安定化基金拠出金を徴収するものとする」。「4　市町村は、前項の規定による財政安定化基金拠出金を納付する義務を負う」。「5　都道府県は、政令で定めるところにより、第3項の規定により市町村から徴収した財政安定化基金拠出金の総額の3倍に相当する額を財政安定化基金に繰り入れなければならない」。「6　国は、政令で定めるところにより、前項の規定により都道府県が繰り入れた額の3分の1に相当する額を負担する」。

＊4　第二号被保険者で国民健康保険加入者の場合は、介護保険料分は国民健康保険料（税）と一緒に徴収されるため、国民健康保険の軽減制度に該当する場合は、医療分や後期高齢者負担分などの均等割額、平等割額などと一緒に軽減される。なお、海外出張中の健康保険加入者、適用除外施設入居者、在留資格一年未満の外国人には、保険料の支払い義務はない。

＊5　全国介護保険担当課長会議（二〇〇三年九月八日）において、「保険料単独減免について」の項で、この三点は「適当ではない」ことをあらためて説明し、市町村に適切に対応するように求めている（「全国介護保険担当課長会議資料」）。こうした厚労省の対応のもつ問題については、伊藤周平『介護保険法と権利保障』（法律文化社、二〇〇八年）第六章参照。

＊6　やや古い資料だが、厚生労働省「介護保険最新情報」（二〇一二年一一月二二日付）の「平成二四年度介護保険事務調査の集計結果について」によると、二〇一二年四月一日現在で、単独減免実施保険者数は五一九、うち保険料減免三原則遵守をしている保険者は四八一である。残りの三八保険者は、三点のいずれか、もしくは全部を実施していることになる。

＊7　数値は、厚生労働省「第6期計画期間・平成37年度等における介護保険の第1号保険料及びサービス見込み量等について」による。

＊8　「二〇一五年国勢調査人口等基本集計結果（奈良県版）」（二〇一六年一二月、奈良県総務部知事公室統計課）による。ただし、要介護認定率は、注7の数値による。

＊9　厚生労働省「第6期計画期間・平成37年度等における介護保険の第1号保険料及びサービス見込み量等について」。

＊10　二〇一七年度改正による新たな改訂ルールは、①物価が上昇し賃金が下落する場合、従来は年金額が据え置かれたが、新ルールでは賃金に合わせて引き下げ、②物価が下落し、賃金が物価よりも下落する場合、従来は物価に合わせて引き下げたが、新ルールでは賃金に合わせて引き下げる。またマクロ経済スライドも、デフレ時に低くできなかった分を景気回復時にまとめて低くする仕組みが導入される。

＊11　厚生労働省「平成26年度介護保険事業状況報告（年報）」による。

＊12　『しんぶん赤旗』二〇一六年六月二〇日付。

＊13　厚生労働省「平成26年度介護保険事業状況報告（年報）」による。

＊14　厚生労働省「財政安定化基金貸付等状況（平成二六年度末）」。

＊15　たとえば、二〇一二年改正に向けて「給付と負担のあり方について」議論が行なわれた社会保障審議会第三一回介護保険部会（二〇一〇年九月六日）、一五年改正に向けて「費用負担の公平について」議論が行なわれた第四九回介護保険部会。いずれも、公費負担の五割を引き上げるべきとの強い意見が複数の委員から出された。

＊16　「社会保障制度改革国民会議報告書」（二〇一三年八月六日）。報告書は、以下のように述べている。少し長いが、重要な箇所なのでそのまま引用しておく。「日本の社会保障制度は、自助・共助・公助の最適な組合せに留意して形成すべきとされている。これは、国民の生活は、自らが働いて自らの生活を支え、自らの健康は自ら維持するという『自助』を基本としながら、高齢や疾病・介護を始めとする生活上のリスクに対しては、社会連帯の精神に基づき、共同してリスクに備える仕組みである「共助」が自助を支え、自助や共助では対応できない困窮などの状況については、受給要件を定めた上で必要な生活保障を行う公的扶助や社会福祉などの『公助』が補完する仕組みとするものである。この『共助』の仕組みは、国民の参加意識や権利意識を確保し、負担の見返りとしての受給権を保障する仕組みである社会保険方式を基本とするが、これは、いわば自助を共同化した仕組みであるといえる。したがって、日本の社会保障制度においては、国民皆保険・皆年金に代表される『自助の共同化』としての社会保険制度が基本であり、国の責務としての最低限度の生活保障を行う公的扶助等の『公助』は自助・共助を補完するという位置づけとなる。なお、これは、日

本の社会保障の出発点となった一九五〇（昭和二五）年の社会保障制度審議会の勧告にも示されている」。なお、社会保障制度審議会の一九五〇年勧告に関する説明は間違いである。「勧告」は社会保障の定義を述べたあとで「このような生活保障の責任は国家にある」と明確に指摘し、次いで「国家がこういう責任をとる以上は、他方国民もまたこれに応じ、社会連帯の精神に立って、それぞれの能力に応じてこの制度の維持と運用に必要な社会的義務を果さなければならない」としている。これを、「自助・共助・公助」を正当化する根拠とすることは、「勧告」を捻じ曲げるものである。

＊17　日下部雅喜は、保険料だけ集めてまともに使えない介護保険は国家的詐欺であると早くから主張しつづけている（介護保険料に怒る一揆の会編・日下部雅喜『介護保険は詐欺である』三一書房、二〇一四年）。

＊18　介護サービスの打ち切りについては、本書第1章参照。

＊19　詳しくは、岡﨑祐司・中村暁・横山壽一・福祉国家構想研究会編『安倍医療改革と皆保険体制の解体――成長戦略が医療保障を掘り崩す』（大月書店、二〇一五年）第3章参照。

＊20　経済・財政再生計画では、公的サービスの産業化は、「インセンティブ改革」「公共サービスのイノベーション」とともに「歳出改革」の柱に位置づけられ、かつ社会保障の経済成長への寄与が強調されており、社会保障を経済・財政再生の手段に貶めて制度破壊と変質をはかろうとしている。詳しくは、横山壽一「経済・財政一体改革と社会保障改革」（『国民医療』第三三四号、二〇一七年夏号）参照。

＊21　厚生労働省・農林水産省・経済産業省『地域包括ケアシステムに向けた公的介護保険外サービスの参考事例集――保険外サービス活用ガイドブック』二〇一六年三月、「高齢者向け保険外サービスの企画・実践におけるポイント（事例からの示唆）」で具体的なアドバイスが述べられている。

＊22　「二正面作戦」については、前掲、岡﨑ほか編『安倍医療改革と皆保険体制の解体』第1章、第3章参照。

（横山　壽一）

補論2

介護における保険原理主義の破綻
――低所得、無貯蓄高齢者の急増

一九九〇年代後半以降、高齢者の生活条件をめぐる状況の変化は大きい。一九九八年から二〇一六年で高齢者数は一・七一倍、高齢者のみで暮らす人々は二・三三倍となった。くわえて、困窮する高齢者が増大し、さらに、現役世代の所得が下がり、女性の労働力率が上がって、親族が高齢者の生活を支える条件も大幅に縮小した。

他方、こうした変化にもかかわらず、高齢者の生活を支えるはずの介護・医療の領域では、この一八年間、逆に、その十全な利用を抑制する制度改革が積み重ねられてきた。

介護保険制度は、そもそもが「構造改革」（＝新自由主義改革）の重要な柱の一つとしてスタートしたものである。制度創設の直接のねらいは、高齢者増による医療費の増大に対して、介護領域を医療から切り離して、より安上がりの介護システムに移行させる点にあった。社会保障の重要領域の制度創設が、社会保障の削減・抑制を目的として行なわれたというパラドクスは、介護保険のその後の動向を規定しつづけた。介護サービスの増大に照応して保険料が自動的に上昇する仕組みが当然のように組み込まれ、同時に、保険料支払いと保険給付を個別に厳格に対応させる「保険原理主義」のバイアスが強化されたのである。保険料における低所得者への配慮は、問題が多い医療保険よりもさらに縮小されており、低所得者が増えれば、保険料を払えずに保険給付を受けられない人々が多数生まれざるをえない設計となった。利用料についても同様である。

だが、介護保険創設時の政府・厚生省には、構造改革によって勤労者、高齢者の経済的困窮が傾向的に増大し、そのための対策が新たに必要になる、という見通しはなかった。さらに、貧困が大規模に拡大したその後の制度改革論議のなかでも、この欠落・無視は続いている。

介護保険制度の枠組みを前提とすれば、保険料が上昇しつづけるか、あるいは、いずれかの時点で想定外の大規模な公的な資金投入を余儀なくされる可能性が生ずる。これを回避するためには、保険給付そのものを削減するほかはなく、すでに、要介護2以下の保険はずしは、政府部内の既定路線となっている。しかし、介護保険給付の削減は、とりわけ低所得、中所得の要介護高齢者に対して「布団をはぎとる」行為にほかならない。

この補論では、いくつかの政府統計を用いながら、介護を念頭において、高齢者の所得、貯蓄、家計収支の特徴的な変化を概観したい。これは低所得者を排除しない、普遍的な介護保障制度を設計するための基礎的な作業の一つである。なお、高齢者の所得と貯蓄が大きく影響する、介護施設、軽費老人ホーム、グループホーム、サービス付き高齢者住宅等への居住問題については、言及できていない。

1　高齢者世帯の家計硬直と貯蓄取り崩しの増大――「家計調査」から

図1は、「家計調査」によって、六五歳以上・夫婦のみ・世帯主無職世帯の年金額、可処分所得、消費支出の平均値の変化を追ったものである。年金額が大幅に下がったうえに(三万五〇〇〇円)、公租公課の増加で(一万一〇〇〇円)、可処分所得は大きく下がっている(四万四〇〇〇円)。消費支出は微増(一万四〇〇〇円)であるため、家計赤字は増えつづけ、二〇〇〇年では収支がほぼ等しかったが、一五年は毎月六万円の赤字である。図2をみると、金融資産の取り崩し(二〇一五年で四万七〇〇〇円)とカードの借金残高の増加などで赤字分が補われていることがわかる。年金の減少については次節で検討する。

この一五年間の消費支出の変化の内訳を「家計調査」で確認しておこう。食料は四〇〇〇円増だが、家具等と被服等がほぼ同額減り、雑費は五〇〇〇円増だが、交際費が六〇〇〇円減り、結局のところ増えているのは、光熱・水道三〇〇〇円、保健医療三〇〇〇円、交通・通信八〇〇〇円など、裁量の余地の少ない固定的費用である。

以上は高齢夫婦世帯に関しての数字だが、単身高齢者の場合はもともと大幅な赤字であり、家計赤字の

図1　年金世帯の家計収支の悪化（65歳以上・夫婦のみ世帯・世帯主無職）

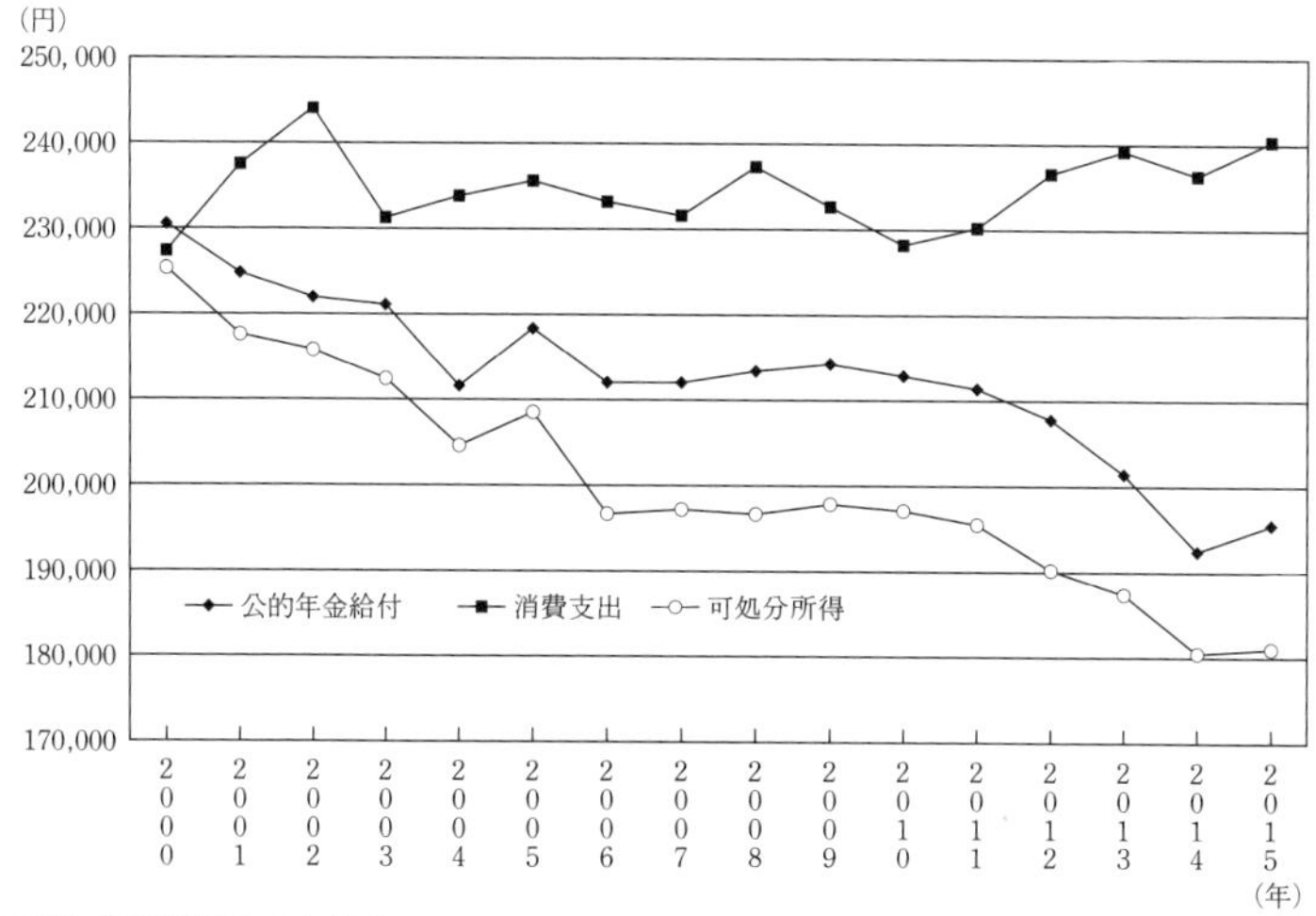

出所）「家計調査」より作成。

図2　年金世帯　貯金取り崩しの増大（65歳以上夫婦のみ世帯・世帯主無職）

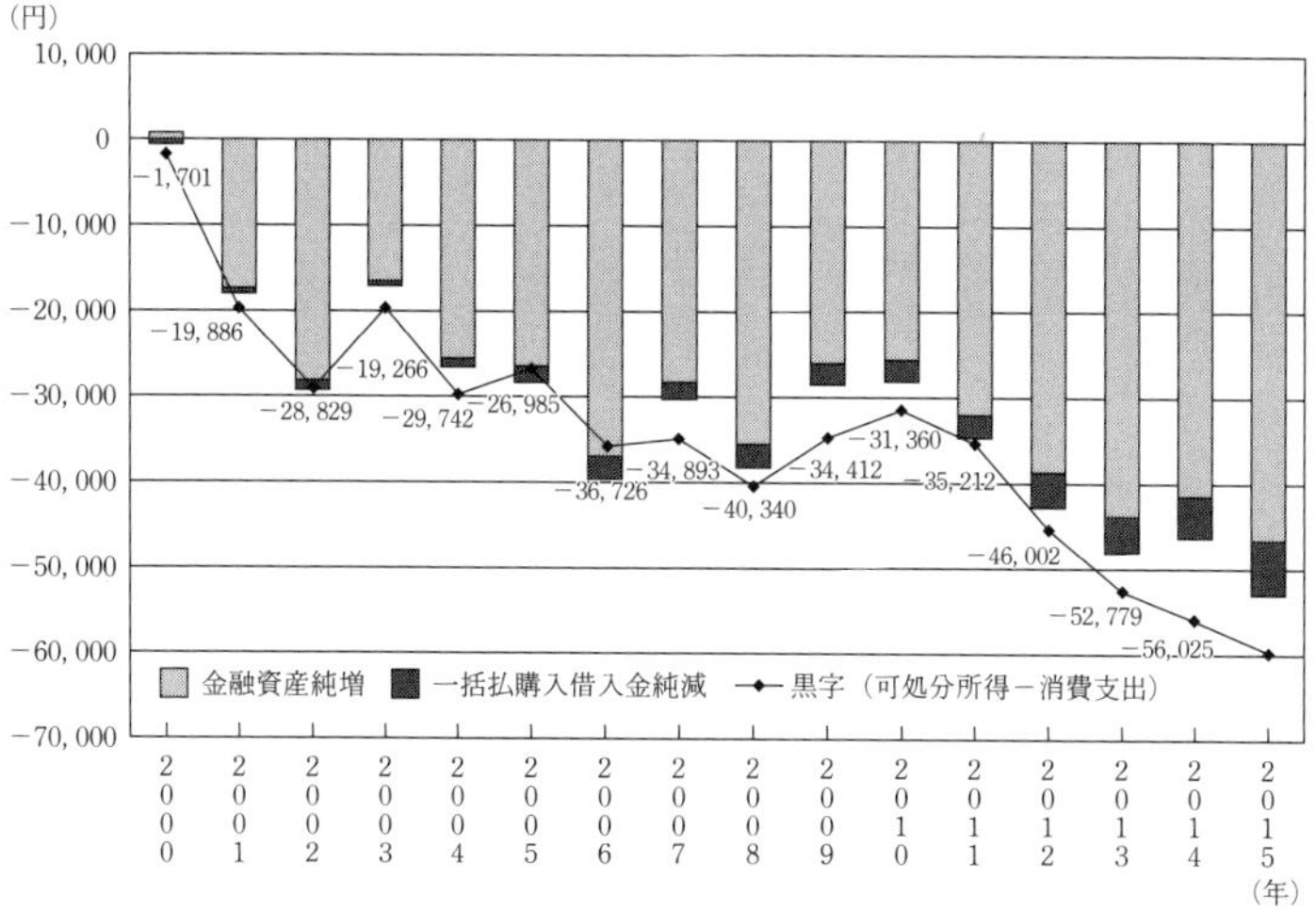

出所）「家計調査」より作成。

平均値は二〇〇二年の三万一〇〇〇円が一五年の三万八〇〇〇円へ増加した。なお、高齢単身世帯の七一%は女性であり、受給する老齢年金の構成も夫婦世帯と同じではないため、年金収入の減額幅は小さい。高齢者の家計赤字が増え、貯蓄の取り崩しが大規模に存在していることを確認したが、もとよりこれは平均値での話である。以下、低所得高齢者、低貯蓄・無貯蓄高齢者の状況を概観しよう。

③貧困高齢者数（貧困世帯で暮らす高齢者数）（千人）				④貧困高齢者の割合（%）			
1998	2007	2013	2016	1998	2007	2013	2016
3892	6027	6516	7349	18.9	21.8	20.1	20.8
1160	1817	2137	2470	42.6	42.0	37.3	37.7
1089	1558	1715	2069	16.3	15.4	13.7	15.1
273	627	655	861	14.1	17.5	14.1	16.3
173	326	464	402	21.7	26.0	26.5	19.7
765	933	805	738	12.7	18.9	19.0	18.8
431	765	740	809	17.5	22.8	20.8	21.2

2 貧困高齢者数（最低生活費未満で暮らす世帯の高齢者）の大幅増

国民の所得が大きく下がったのは一九九〇年代末以降であるため、高齢者についても、「国民生活基礎調査」をもとに、高齢者がいる世帯の所得分布と貧困の状況を、一九九七年から二〇一五年まで概観しよう。比較は、貧困基準を世帯構造ごとに仮に定めて固定し（税と社会保険料の支払い前）、それ未満の所得の世帯割合を出し、そこにいると推定される高齢者の数を世帯構造ごとに推計し合計するという方法で行った（表1－1・2）[*1]。所得分布、高齢者比

表1－1　貧困高齢者数の推計（仮貧困基準による）

	①高齢者がいる世帯・貧困世帯率（%）				②高齢者がいる世帯・貧困世帯数（千世帯）			
	1997	2006	2012	2015	1998	2007	2013	2016
世帯構造　計	20.3	23.8	22.2	22.8	3010	4583	4978	5502
単独世帯	42.6	42.0	37.3	37.7	1160	1817	2137	2470
夫婦のみの世帯	16.3	15.4	13.7	15.1	646	882	958	1135
夫婦と未婚の子のみの世帯	14.1	17.5	14.1	16.3	174	384	388	501
ひとり親と未婚の子のみの世帯	21.7	26.0	26.5	19.7	171	318	451	383
三世代世帯	12.7	18.9	19.0	18.8	559	666	560	503
その他の世帯	17.5	22.8	20.8	21.2	300	515	484	511

注）1．「国民生活基礎調査」の大調査年を用いた。①は「国民生活基礎調査」の所得票集計による。調査年の前年の所得分布が調査されている。
　　2．②③④は①に，当該調査年の世帯票集計による世帯構造ごとの世帯数，高齢者数を乗じて求めた。

表1－2　高齢者がいる世帯・仮貧困基準

世帯構造	世帯人数想定（人）	①最低生活費高齢者世帯類型（2012年・万円）	②公租公課倍率（2012年・%）	仮貧困基準（①×②）（万円）	参考①最低生活費高齢者世帯類型 2015
単独世帯	1	117	1.11	130	120
夫婦のみの世帯	2	179	1.09	195	179
夫婦と未婚の子のみの世帯	3	249	1.12	279	247
ひとり親と未婚の子のみの世帯	2	179	1.09	195	179
三世代世帯	5	388	1.14	442	388
その他の世帯	3	249	1.12	279	247

注）1．世帯構造ごとに，「国民生活基礎調査」世帯票集計を参照して，世帯人数想定を仮に定めた。
　　2．最低生活費（①）は，2012年の「被保護者調査」個別調査によって，「高齢者世帯」類型の世帯人数別の値を用いた。
　　3．公租公課を配慮するための倍率（②）は，各世帯構造・低所得世帯における実収入／可処分所得を「全国消費実態調査」（2014年）の特定・高齢者世帯集計を参照して定めた。

率および世帯構造分布の変化による、貧困高齢者の数と割合の変化をみるのが目的である。

この期間は勤労年齢世帯の所得分布が大幅に悪化した。他方、今回の比較によれば、貧困高齢者の割合は一・九ポイントの増加にとどまったが、その数は大幅な増加を示した（三八九万人から七三五万人）。世帯構造ごとにみると、貧困世帯割合が低下したのは単独世帯、夫婦のみ世帯、ひとり親と未婚の子のみ世帯である。年金制度の成熟と女性の雇用労働者化の影響で、低額年金層の割合が減ったことが単独世帯、夫婦のみ世帯、ひとり親と未婚の子のみ世帯の貧困率の改善につながっている。他方、勤労年齢層等と同居している、他の世帯構造の高齢者層は勤労年齢層の大幅な収入低下の影響を受け、貧困率が増えたものと思われる。なお、単独世帯と夫婦のみ世帯で暮らす高齢者の割合は、一九九八年が四五・一％であり、二〇一六年は五七・四％である。

単独世帯と夫婦のみ世帯の貧困率が改善しており、この二つの世帯構造のシェアが大きくなっているにもかかわらず、高齢者全体の貧困世帯率、貧困人口率が上昇している。貧困率がもともと高い単独世帯がその比重を高めたことが影響していよう。

なお、二〇〇七年とくらべると、一六年の貧困世帯および貧困高齢者の割合は下がっているが、それらの数は世帯数で九二万、貧困高齢者数で一三二万人増えている。

二〇一六年では、単独世帯（貧困基準一三〇万円）と夫婦のみ世帯（同一九五万円）だけで、最低生活費未満高齢者は四五四万人を数え、最低生活費未満高齢者全体の六一・八％を占める。夫婦のみ世帯の多く

図3　高齢世帯：消費支出月額の増加：年収別（65歳以上の無職世帯員が2人以上の世帯）

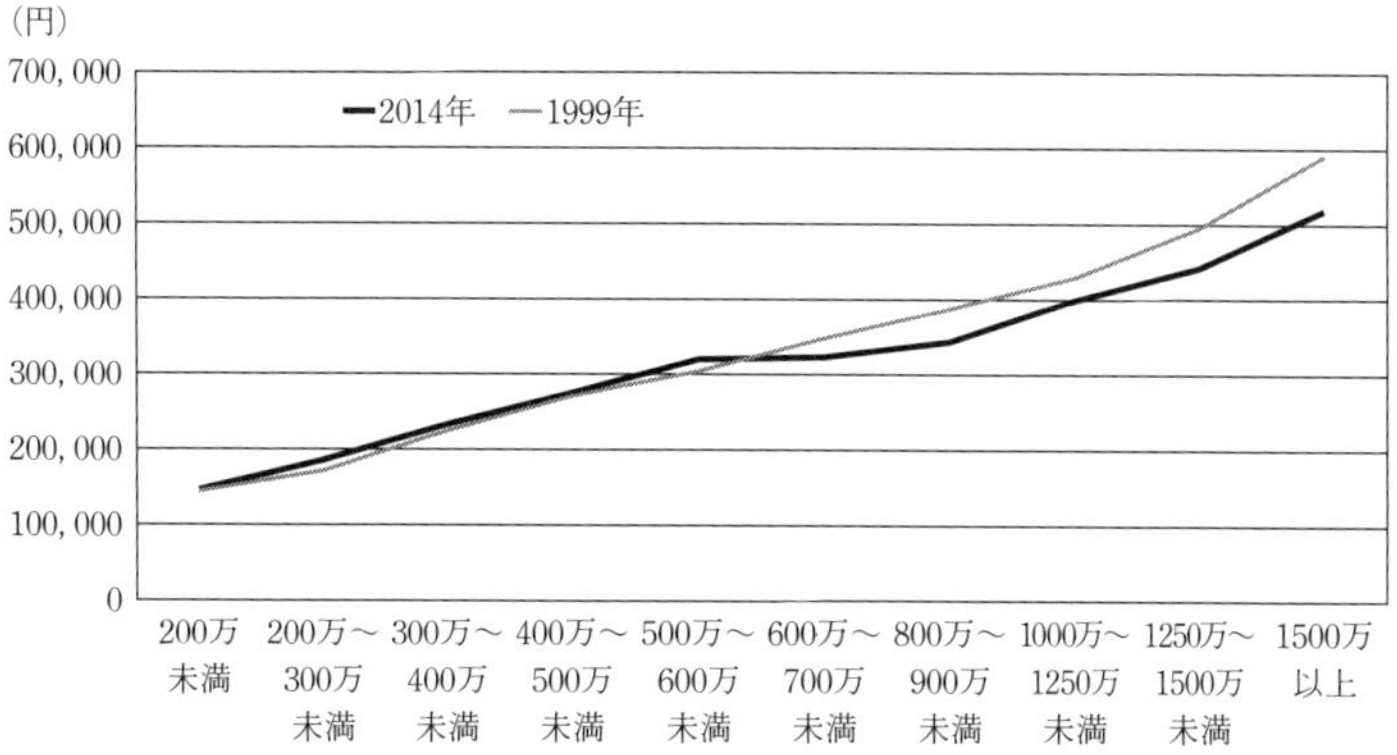

出所）「全国消費実態調査」より作成。

は高齢者のみ世帯であるため、この数字のほとんどは高齢者のみ世帯のそれである。一六年で単独高齢世帯を男女別にみると、女性の単独世帯では四三・〇%、一九二万人が貧困基準未満であり、男性は二五・七%、五四万人がそうである。

貧困高齢者の数の大幅な増加は、介護保険制度の従来の想定――生活保護受給者以外は介護保険料、介護サービス利用料の支払いが可能――を大きくくつがえすものとなっている。

この比較は貧困基準を固定して行なったが、実際には、高齢者の生計費はこの一五年間で上昇している。消費支出と公租公課について、「全国消費実態調査」によって概観しておこう。

「全国消費実態調査」の一九九九年年と二〇一四年によってみると、無職高齢者世帯（二人以上）の実際の消費支出額は、低所得層で少し増えている（図3）。支出が増えた主な項目は食料、光熱・水道、交通・通信、保健医療、諸雑費など固定性の強いものが多く、減ったのは交際費、被服、住居等であり、この変化の構成は、先にみた「家計調査」による年収計の動向と同様である。

無職高齢者世帯（二人以上）全体の公租公課平均は、一九九九年が二万一六一九円（実収入平均二三万四六一〇円の九・二一％）であるのに対し、二〇一四年は三万三三四円（実収入平均二三万九五四五円の一二・六六％）と増加した。

結局、この一五年間の低所得高齢者の必要生計費の上昇は、固定的消費支出と公租公課の上昇によるものであり、実際に困窮している高齢者の割合と数は、先にみた比較よりも大きいと考えて間違いなかろう。なお、「国民生活基礎調査」によって二〇一二年と一五年を比較すると、高齢者世帯の平均年収は、額面収入で七〇〇〇円下がり、可処分所得で三万九〇〇〇円、実質可処分所得（一九八五年基準）で一四万五〇〇〇円の減である。高齢者の貧困化、困窮増大の傾向は変わっていない。[*2]

老齢年金額の分布は、この一五年間で大きな変化をみせている。「年金制度基礎調査」によって、一九九七年の年金額分布と二〇一二年のそれとを比較すると（図4・5）、一二年では男六五〜六九歳の年金分布が大きく平準化し、一五〇〜三〇〇万円未満が七割を超えたことがわかる。女六五〜六九歳も九七年と一二年では五〇万円未満が二六・八％から九・九％に減って、五〇万〜二〇〇万円未満が六五・四％から八五・〇％へと増加した。

図4　年齢別の年金額分布の変化（男性）

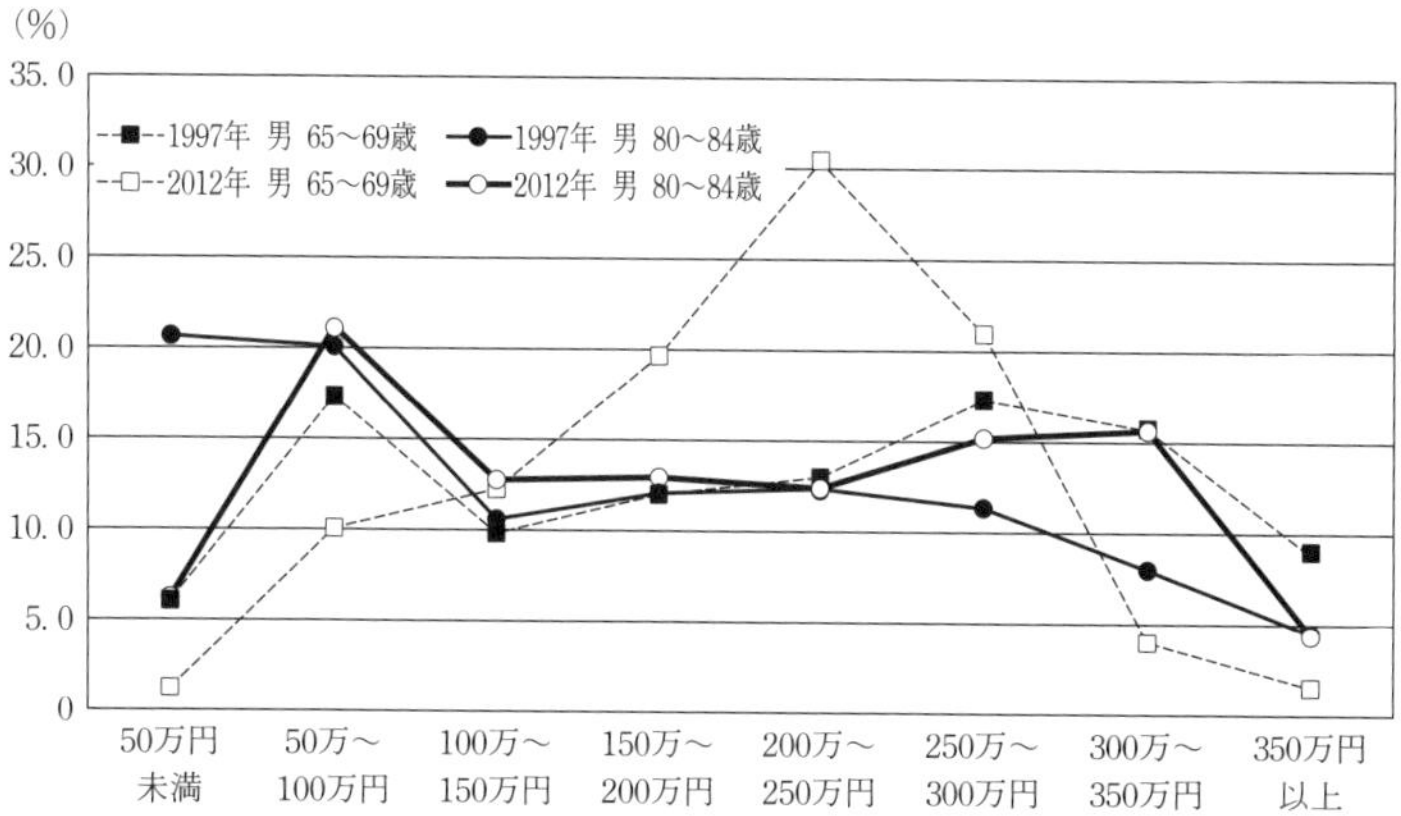

出所）「年金制度基礎調査」より作成。

図5　年齢別の年金額分布の変化（女性）

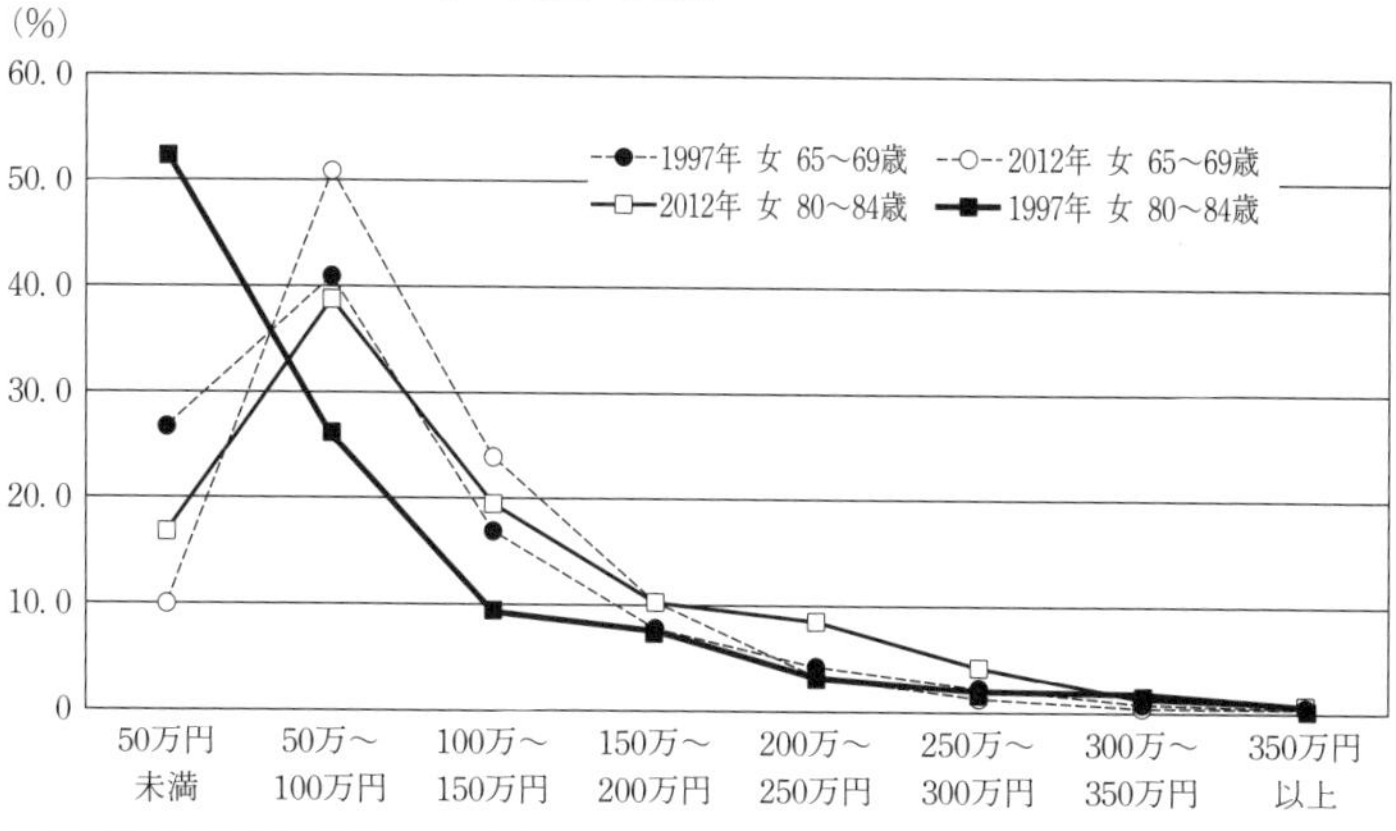

出所）「年金制度基礎調査」より作成。

図6　厚生年金額の推移（受給者の平均月額・各年度末現在）

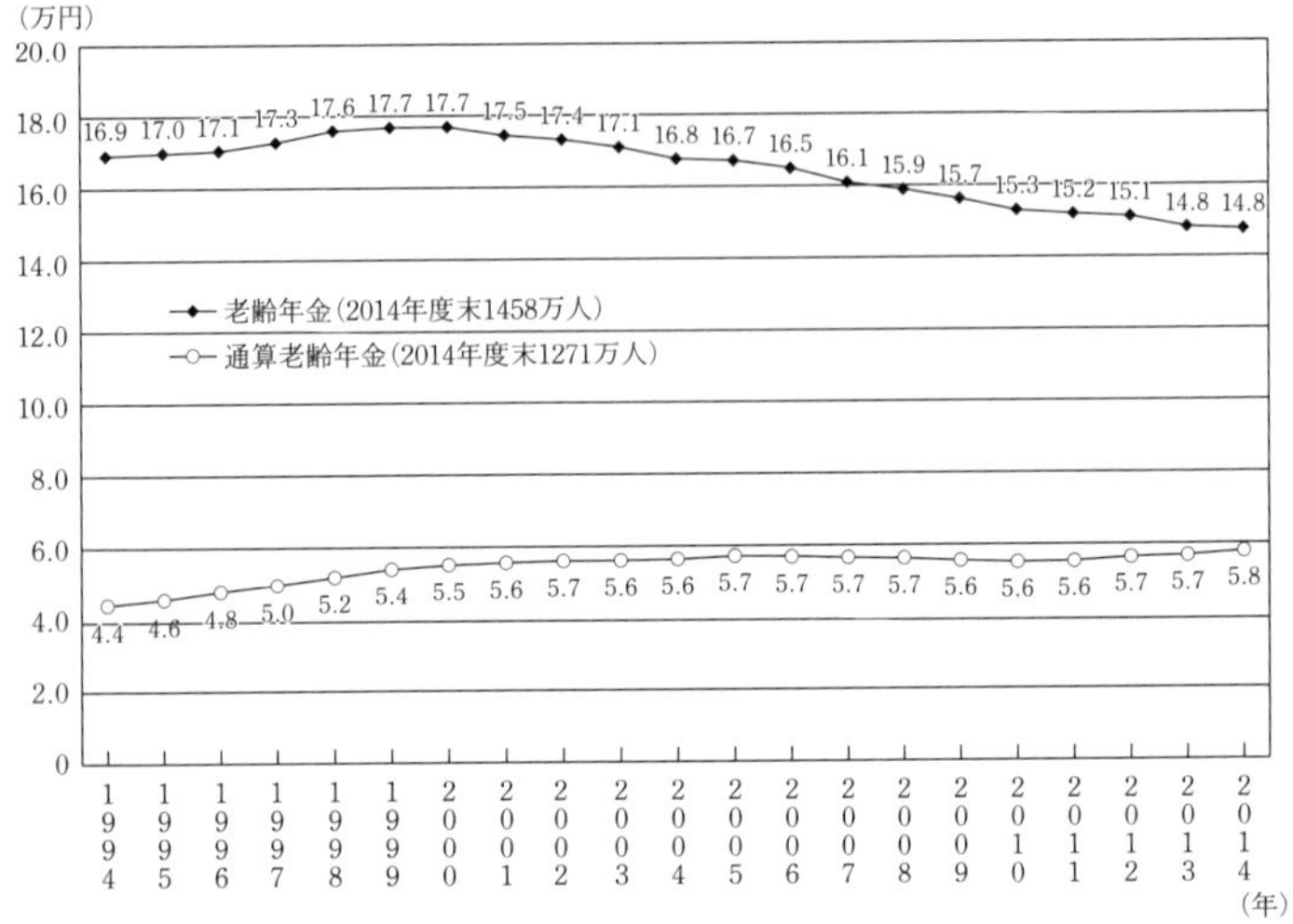

出所）「厚生年金保険・国民年金保険事業年報」より作成。

年金分布のこうした大きな変化は、①厚生・共済年金の老齢年金額（通算老齢相当を除く）の大幅な低下（高額部分の減少）、および、②年金制度の成熟、自営業・家族従業者の減少による厚生年金加入者の増加（「国民年金のみ」の減少）によるものであろう。

図6によって厚生年金受給者の平均月額の推移をみると、二〇〇〇年と一四年で、被用者保険の被保険者期間二五年以上の老齢年金では平均で二万九〇〇〇円の減額であり、基礎年金との通算による「通算老齢相当」の年金のそれは三〇〇〇円の増額である。

図7は、現在の男女別／年齢計のより詳しい年金月額分布である。女性が八万円未満に集中している（七四・七％）のに対し、男性は、六万～八万円と一五万～二二万円の二か所にゆるやかな山

図7　老齢年金の月額分布（2013年度末・受給権者）

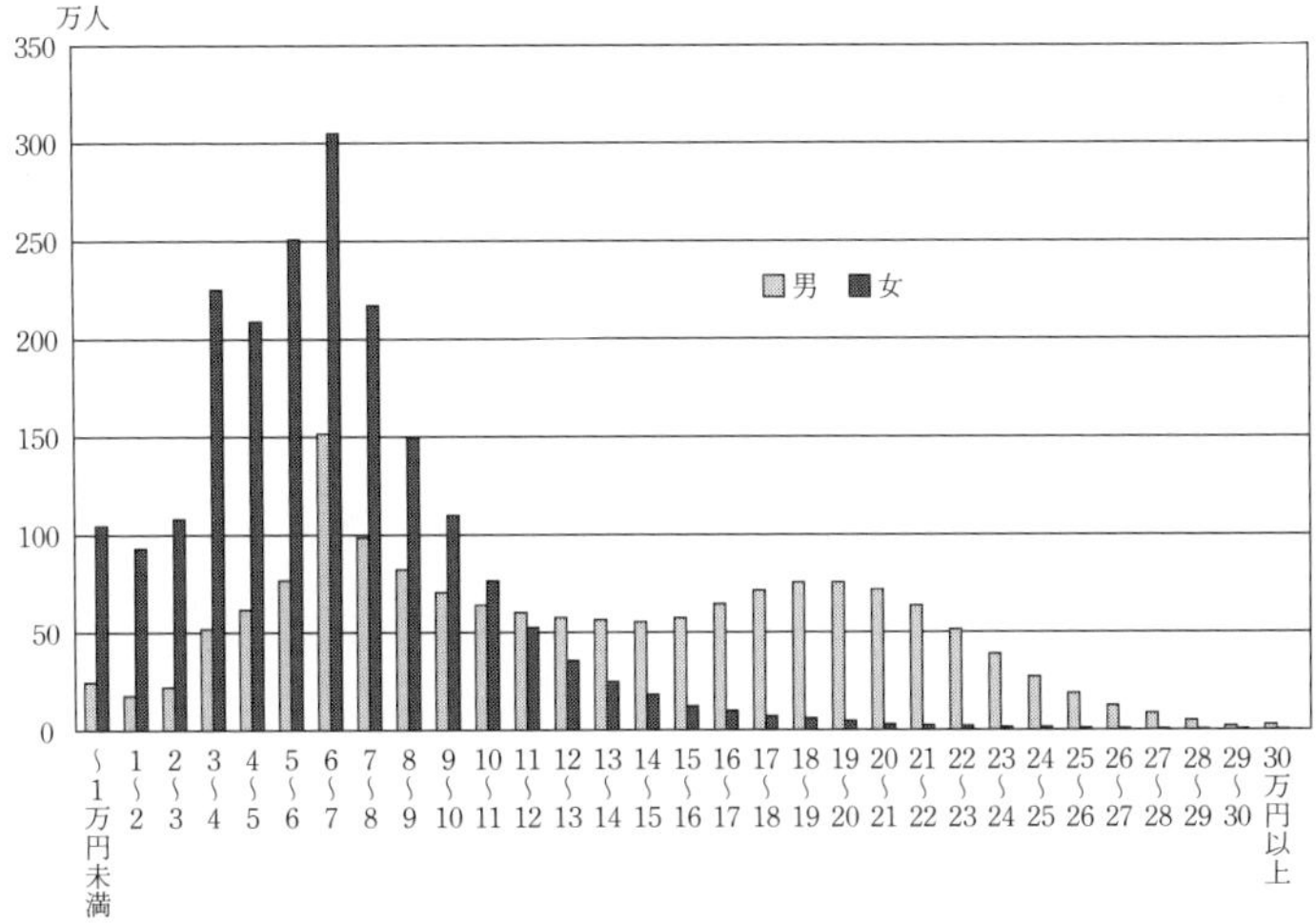

出所）「厚生年金保険・国民年金事業年報」より作成。

があり、月額三〇万円以上まで横に広く分布している（八万円未満三二・五％）。五万円未満に限ると、男性一一・一％、女性三六・五％、男女計で二五・三％（九二二万人）である。

結局、大量の貧困高齢者をつくりだしている最大の原因は、割合は下がったとはいえなお大量に存在する低額年金、および、これまでふれてこなかったが、相当数の無年金者の存在（二〇一三年で男女ともに六五歳以上人口の二・四％、七六万人）[*3]である。とくに女性の低年金者が多いため、夫の遺族年金が十分である場合を除く単身世帯、一人親と子世帯では貧困基準未満が多くなる。

くわえて、夫婦二人であれば生活可能な年金額でも、とくに、六五～七五歳で要介護・低年金の親あるいは非正規等で低所得の子を抱えた場合には、貧困基準未満となることが少なくない。これが第二の原因である。

3 介護保険料滞納の高率

介護保険料の大幅な上昇と貧困高齢者の増大によって、とくに保険料普通徴収者についての矛盾が表面化している。普通徴収は、年額一八万円未満の年金受給者、無年金者、年金を受給していない受給資格者、年度途中で六五歳になった人口と転入者等が対象であり、二〇一四年度は一号被保険者の一一・九%を占める。保険料の滞納は普通徴収者だけだが、現年度の普通徴収滞納額は普通徴収調停総額の一二・九%にのぼる。滞納額の調停総額に対する割合は、リーマンショック後の二〇一〇年が最も高く一五・二%であった。なお、現在は一時期より下がっているとはいえ、二〇〇〇年の滞納額割合は六・八%であったから、当初よりはずっと高い値を示している。

一号被保険者全体の滞納額割合は二〇一四年度で一・四五%であり、普通徴収者の滞納増加を反映して、当初の二〇〇〇年度一・二九%よりも上昇している。この割合は滞納者の割合ではないが、川崎市の資料によれば、滞納者率（当該月）と年度の滞納額割合とは、ほぼ同水準であるため、仮にこの割合を滞納者率とみなすとして、これを一号被保険者数に乗じてくらべると、当該月滞納者の数は一四年間で二九万人から四八万人に増えている。

図8　介護保険料・保険料段階別の普通徴収の収納率（東京都新宿区）

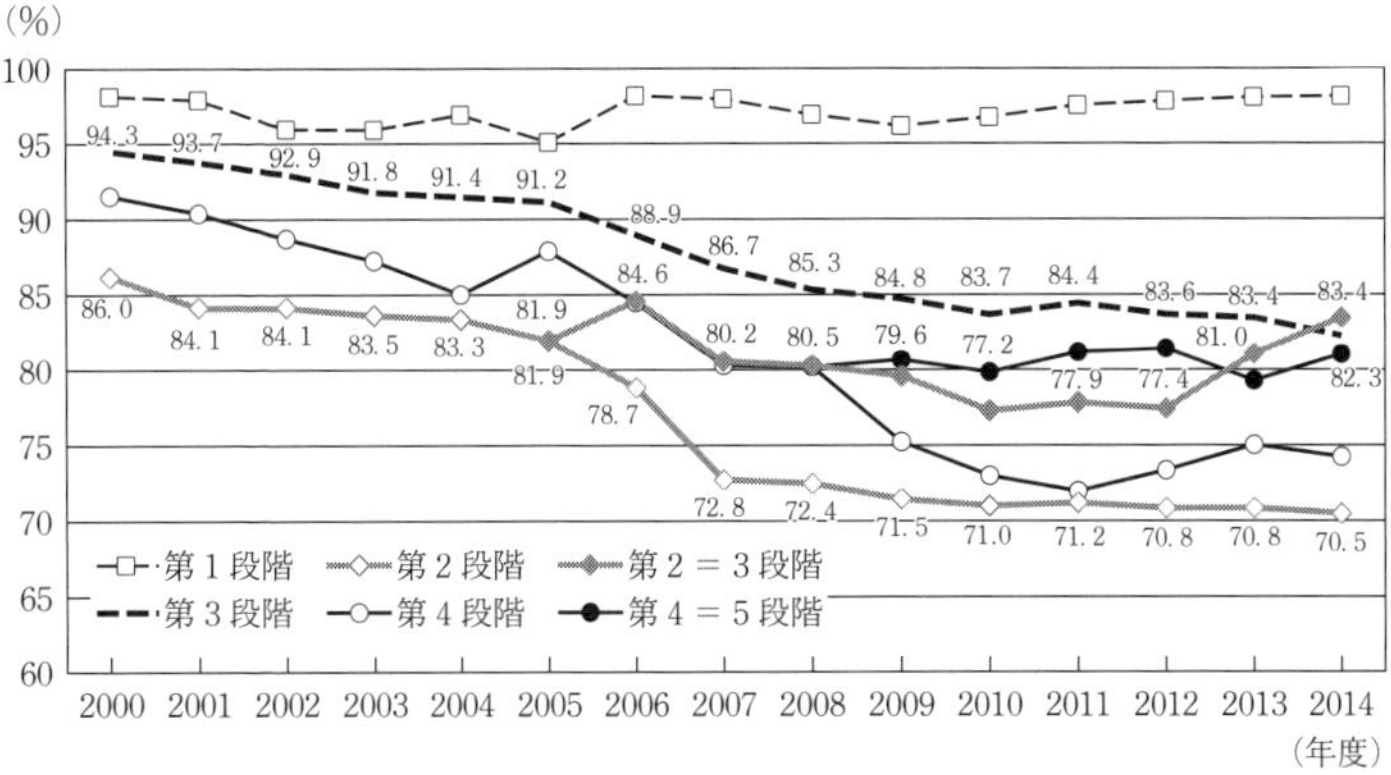

出所）「新宿区の介護保険　主な実績（平成12～25年度）」および「新宿区の介護保険　主な実績　第3期～5期（平成18年～26年度）」より作成。

保険料段階別に滞納状況をみよう。一号被保険者全体についてのデータは集計されていないため、ここでは東京都新宿区の状況をながめよう。二〇一四年で新宿区の普通徴収対象者は一万四〇〇〇人であり、その介護保険料平均収納率は八五・七％である。現年度滞納額の割合が当月の滞納者割合の平均値と同水準（二四・三％）とすれば、滞納者は二〇〇〇人ほどの計算となり、二〇〇〇年の同じ推計による一一〇〇人程度から大きく増えている。

図8は、保険料段階別に（段階の名称は第一期の段階区分をベースにした）、普通徴収対象者の収納率の推移をみたものである。生活保護受給者が大半とみられる第一段階は収納率が高いが、これは生活保護費による代理納付が中心だからである。第二段階の収納率は非常に低く、七〇％程度である。全体として、二〇〇六年以降、およびリーマンショック以降の収納率低下が読み取れる。第四段階、第四＝五段階は、地方税本人課税で所得合計が二五〇万円未満

（二〇〇三～〇五年のみ二〇〇万円未満）だが、所得が一二五万円未満（四段階）とそれ以外（四＝五段階）に再区分されたのち（二〇〇九年度以降）の第四段階の収納率の低さが目立つ。

なお、滞納に対する差押え等の処分は約三割の自治体が行なっており、件数は約一万件である（二〇一五年度）。介護保険の利用者は二〇一五年度で六〇五万人だが、そのうち、一万三五五六人は滞納で保険給付の制限を受けている。また、関東のある自治体での調査が示すところでは、介護保険料滞納者（四〇名）の認定申請時の初回認定平均要介護度が四・二であったのに対し、一般高齢者（八八名）の初回認定平均要介護度は三・〇であった。[*4] このことは、滞納者が介護サービス受給、認定申請を強く抑制し、状態悪化が引き起こされていることを示す。

保険料滞納の影響は、受給するさいの給付制限と介護サービス受給そのものの抑制効果との両者を重視する必要がある。利用料の支払い困難が生み出す介護サービス抑制とあわせ、介護保険の制度設計が問われよう。

4 無貯蓄高齢者の急増

高齢者にとって貯蓄は勤労年齢世帯とは異なる機能を有している。一定以上の貯蓄があれば、それを取り崩して生活することは予定の範囲内でもあるが、無貯蓄・低貯蓄状態であれば、とくに低所得高齢者に

表2　無貯蓄高齢者の数と割合（世帯構造別）

		2001	2004	2007	2010	2013	2016
①高齢者がいる無貯蓄世帯の割合（%）	世帯計	8.2	9.6	10.6	9.9	16.3	15.0
	単身世帯	16.7	17.8	20.0	16.5	24.3	22.0
	夫婦のみ世帯	7.3	8.3	8.6	7.6	12.6	10.9
	夫婦と未婚の子世帯	7.3	8.9	8.5	8.2	14.0	13.0
	片親と未婚の子世帯	10.4	12.2	12.9	12.3	19.4	16.6
	三世代世帯	4.3	4.4	5.2	6.5	13.4	13.9
	その他の世帯	5.9	9.2	9.1	8.1	14.4	13.7
②高齢者がいる無貯蓄世帯の推計数（千世帯）	世帯計	1377	1757	2091	2078	3719	3687
	単身世帯	532	664	863	830	1393	1444
	夫婦のみ世帯	333	436	494	469	882	822
	夫婦と未婚の子世帯	117	163	186	198	383	398
	片親と未婚の子世帯	101	134	158	175	330	323
	三世代世帯	181	173	185	218	396	372
	その他の世帯	113	187	205	188	335	329
③無貯蓄の世帯で暮らす高齢者の推計数（千人）	世帯計	1807	2341	2764	2768	5040	5031
	単身世帯	532	664	863	830	1393	1444
	夫婦のみ世帯	572	759	872	839	1579	1498
	夫婦と未婚の子世帯	184	263	303	330	647	684
	片親と未婚の子世帯	103	137	162	179	340	339
	三世代世帯	251	242	259	307	569	545
	その他の世帯	167	277	305	284	512	521
無貯蓄高齢者率（%）		7.8	9.2	10.0	9.3	15.6	14.2

注）①は国民生活基礎調査の貯蓄表による集計であり，②③は，同調査の世帯票による世帯構造ごとの世帯数，高齢者数を①に乗じて求めた。

出所）「国民生活基礎調査」より作成。

多大の生活困難をもたらすであろうことは想像に難くない。

「国民生活基礎調査」によって、二〇〇一年から一六年の変化をみると、高齢者がいる世帯全体の無貯蓄率は八・二％から一五・〇％に上昇し、無貯蓄世帯にいる高齢者人口は一八一万人（七・八％）から五〇三万人（一四・二％）に急増した（表2）。二〇一〇年から一三年にかけての変化が急であり、一六年はやや改善されたものの、高い無貯蓄率が続いている。高齢者においては、貧困と異なり、無貯蓄はその割合も数も急増したのである。

このうち、単身高齢者世帯の無貯蓄は、一六・七％、五三万人から、二二・〇％、一四四万人へ、高齢者がいる夫婦のみ世帯の無貯蓄は、七・三％、五七万人から一〇・九％、一五〇万人への増加である。日本の世帯全体でみると、無貯蓄率は八・五％から一五・七％への増加であり、高齢者だけが無貯蓄率を上昇させているわけではない。二〇一〇年から一三年への変化が目立つのは日本の世帯全体でも同様である。また、世帯全体でも高齢者がいる世帯でも、貯蓄額一五〇〇万円以上の割合はこの一二年間で上昇しており、貯蓄をめぐる格差拡大が鮮明である。

なお、ここでの「無貯蓄」は、金融機関への預貯金、生命保険等に払い込んだ保険料、株式・株式投資信託（時価）、財形貯蓄などその他の預貯金のそれぞれについて、貯蓄の有無を答え、有の場合はそれらの合計の金額を答える、という調査によっている。[*5]

次に、所得と貯蓄をクロスしてながめよう。「国民生活基礎調査」では「高齢者世帯」という世帯類型

図9　無貯蓄・低貯蓄高齢者世帯の数と割合（2001～2013年）

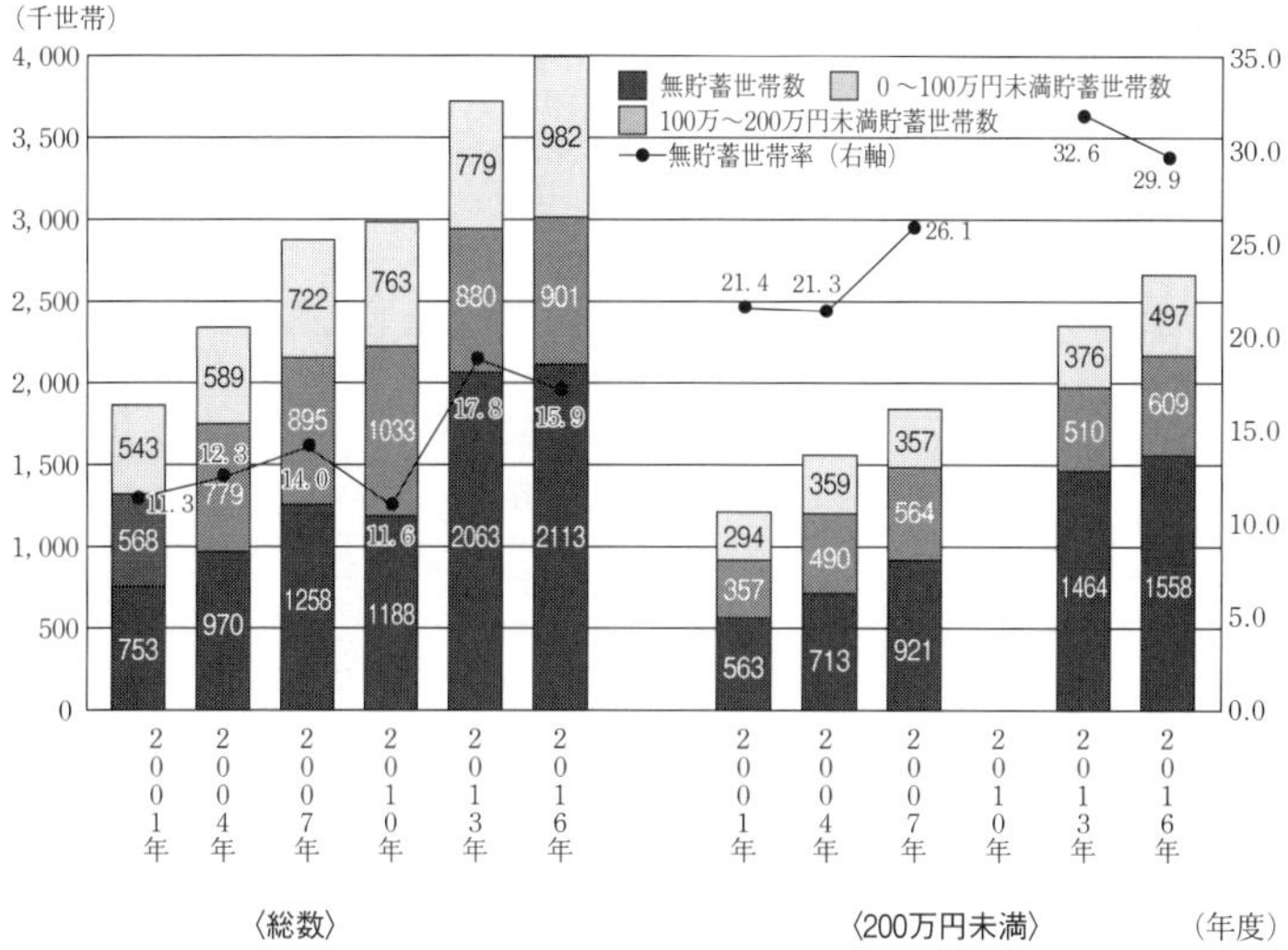

出所）「国民生活基礎調査」より作成。

（六五歳以上の単身世帯、六五歳以上の夫婦世帯、一八歳未満の子と六五歳以上の世帯）についてクロス表が集計されている（二〇一〇年を除く）。所得計と所得二〇〇万円未満で比較・概観する（図9）。[*6]

二〇〇一年と一六年を比較すると、「高齢者世帯」の無貯蓄世帯は一一・三%、七五万世帯から一五・九%、二一一万世帯への増加であり、年収二〇〇万円未満でみると無貯蓄世帯率二一・四%、五六万世帯から二九・九%、一五六万世帯（高齢者世帯全体の一一・七%）への上昇である。他方、貯蓄額一〇〇万円未満、一〇〇万～二〇〇万円未満の割合は、高齢者世帯全体でも、収入が二〇〇万円未満の高齢者世帯でも減っている。無貯蓄割合の増加を考えあわせると、そうした低貯蓄世帯が貯蓄を使い果たして無貯蓄に移行したと考えておかしくない。

結局、年収二〇〇万円未満で無貯蓄の高齢者世帯は、数で二・八倍、割合で八・五ポイントの大幅増であり、年収二〇〇万円未満で二〇〇万円未満の低貯蓄および無貯蓄の高齢者世帯は、数で二・二倍、割合で四・九ポイントの増加である。*7

5 無貯蓄・低貯蓄高齢者の介護保険利用抑制

貯蓄の日常的取り崩しの境界

第1節で六五歳以上の無職夫婦世帯について、多額の貯金取り崩しが生じていることを確かめたが、もとより貯蓄の取り崩しは貯蓄が存在してはじめて可能となるものである。したがって高い収入がある少数の場合を除き、無貯蓄はもちろん、低貯蓄の高齢世帯は、貯蓄の取り崩しを防ごうとするため、消費生活の圧縮を余儀なくされる。医療、介護、住居にかかわる負担増が生じた場合には、その対処がきわめて困難となることはいうまでもない。

では、消費生活の水準を維持するための貯蓄取り崩しは、どの程度の貯蓄額から始まるのか。

図10は二〇一四年「全国消費実態調査」から作成した、六五歳以上の夫婦二人のみ・有業者なし世帯の数字だが、年収三〇〇万円未満でも三〇〇万〜四〇〇万円未満でも、貯蓄額階層が九〇〇万円未満では、消費支出と可処分所得はほとんど乖離していない。貯蓄額階層の集計区分の幅が大きいため、正確なとこ

図10　貯蓄額階層別の高齢世帯の消費支出と可処分所得（65歳以上夫婦のみ世帯・有業者なし）

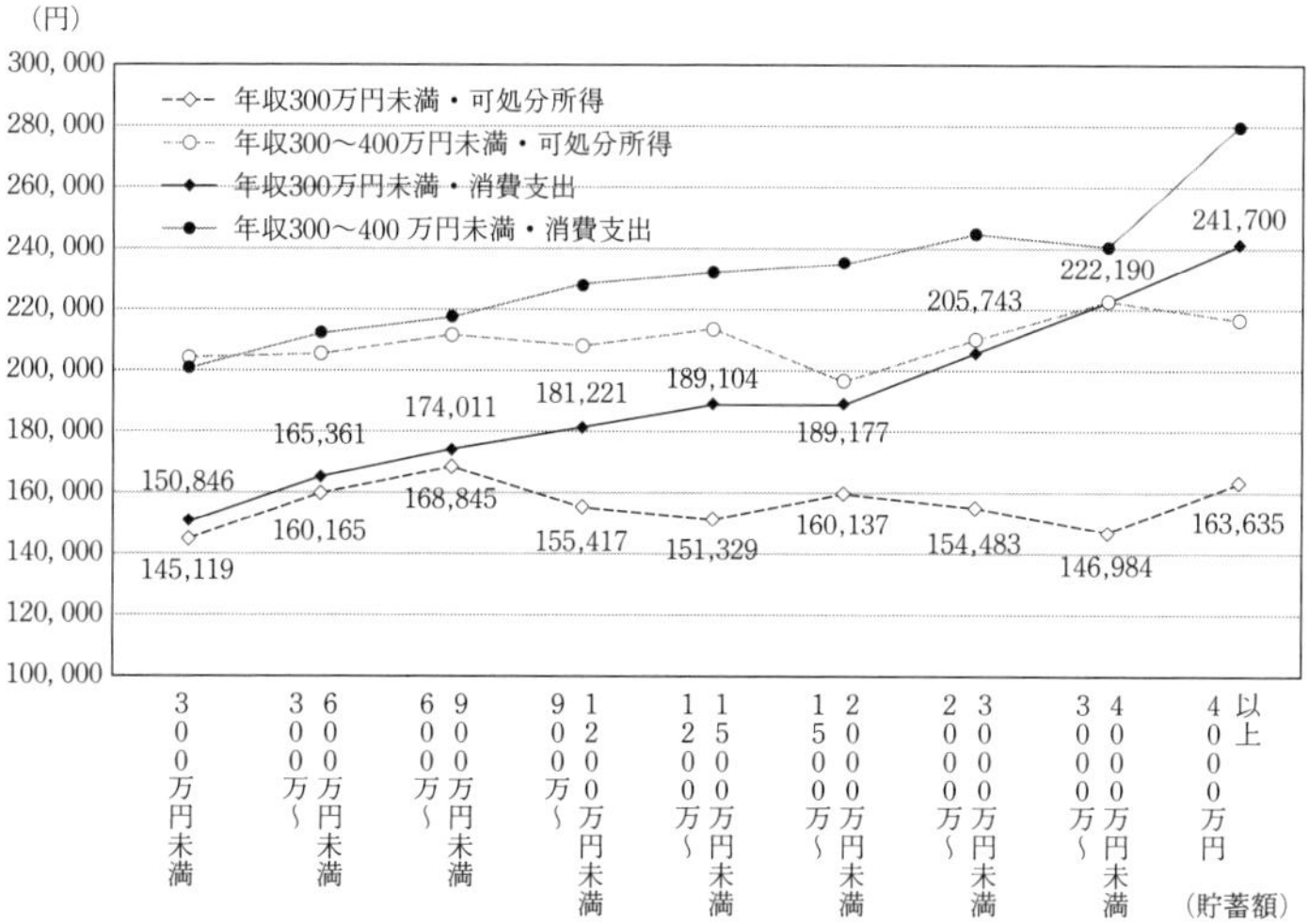

出所）「全国消費実態調査」（2014年）より作成。

ろはわからないが、とりあえずこの集計にしたがえば、九〇〇万円が区分点となる。[*8]

図10の消費支出と可処分所得の差は、主に貯蓄の取り崩しによっている。取り崩せる世帯は、一時的な支出増には対応できる可能性は高い。しかし、介護費用の恒常的支出などが生ずる場合、この区分点は上昇するはずである。

要介護者がいる世帯の介護、医療への支出と貯蓄との関連

同じく「全国消費実態調査」によって、要介護者等がいる世帯では、貯蓄の状態によって、介護・医療への支出がどの程度変わるのか、みておこう。

図11・12は、要介護認定、要支援認定を受けている者がいる世帯に限って、それぞれ、収入階層

図11　年収別の医療費窓口負担と介護利用料（家族に要支援者，要介護者がいる二人以上世帯・月額）

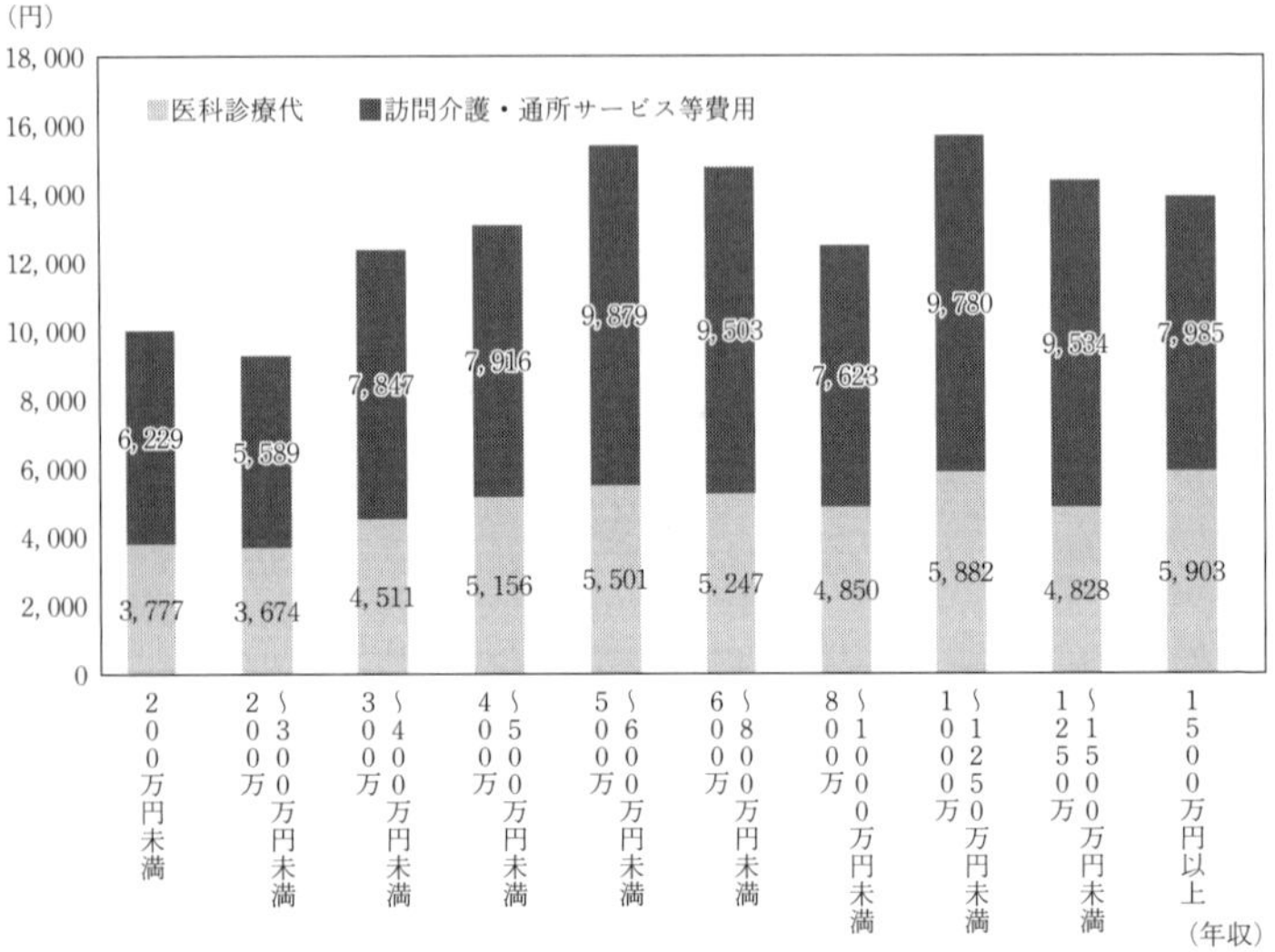

出所）「全国消費実態調査」（2014年）より作成。

別、貯蓄額階層別に、訪問介護、通所介護等の介護サービス利用費と、医療保険の一部負担金への支出額をみたものである。収入あるいは貯蓄が多いほど、両者の費用が増えており、逆にいえば、収入あるいは貯蓄が少ないほど、介護保険、医療保険の利用が抑制されている。

注目すべきは、介護の場合、収入階層差よりも貯蓄額階層差による、サービス利用の差が大きいということである。貯蓄額六〇〇万円未満の介護保険利用料は、貯蓄額三〇〇〇万以上のほぼ半分である。貯蓄額が二〇〇〇万円を超えたところで、利用額が上昇しはじめる。このあたりが、介護保険利用の抑制がなくなりはじめる分岐点なのかもしれない。

介護保険利用が、貯蓄取り崩しに相当程度

図12　貯蓄額階級別の医療費窓口負担と介護利用料（家族に要支援者，要介護者がいる二人以上世帯・月額）

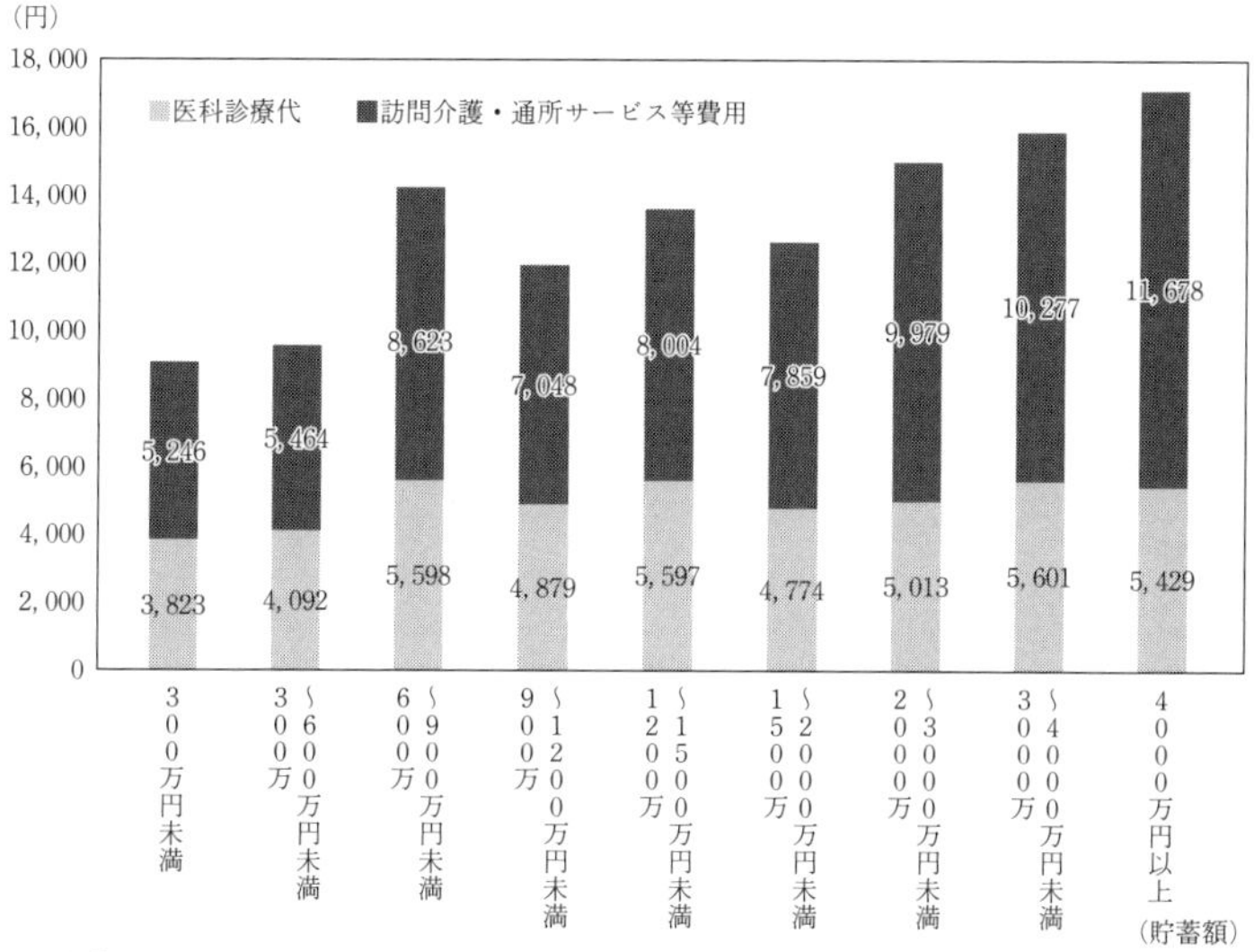

出所）「全国消費実態調査」（2014年）より作成。

を依存していることは明らかである。介護の場合は、一時的な取り崩しでは済まないため、取り崩しの分岐点がより高額になっていると推測できる。高齢者世帯が消費支出を増やせる程度は、収入に応じてよりも貯蓄額に応じて、はっきりとした変化をみせるのである。

低所得、かつ、無貯蓄・低貯蓄の高齢者に生ずる多面的な生活困難は、老後の相当量の貯蓄を大前提とした、これまでの脆弱な社会保障制度の根本的問題を照らし出す。貯蓄崩壊は、リーマンショック後に急速に進んでいる。「普通の生活」を送れない高齢者、国民はもはや「例外」とはいえない規模に達したのである。

相当量の貯蓄に支えられてはじめて、医療、介護、居住の確保が十全に可能となるシステムは、介護保険に限らず抜本的な改革が必要である。

◉注

＊1 「被保護者調査」における世帯類型計の「最低生活費」の平均値は一人世帯で一九九七年が一〇六万円、二〇一二年が一二五万円と長期的には上昇しており、貧困基準はこのように変動するはずである。だが、九七年、〇六年の「被保護者調査」には高齢者世帯についての最低生活費集計がなく、また、直近の九九年、〇四年「全国消費実態調査」によっては、実収入／可処分所得の資料が十分に得られない。そのため、ここでは基準を一二年のものに固定した。

＊2 一九八五年を一〇〇とした「持ち家の帰属家賃を除く総合」消費者物価指数は一九九七年一一六・六、二〇一二年一一二・八、二〇一五年一一七・二である。

＊3 「公的年金加入状況調査」（二〇一三年）。六五歳以上で受給者以外の公的年金非加入者。

＊4 高橋和行・扇原淳「要介護ハイリスク集団としての生活困窮者に対する早期介入の必要性――介護保険料滞納者の介護認定申請時の特徴」（『保健医療研究』創刊号、二〇〇九年）。

＊5 「金融広報中央委員会」の金融資産に関する調査の場合、「金融資産」について、「定期性預金・普通預金等の区分にかかわらず、運用の為または将来に備えて蓄えている部分とし、日常的な出し入れ・引落しに備えている部分は除いてください」という注意がある。「国民生活基礎調査」ではこうした貯蓄目的の限定はない。金融広報中央委員会の調査によれば、金融資産非保有率は二〇一一年以降急増した。二人以上世帯では二〇〇七年二〇・六％、一〇年二二・三％、一三年三一・〇％、一六年三〇・九％、六〇歳代単身では〇七年二二・八％、一三年三一・二％、一六年三三・五％となっている。

＊6 二〇一三年調査のクロス集計は、所得五分位階層を用いている。その第1五分位の境界値が二〇一万円であるため、第1五分位階層の数字を所得二〇〇万円未満のものとして扱った。二〇一六年も同様で境界値は二〇〇万円である。

＊7　「住宅・土地統計調査」によれば、六五歳以上がいる世帯で、年収二〇〇万円未満かつ借家の世帯は、二〇〇八年から一三年の五年間で、一五七万世帯から一九五万世帯に増加している。

＊8　二〇一四年〈六五以上夫婦のみ・有業者なし世帯〉の、収入階層計では、貯蓄額階層区分は低貯蓄層が一五〇万円ごとになっている。これによると、可処分所得と消費支出の乖離は、七五〇万〜九〇〇万円未満階層で跳ね上がり、さらに、一五〇〇万円以上で一段階上昇する。

（後藤　道夫）

第II部

権利としての高齢者ケア保障の確立へ

第5章 生活と自治と権利の地域ケアシステムをつくる

1 「地域ケア」をどのような視点から検討するか

(1) 社会保障改革と「地域包括ケアシステム」

「地域包括ケアシステム」の構築は、医療制度改革、社会福祉改革のめざすべき方向とされ、医療・社会福祉の現場でも「地域包括ケアシステム」の話を聞かない日はない。しかし、「地域包括ケアシステム」とは何かについては、十分な共通理解があるとはいえない。

厚生労働省（厚労省）のホームページでは、「2025年（平成37年）を目途に、高齢者の尊厳の保持と自立生活の支援の目的のもとで、可能な限り住み慣れた地域で、自分らしい暮らしを人生の最期まで続けることができるよう、地域の包括的な支援・サービス提供体制（地域包括ケアシステム）の構築を推進しています」[*1]とある。そして、図1のように「構成要素」として、〝すまいとすまい方〟、〝生活支援・福祉サービス〟、〝介護・医療・予防〟、〝本人・家族の選択と心構え〟があげられ、「自助・互助・共助・公助」から構成されると説明されている。高齢者への包括的な支援やサービス提供を「自助・互助・共助・公助」によって地域でつくることだとしている。

しかし、これは「ケア」を中心にとらえたものではなく、高齢者の「尊厳の保持」のためには病気・障害のある場合にどのような「生活の質（ＱＯＬ）」を社会的に保障するかを明確にすべきだが、それは組み込まれていない。また、「自助」＝自己責任への支援が基本であり、「自立生活」を保障する公的責任を優先するものではない。

いったい、どのような制度改革のもとで、「地域包括ケアシステム」の旗が振られているのか。われわれはこれまで、安倍政権が強行してきた医療制度改革、介護保険制度改革が社会保障制度の根幹を崩壊させる危険性が高いことを指摘してきた。[*2]

すなわち、①都道府県単位の医療費抑制と、そのための医療提供体制再編が地域医療を衰退崩壊させる危険性が高いこと、②介護保険の対象となる高齢者の制限、入所系サービスの整備の立ち遅れ、居宅給付

図1　地域包括ケアシステムの５つの構成要素と「自助・互助・共助・公助」

○高齢者の尊厳の保持と自立生活の支援の目的のもとで、可能な限り住み慣れた地域で生活を継続することができるような包括的な支援・サービス提供体制の構築を目指す「地域包括ケアシステム」。

地域包括ケアシステムにおける「５つの構成要素」

「介護」、「医療」、「予防」という専門的なサービスと、その前提としての「住まい」と「生活支援・福祉サービス」が相互に関係し、連携しながら在宅の生活を支えている。

【すまいとすまい方】
●生活の基盤として必要な住まいが整備され、本人の希望と経済力にかなった住まい方が確保されていることが地域包括ケアシステムの前提。高齢者のプライバシーと尊厳が十分に守られた住環境が必要。

【生活支援・福祉サービス】
●心身の能力の低下、経済的理由、家族関係の変化などでも尊厳ある生活が継続できるよう生活支援を行う。
●生活支援には、食事の準備など、サービス化できる支援から、近隣住民の声かけや見守りなどのインフォーマルな支援まで幅広く、担い手も多様。生活困窮者などには、福祉サービスとしての提供も。

【介護・医療・予防】
●個々人の抱える課題にあわせて「介護・リハビリテーション」「医療・看護」「保健・予防」が専門職によって提供される（有機的に連携し、一体的に提供）。ケアマネジメントに基づき、必要に応じて生活支援と一体的に提供。

【本人・家族の選択と心構え】
●単身・高齢者のみ世帯が主流になる中で、在宅生活を選択することの意味を、本人家族が理解し、そのための心構えを持つことが重要。

「自助・互助・共助・公助」からみた地域包括ケアシステム

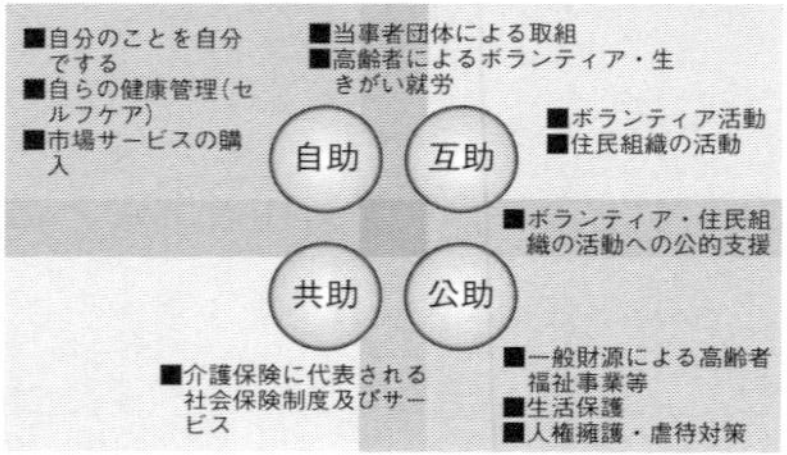

【費用負担による区分】
●「公助」は税による公の負担、「共助」は介護保険などリスクを共有する仲間（被保険者）の負担であり、「自助」には「自分のことを自分でする」ことに加え、市場サービスの購入も含まれる。
●これに対し、「互助」は相互に支え合っているという意味で「共助」と共通点があるが、費用負担が制度的に裏付けられていない自発的なもの。

【時代や地域による違い】
●2025年までは、高齢者のひとり暮らしや高齢者のみ世帯がより一層増加。「自助」「互助」の概念や求められる範囲、役割が新しい形に。
●都市部では、強い「互助」を期待することが難しい一方、民間サービス市場が大きく「自助」によるサービス購入が可能。都市部以外の地域は、民間市場が限定的だが「互助」の役割が大。
●少子高齢化や財政状況から、「共助」「公助」の大幅な拡充を期待することは難しく、「自助」「互助」の果たす役割が大きくなることを意識した取組が必要。

出所）平成25年３月地域包括ケア研究会報告書より（厚生労働省ホームページ）。

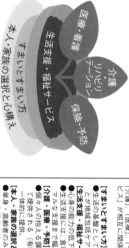

の制限と縮小という一連の改革が介護問題をいっそう深刻化させること、③川上である入院が制限され急激かつ大量に高齢者が川下＝「在宅」に返されるが、地域や在宅ケアの場合は医療や介護保険制度の後退を、自助＝自己責任と、互助＝住民の助けあいで代替補完させるやり方をとること、④互助が国家主導で推進され、地方自治体の財源保障は不十分であること、である。つまり、地域ケア、在宅ケアを整備し充実させる方向とは逆行する改革を強行しながら、「地域包括ケアシステム」の旗が振られているのである。

では、「地域包括ケアシステム」の推進には、反対すべきなのか——。そうではない。住み慣れた地域で、病気・障害があっても地域で暮らす基盤をつくることは、多くの住民の願いである。そのためには、当事者や家族の目線からケアの意味を問い直し、個人＝生活者がその尊厳を守られる地域ケアとは何か、医療、社会福祉はどう連携するのか、国と地方自治体はどのような役割と責任を果たすべきなのかを明らかにしなければならない。本章では、「地域ケアシステム」を生活者を起点に、地域、地方自治体、国という重層的な視点からとらえたうえで、介護保険制度の改革の課題を明らかにする。また、次章でより具体的な地域ケアシステムのあり方を検討する。

(2) 三つの層から構成される「地域ケアシステム」

地域ケアは、病気・障害・生活困難のある住民を対象に、個人の尊厳を守り、その人らしい生活を保障することを目的に、医療・社会福祉の事業体による専門的社会サービスを居宅もしくは入居施設・福祉施設において連携しながら提供することである。

では、どのような「地域ケアシステム」が求められているのか。それは図2に示すように、「生活者のもとで統合されたケアを保障する自治型ケアシステム」と、それを担保する政府による「権利としての社会保障の整備」の二重の構造からなるものである。図2は、住民＝生活者に視座をおき、専門的ケアを疾病・障害のある生活者の「尊厳ある生（生命、生活、活動）を支える」ために提供できるよう、地域・市町村レベルで行政が責任をもってシステム化するべきであること、また地域ケアは「まちづくり」や地域福祉と関連する地方自治の中心テーマであることを示している。「自治型地域ケア」というのは、自治体によるシステムづくりだけではなく、住民主体の運動の面をもつからである。

「地域ケアシステム」は、国の政策動向や改革がどうであれ、地域の専門職・専門機関の独自の努力と地域単独の資源でできるものではない。政府の社会保障政策および行財政を土台として、自治体職員、専門職と住民がともにつくるものである。本書は、「生活者のもとでのケアの統合」＋「地域（＝生活圏域）を基盤にした包括的システム」＋「自治型地域ケアシステム」＋「権利としての社会保障」という重層的構成から「地域ケアシステム」をとらえている。

運動とのかかわりでいうと、「権利としての社会保障」の視点から医療制度、社会福祉制度改革を検証し、問題点を厳しく指摘しながら、社会保障の権利性と公共性を高める運動を続けること、制度後退の肩代わりや矛盾の糊塗としての地域福祉活動ではなく、住民の権利を前提にともに助けあう活動を充実させ、

図2　統合的ケアを中心とした自治型地域ケアシステム

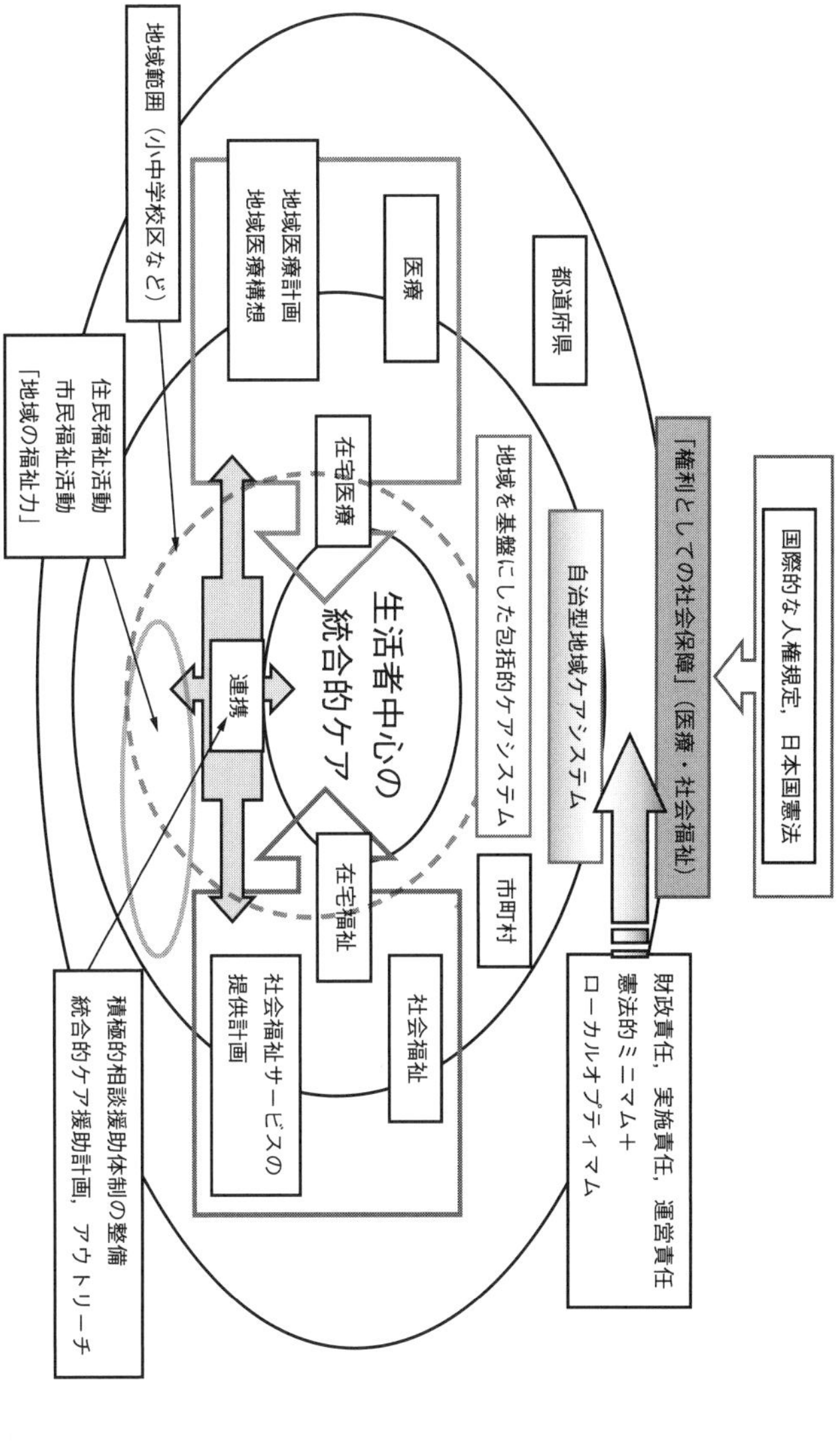

出所）筆者作成。

専門的ケアが活かせる地域の仕組みづくりを進めること、こうした国レベルと地域レベルでの運動とのかかわりからも「地域ケアシステム」をとらえることが重要である。

2 生活者中心の「地域ケアシステム」

(1) 生活のなかで統合されるケア

在宅医療にとりくんできた医師の川島孝一郎は、WHO（世界保健機構）の「国際生活機能分類」(International Classification of Functioning Disability and Health：ICF）の概念は在宅医療において必須であるとする。[*3] そこで、ICFで示された「心身機能」、「活動」、「参加」の三つの次元と、「環境因子」、「個人因子」で構成される人間の生活機能・障害に関する基本概念を重視し、健康状態とは「心身機能」、「活動」、「参加」の「統合された全体」をいうのであり、この「統合」すなわち一つの全体として相手なしに自分がありえない相補関係を相互に築いた全体というとらえ方が重要だとする。[*4]

そして、ケアにかかわる専門職も療養者の生活のなかに組み込まれて統合されていることを自覚し、「地域包括ケアに集う生活者・あらゆる職種・行政・福祉制度の全てが統合された全体の内部構造としてそれぞれ生活者ごとに形成される。問題がおこるたびに心身機能・活動・参加・環境因子・個人因子を賦活することによって循環型で双方向性の支援を継続[*5]することができるとしている。これらの観点は、地域ケアの推進において広く共有されるべきであろう。

そこで川島の指摘をふまえて、「地域ケアシステム」の中核部分を考えてみたい。病気・障害や生活困難をもつ一人ひとりを支え、その尊厳を保つために医療や生活のケアサービスがシステム化されなければならない。地域ケアは居宅だけではなく、地域の福祉施設も含むが、どちらも病気・障害のある人にとっては「生活の場」である。専門職は、患者・利用者の生活場面に入り込み、一定の生活時間を共有し活動するのであり、生活者の側は専門職のケアサービスと家族の介護や自分自身で行なう生活行為・生活活動を組み合わせ、調整し、日々の全体性を保つ。つまり、生活者の生活空間・場・時間においてさまざまなケアやサービスが「統合」される必要がある。医療や生活のケアの専門職が患者・利用者を支えるというのは、専門的ケアと生活者の活動が統合され病気・障害があっても安定した生活が継続できるということである。[*6]

生活におけるケアは、生活者自身の生活行為・動作を含む生活活動と関連する。たとえば、睡眠、食事、生活諸活動など生活者の生活活動と専門的ケアは整合性をもって関連する。また、専門的ケアは居住環境、生活空間（居室、トイレ、浴室、台所、玄関、段差など）の諸条件に応じて変化しながら機能する。つまり、生活者の生活活動、生活空間との関連で統合されるのが、「生活者中心の統合的ケア」である。このことが、「地域ケアシステム」の中心に位置する。

医療・社会福祉の連携が求められるのは、生活者が専門的サービスと自身の生活行為・生活活動や家族とのかかわりが統合されて、生活の全体性が維持できるようにすべきだからである。

また、生活者は社会の一員であり、地域や市民社会と関係性をもちながら暮らしている。ケアを受けている人がコミュニティの一員として実感をもつことができ、社会に参加できるよう援助することも広い意味でのケアである。生活主体、活動主体、主権者など、多面的で多様な役割や活動を実現できるよう援助することも、重視されるべきである。

つまり生活者のもとでのケアの統合や、社会の一員としての生活の援助を含め、どのような「生活の質」を実現するのかが、「地域ケアシステム」では問われるのである。

(2) 地域ケアをシステム化するとはどういうことか

「地域ケアシステム」の基軸になるのは、関連する専門職種間で共有される、個別の「ケア援助計画」が策定され実施されることである。これは、病気・障害のある人が地域生活を継続するために、①対象者の心身の状況や生活上の問題、生活歴、家族関係、近隣関係、住環境、経済的能力さらに対象者の願い・要求、②ニーズと援助の目標、③連携して提供される医療やケアサービス、生活支援（介護保険サービスに限定されない）、④医療や社会福祉、ケアサービスが提供される過程で「生活の質」の観点から行なうアセスメント（評価）、などを明確にして援助するための個別計画であり、生活者とその家族と共有されるものである（社会福祉でいう「ケース・マネジメント」[*7]の側面をもつが生活者を主体において援助することから、「ケア援助計画」とする）。

「ケア援助計画」は、①いずれかの専門職が中心になってすべてのケースにおいて作成する、②情報保護と管理の責任が確立されかつ専門職で共有する、③アドボケイト（代弁的機能をもつこと）する専門職（ソーシャルワーカーか保健師）が、生活者の立場に立ち援助過程を点検する、④適時にアセスメントが行なわれる、⑤「援助計画」の共有、カンファレンス、アセスメントのための会議を行なう、これらのことが法律上、市町村の責任で実施されるよう制度を改革すべきである。

あわせて住宅改善・住宅施策、家族支援が「ケア援助計画」に組み込まれ、年金、公的扶助、社会手当など社会制度の活用、また症状の急変（急性増悪）、病気・障害の急速な悪化への対応、孤立や暴力・生活上の危険に対する介入的対応の体制整備、災害時の迅速な対応（緊急対応）が「ケア援助計画」に明記できるよう、諸制度を整備する必要がある。「ケア援助計画」は病気・障害のある一人ひとりの住民の権利を守るために、地域生活からも制度からも排除されず、個人として尊重される市民生活を公的に保障するために策定される。住民の権利保障のための個別計画である。したがって、地方自治体が策定の責任をもち、民間の医療や社会福祉機関の専門職あるいは、自治体職員のソーシャルワーカーや保健師が策定する。

3　地域ケアシステムと公的責任

(1)「地域ケアシステム」と「権利としての社会保障」

「地域ケアシステム」は、政府の医療政策や社会福祉政策が本来の役割と責任を果たさなければをつくることはできない。それが、図2の「自治型地域ケアシステム」を支える「権利としての社会保障」である。

①国民にとって医療や社会福祉の受給権が確立され申請の権利が具体的に保障される。②利用者負担が適正な額（保険料、自己負担）に抑制され、負担問題で専門機関へのアクセスが制限されず、利用抑制が起こらない。③社会保険料・利用者負担で家計が圧迫されない。④どの地域でも必要な医療、社会福祉が提供され（サービス基盤整備、地域間格差の是正）、ニーズが充足される（必要充足原則）。⑤医療、社会福祉の事業者の社会的使命が明確で、営利主義による歪みがない。これらが、制度的に保障されることがケアとのかかわりで重要となる。

「権利としての社会保障」にもとづき医療や社会福祉を国民に保障するためには、個人の尊重（憲法第一三条)、生存権(第二五条)を基本に「憲法的ミニマム」というべき国民全体に保障する医療、社会福祉の最低限保障と、そのうえに地域に応じた最適基準(ローカルオプティマム)が設定される必要がある。[*8] 医療や社会福祉は人的配置や施設設備・面積において、「ゆとり」「余裕」がなければ病気、障害のある人の個別的で可変的な生活を支えることはできない。「サービス内容はオプティマム保障の性格をもつが、サービスを提供する人的物的施設の基準はこうしたオプティマム保障を可能とするミニマムを満たす必要があり、サービスの計画立案や管理運営は地域性をもつが、国がサービス施設の最低基準の設定と財源保障を行うというかたちで、ナショナル・ミニマムを達成するための制度構造が形成[*9]」され、地域のニーズに応じて自治体が社会福祉サービスを提供できるよう制度の構造がつくられる必要がある。

(2) 経済的負担の解決

経済的負担能力に左右されず、医師による必要性の判断にもとづいて「療養の給付」が受けられることが医療保障のあるべき姿である。同様に、ケアサービスも経済的負担能力や資産のあるなしではなく、心身および生活上の必要性にもとづいて提供されることが、ケアサービス保障の基本である。

高齢期の収入は年金に限定される一方で、食事、被服、居住、衛生や社会参加などの家計支出にくわえ医療費の患者負担、医療機関への交通費、介護保険の利用者負担、生活支援サービスの費用負担、居住の改善改修費など支出が増大し、家計構造は硬直化する。また、高齢期に限らず家族の疾病が長期化し障害による常時の介護が必要となると、家族の就労継続の困難や制約によって収入の低下をまねく。しかも、介護は、いつどのような経費が必要になるという予測がつきにくく、政府の増税・負担増大路線（消費税引き上げ・社会保険料引き上げ・利用者負担引き上げ）と給付削減路線の改革で、介護が生活苦・不安定化の要因となっている。

したがって、年金、生活保護を含めた所得保障の充実、最低生活費を配慮した税・社会保険料・利用者負担の総合計の負担上限の設定など負担増大路線の転換が求められる。所得保障と負担軽減策がとられなければ、「地域包括ケア」は「絵に描いた餅」となり、サービス利用をめぐる所得階層格差をいっそう拡大するであろう。社会サービスの普遍主義と所得保障を結びつける社会保障制度をつくっていく改革が求められる。

(3) 必要充足と現物給付

社会保障制度としての医療サービスやケアサービスは「必要充足」原則にもとづき、現物給付で提供されなければならない。

私たちは「社会保障基本法二〇一一」を提案したが、「第2章　社会保障の権利と原則」は次のようになっている。[*10]

（必要充足原則）

第9条　社会保障は、すべての人に対し、その必要に応じた現金、現物給付によって、人間の尊厳にふさわしい生活水準を保障しなければならない。それぞれの給付は、それが想定する必要をそれぞれの人に対し十分に満たす水準でなければならない。

2　基礎的社会サービスの給付の必要性の判断、さらにはどういった給付がどれだけ必要かの判断は、利用者の意思を尊重しつつ、医師、ケアワーカー、保育士、ケースワーカーなど社会保障に従事する専門家の専門的判断によってなされねばならない。その給付は、財政上の理由から制限されてはならない。

ここでいう「基礎的社会サービス」とは人間らしい生活を送るうえで〝不可欠で基礎的な生活要素〟である保育、学校教育、高齢者介護、障害のある人への福祉、職業訓練、各種の相談と情報提供である。[*11] これらは、人々を貧困に転落させることを防ぎ、現実の貧困層を厳しい生活から脱却させるという点で、〝不可欠で基礎的〟な社会サービスである。また、過重労働・長時間労働、硬直的な家計運営などリスクにあふれた労働・生活事情と引き換えに、なんとか標準的な生活を保っている人々も、病気、障害、介護、収入低下、高い教育費負担、借金などの問題に直面すると、たちまち生活の均衡が崩れ生活困難・貧困への転落を余儀なくされる。こうした「高い不安定性」を抱えている人々にとっても、〝不可欠で基礎的な〟社会サービスである。「基礎的社会サービス」は、現金給付ではなく現物給付の制度で提供されるべきである。[*12] その理由は序章で述べたとおりであるが、ケアサービスの特性から、説明をつけくわえておきたい。

社会サービスは利用者の意思をふまえ専門職によるニーズの把握と必要と判断されたサービスが、そのまま給付できる制度でなければならない。現物給付は専門職の判断したサービスが給付となり、「必要充足」原則が成立する。

他方、現金給付では専門職の判断したサービスの質量がサービス価格（公定価格）として示されそのうちの何割分かが現金で利用者に戻るという仕組みである。そこで利用者はお金を支払ってサービスを購入するかどうか、支払えるかどうかを第一義に判断してサービスを利用しなければならない。このシステムでは「必要充足」原則を満たすことはできない。したがって、当面、介護保険制度を現物給付の制度に改革することが重要な政策課題となる。

(4) 社会福祉の公的責任をどうとらえるか

「地域ケアシステム」に関する自治体の役割について、「介護保険の保険者」であることを根拠にする議論が一部にあるが、それでは介護保険制度内のきわめて狭い範囲に役割が限定され、ケアサービスを必要とするすべての住民（介護保険未利用者も含む）への公的責任を明らかにすることはできない。地方自治体は住民自治に支えられて、住民の権利と生活を守る公的業務を行なう存在であるという認識から、「地域ケアシステム」に関する役割と責任をとらえるべきである。地方自治とは、「住民が生産と生活のための共同社会的条件を創設・維持・管理するために、社会的権力としての自治体をつくり、その共同事務に参加し、主人公として統治すること」[*13]である。「地域ケアシステム」は、「生活のための共同社会的条件」の一つであり、病気・障害があっても地域に住みつづけることや家族の就労や社会参加の権利にかかわる。

そもそも、自治体の社会福祉にかかわる責任をどう考えればよいのか。歴史的に社会福祉の公的責任がどうとらえられてきたかを検討した元厚生官僚の江口隆裕は、社会福祉の公的責任の意味を、「事務取扱責任」(ある事務・事業が行政庁の事務に含まれる)、「政策責任」(国や地方公共団体は、必要な政策を立案し実施に移さなければならない)、「管理運営責任」(国や地方公共団体は、事務・事業が適切に運営されるよう組織体制やサービスの実施方法、財政措置を含めた制度全体の管理運営の責任を負う)から構成されるとし、さらに「管理運営責任」は「組織管理責任」、「財政責任」(事務・事業の実施に必要な財政措置を講じる)、「実施責任」(制度の事務・事業が適切かつ円滑に実施されるようにする責任。国、地方公共団体が実施する公的責任実施原則が当然とされた)から構成されるとしている。[*14]

この検討をふまえ二宮厚美は、社会福祉の公的責任の原則は、「財政責任の原則」(社会福祉サービスを公的財源で支える、税金を充てる)、「実施責任の原則」(実施は公共機関の責任であり、民間組織に事業を委託する場合も「公の支配」に服する)、「管理責任の原則」(ナショナルミニマムを保障しなければならず、民間事業者への委託でも公共機関が一定の責任をもった管理責任を負う)の三つから構成されてきたとする。[*15]

これらを手がかりに、社会福祉としてのケアサービスに関する公的責任（とくに地方自治体の責任）について、検討しておきたい。

(5) ケアサービスの権利性と財政責任

ケアサービスの財政責任を明確にするには、その権利性をつかむ必要がある。それは、病気・障害のある個人を権利主体としてとらえることから出発する。これらの人々にとってケアサービスは、日常生活の維持や尊厳ある暮らしに不可欠であることから生存権保障の一環として位置づけられる。また、病気・障害のために、働くこと、家族生活、教育を受けること、言論・表現活動や社会活動が制約される場合、ケアサービスや生活支援サービスは市民としての生活を保障し、個人の自由や社会参加の権利を守る役割をもつ。

すなわち、①日常の生活活動・動作の確保によって「国民最低限」（憲法ミニマム）[*16]を保障するケアサービス、②生活活動を支え標準的な市民生活を保障するケアサービス、生活支援サービスの双方とも、生活者の権利と生活を保障する意義をもつ。そのための提供体制整備と受給保障の方策を講じるのは国と自治体の責任である。それは「必要充足」原則と関連して提供の普遍性・平等性を政策主体に要請することになるので、公的財源によってサービスを保障することが基本となる。その場合、ケアサービスの事業主体の運営が安定することはサービスの質と継続性の確保に不可欠なため、それにふわさしい現物給付によるサービス運営費を事業体に支弁する必要があり、同時に、事業体は公的な財源に依存している以上、「社会的使命」を自覚し公共性と地域共同性を担う経営を行なうことが求められる。

先に述べたように、「地域ケアシステム」の基軸は「ケア援助計画」の策定である。「実施責任の原則」からいって、自治体福祉行政にその策定を組み込まなければならない。事業体から独立した公共的な「ケア援助計画」により、ケアニーズをもつ住民の一人ひとりを援助することそのものが、公的な責任であることを明確にするべきである。

したがって、「ケア援助計画」を策定する人材を法的に制度化する必要がある。それは保健師、看護師、社会福祉士、精神保健福祉士がふさわしく、公務員あるいは委託される民間の専門職となる。

これは、現行介護保険制度の給付調整の枠にとどまる「ケアマネジメント」とは本質的に異なり、介護保険給付、医療保険給付やそのほかの制度的給付がニーズを充足しているか（「必要充足」の検証）、生活者中心の統合的なケアサービスとなっているか、対象者にどのような生活が保障されているか（「生活の質」）を評価するものとなる。

(6)「ケア援助計画」を介護保険制度に組み込む

われわれの介護保険制度改革案は介護保険の給付範囲を、高齢者への日常生活のための生活行為・動作のケアサービスと、その人らしい日常生活をともにつくるケアサービスから構成し、①給付の構造を現物給付とする、②要介護認定による給付限度額設定は廃止し、「ケア援助計画」により給付内容を確定するものである。要介護認定とリンクして給付限度額を設定するのではなく、要介護度をふまえてニーズを把握し、高齢者本人と家族の要求、そしてめざすべき「生活の質」をもとにケアサービスを高齢者と計画作成者（保健師、ソーシャルワーカー）との同意で決め、それを現物として給付する。同時に介護保険財政を改革し、公費負担による財政安定をはかりながら給付総額と保険料がリンクする財政方式を改革し、個人の介護保険料負担上限、利用者負担の上限を設定し、負担増大による利用控えを防ぐ。

さらに定期的にサービス提供と本人の状態・意欲、生活の状況、家族の介護負担軽減を「アセスメント」し、給付内容を調整して生活を支える。第9章で示すように改革の段階を経て、公費負担によるケアサービスの公的保障制度に移行するという改革案である。

「日常生活行為・動作を支え生活を維持する」ケアについては、専門性をもつ介護福祉士によるサービス給付とする。通院・買い物、居宅の掃除、ごみ出しなどの生活支援が必要な高齢者に対する生活支援サービスは、自治体の「地域生活保障事業」として法制度化すべきである。ただし、提供体制は多元主義をとるべきであり、民間組織への委託もしくは、利用した場合の費用補助のシステムが考えられるが、事業者は社会的使命をもった営利主義に走らないＮＰＯ、社会福祉法人、医療法人、協同組合、（法制度化されていないが）社会的企業を中心とし、サービスの質や倫理の保持、監督監査を法制度的に規定する必要がある。

(7) 提供基盤整備・地域格差是正・人材確保

ケアサービスの基盤整備と質の保障については、どのような公的責任を構造化すべきだろうか。

ケアサービスの特性からいって地方自治体の提供体制整備の責任を明確にするよう改革すべきである。ケアサービスは提供者(福祉職員)と利用者が同一空間・同一時間にいる必要がある。サービス産業として労働集約性が高く、提供する地域範囲にも限界がある。また、対象者それぞれのニーズ・状態に応じて可変的に提供しなければならないものである。こうしたことから、ケアサービスは対象者の住む地域に事業体(公営、民間)が存在し、人材が確保される必要があり、しかもそれが地域の「共同社会的条件」の一つであることから、自治体が民間事業者の参入を促すというレベルではなく、施設整備の公有地活用、建設費負担、複合的施設整備など、自治体内の「地区・エリア」ごとの目標を立てて、進められるよう制度を整備する。

提供体制の地域不均等・格差を是正し、どの地域でもケアサービスが提供されるようにしなければならない。政府の責任としてすべての国民に保障する「国民最低限」の一環にケアサービスを組み込んだ社会保障基本法を制定し、国民の受給権の明確化と現物給付の法整備を行なう必要がある。国の「憲法ミニマム」の確立のうえに、都市部、農村部を問わず、ケアサービスを「地域保障」するため、自治体が先に述べたようなさまざまな工夫ができる制度構造をつくるのである。そのさい、重要なのはやはり住民ニーズの必要充足である。

次に福祉職員、ケアワーカーの雇用労働条件の引き上げと人材確保の政策も重要である。前者はケアサービスの報酬設定における人件費根拠を明確に示すことが必要である。そして、公的な福祉職の俸給表をつくり、どのような事業体でも福祉職の賃金水準を維持できる方策をつくるべきである。後者については、資格取得者への支援、養成講座の講師の支援、養成校の学生への給付型奨学金を整備し、計画的に担い手を養成・確保できるシステムを整備する必要がある。潜在的福祉職員の再就職相談、実践感覚をとりもどす研修的就労の支援も充実できる財源措置をとる必要がある。

4 地域ケアシステムと住民自治

(1) 住民の互助は制度後退の補完か

国策としての「地域包括ケアシステム」では、個人の自助と並んで住民の互助による助けあいやサービス活動に対する期待が示されている。介護保険サービスを後退させ、要支援者から給付をとりあげ、住民の互助に依存する方針といってもよい。

高齢化や人口減少、孤立化などが地域の課題であることを強調し、制度後退を糊塗して、後退の空白を埋めるための生活支援活動を住民に迫るものになっている（自治体は介護予防・日常生活支援総合事業［新しい総合事業］の実施を迫られるが、それが地域の介護予防給付受給者のサービスをカバーできる保証はなく、介護予防・生活支援サービス事業を事業者が継続できる保証もない）。

もし生活支援活動が地域で準備できなければ、それをカバーする制度はなく住民の力量不足、自治体の力量不足として突き放す構図になっている。住民の互助に期待しているようにみえて、制度後退を補完するかぎりでの位置づけであり、住民を自治の主人公として位置づけたものではない。

(2) 地域福祉と住民自治

住民の福祉活動は、制度後退をカバーする存在としてではなく、住民自治の具体化の一つとして積極的に位置づけられるべきである。このことを二つの視点から明らかにしておきたい（なお、ここでいう住民は近隣住民だけではなく、疾病・障害をもつ当事者、介護者家族を含み、福祉活動には、近隣・地域での住民福祉活動や、当事者と市民の共同・連帯にもとづく市民福祉活動が含まれる）。

第一に、福祉活動によって地域に「福祉力」が備わることが重要である。[*17] それは、住民が、①社会福祉制度など生活を支える社会資源を地域で生かしきり、さらに保健・医療・社会福祉の専門職を地域に引きつけ住民と専門職のつながりをつくり、②それらの過程で明らかになる医療・福祉制度の問題点や専門職への疑問を専門機関や行政に提起し改善を求め、③「見守り」や生活支援、サロン的交流活動など地域における共同を広げ、協同と運動の可能性を生み出し、④差別や排除など福祉に反し福祉にそぐわない状況を克服し人権を保障するとりくみを強める、という住民の諸力の形成である。したがって「住民の福祉力」と呼ぶのが適切であろう。福祉力を備えた住民・市民の福祉活動は、福祉政策と協働するが、逆に福祉政策への批判者となることもある。

第二に、「地域ケアシステム」の中心は制度給付、医療・社会福祉の専門活動および連携であり、地域福祉活動はそのまわりで補助・援護に位置することとである。専門職のケアが十分に提供されしっかりと機能してこそ、地域福祉活動は専門活動を支えその独自の役割を果たすことができる。それは、病気や障害のある人が、住民の一人であることが実感できる交流や、日常的なつながりのなかでの見守り、分野を越えた共同など、柔軟で温かみのある活動である。

専門職は地域福祉活動の援護によって専門的ケアの効果を高め、地域福祉活動の経路を通して地域に専門的ケアを浸透させてニーズの把握や対象者を探りあてることができる。

(3) 運動としての地域ケア

住民は、安心して暮らせる地域をつくりたいという願いをもつ要求主体であり、住民本位の政策を実行できる地方自治体をつくる主権者である。

主権者として判断し行動するためには、情報が提供され学習の機会が保障されることが重要である。国や地方政治を新自由主義改革から転換させる運動とともに、当面、地域で必要な活動事業を専門職や自治体職員と共同しながらつくりだす運動が求められる。「地域ケアシステム」においても同様である。公的責任の確立を基本に、専門職と住民が連携してまちづくりを進めるべきであるが、政策側によってつくられた方針を地域に持ち込もうとするのではなく、行政職員、専門職、住民が協働して草の根からつくりだすという運動論的志向が「地域ケアシステム」づくりには不可欠である。[*18]

◉注

＊1　厚生労働省ホームページ　http://www.mhlw.go.jp/stf/seisakunitsuite/bunya/hukushi_kaigo/kaigo_koureisha/chiiki-houkatsu/　（二〇一七年七月三一日閲覧）。

＊2　岡﨑祐司・中村暁・横山壽一・福祉国家構想研究会編『安倍医療改革と皆保険体制の解体――成長戦略が医療保障を掘り崩す』（大月書店、二〇一五年）。二〇一七年以降の改革の問題点については、岡﨑祐司「安倍政権は医療制度をどう改革しようとしているのか」（『大阪保険医雑誌』第六一〇号、二〇一七年七月号）を参照。

＊3　ＩＣＦについては、『ＩＣＦ　国際生活機能分類――国際障害分類改訂版』（ＩＣＦ日本語版、中央法規、二〇〇二年）参照。

＊4　川島孝一郎「ＩＣＦ（国際生活機能分類）で在宅医療の質を高める」（『治療』第九八巻第一号、二〇一六年一月）、同『「生きることの全体」を捉える『統合モデル』とは何か」（『訪問看護と介護』第一九巻第二号、二〇一四年二月）。

＊5　川島孝一郎「統合された全体としての在宅医療」（『現代思想』第四二巻第一三号、二〇一四年九月）。

＊6　地域ケアの対象を「生活者」とおく視点は、哲学者の岩佐茂の〝人間の生を精神と身体の統一として、意識を知・

情・意の統一として、活動を認識・実践・評価の統一として、また社会的諸関連のなかでとらえ、生活を生、生活活動ととらえる〝という認識（岩佐茂『人間の生と唯物史観』一九八八年）および、医師の川島孝一郎の〝在宅医療では医師は患家の生活全体の構造に組み込まれる、生活者の世界に含まれる、医師は生活者の生活構造の内側から外の世界に向けて生活者を支えている〟院）という説明に示唆を得たものである。（川島「在宅医学の基本概念」『保健の科学』第五〇巻第六号、二〇〇八年六月号、杏林書院）という説明に示唆を得たものである。

＊7　「ケース・マネジメント」は、「クライエントのニーズを的確に把握し、クライエントのニーズに合った適切な対応を適切な時期に行うために、ニーズ・アセスメント、援助計画、サービス・サポートなどの調整、モニタリング、評価などを行い、場合により、クライエントのためにさまざまなサービス提供機関や公共機関に働きかけ、クライエントの生活の質（ＱＯＬ）が最大限に高まるように支援していくことである」とされている（秋元美世・大島巌・芝野松次郎・藤村正之・森本佳樹・山縣文治編『現代社会福祉辞典』有斐閣、二〇〇三年、一〇一頁）。

＊8　成瀬龍夫「ナショナル・ミニマムと社会保障改革」（池上淳・森岡孝二編『日本の経済システム』青木書店、一九九九年）一七二～一七三頁。

＊9　同前、一七三頁。

＊10　福祉国家と基本法研究会・井上英夫・後藤道夫・渡辺治編著『新たな福祉国家を展望する――社会保障基本法・社会保障憲章の提言』（旬報社、二〇一一年）一八三頁。なお、必要充足のさらに詳しい論点については、後藤道夫「『必要充足』と市場原理――福祉国家型生活保障の思想」（唯物論研究協会編『唯物論研究年誌第一六号　市場原理の呪縛を解く』大月書店、二〇一一年）を参照。

＊11　前掲、福祉国家と基本法研究会・井上・後藤・渡辺編『新たな福祉国家を展望する』一〇九頁。

＊12　ケアサービスが現物給付で提供されることが基本であること（社会サービスの現物給付原則）については、二宮厚美『新自由主義からの脱出――グローバル化のなかの新自由主義VS新福祉国家』（新日本出版社、二〇一二年）一七四～一八六頁を参照。

＊13　宮本憲一『日本の地方自治――その歴史と未来』（自治体研究社、二〇〇五年）一五頁。
＊14　江口隆裕『社会保障の基本原理を考える』（有斐閣、一九九六年）二七～三〇頁。
＊15　二宮厚美『自治体の公共性と民間委託――保育・給食労働の公共性と公務労働』（自治体研究社、二〇〇〇年）一九～二〇頁。
＊16　白藤博行は、国民・住民の「等価的生活関係」の憲法的保障を「憲法ミニマム」と呼んでいる（白藤『新しい時代の地方自治像の探求』自治体研究社、二〇一三年、二一七頁）。
＊17　「地域の福祉力」については、真田是『地域福祉の原動力――住民主体論争の30年』（かもがわ出版、一九九二年）を参照。
＊18　地域福祉については、拙稿「地域福祉の構成要件」（藤松素子編『現代地域福祉論』高菅出版、二〇〇六年）を参照。

（岡﨑　祐司）

第6章 地域ケアシステムにおける医療・福祉・居住

1 地域ケアシステムと医療

「地域ケアシステム」は、病気・障害のある人の「尊厳ある生(生命、生活、活動)を守る」ために「生活者中心の統合的ケア」、「自治型地域ケアシステム」と、国民の「権利としての社会保障」を確立したシステムである。

本章では、「地域ケアシステム」における医療、社会福祉、居住のあり方や課題について検討する。

(1) 在宅医療の背景と本質

「地域ケア」の中心の一つは医科・歯科の医療である。この医療は、医師の診察、治療だけではなく、看護師、リハビリテーションの各士、薬剤師、歯科衛生士などを含めた医療専門職全般の活動である。内科・外科・整形外科・皮膚科・泌尿器科・肛門外科・心療内科・精神科・耳鼻咽喉科・眼科など各診療科と歯科について[*1]、外来・往診・入院・在宅医療など多様な形態で住民が受診できる提供体制の確保、救急医療提供体制の整備は、地域ケアシステム整備にあたっての中心的な政策課題である。

まず在宅医療について検討する。在宅医療の対象は、居宅で療養が必要な人、治療が必要な疾患を抱えている人で、精神的・肉体的に通院による療養が難しくなっている人、定期的な診察・医学的管理・その計画が必要とされる人である。ほかに、急性期や回復期病床から退院し継続して療養、治療が必要な人も含まれる。在宅医療は、医療、リハビリテーション、投薬管理、栄養管理など広く医療的アプローチの必要性を含むものであり、その場は自宅だけではなく、高齢者向け住宅（賃貸、有料老人ホームなど）、グループホームや小規模多機能型居宅介護施設も含まれ、居住の場と解すれば福祉施設も含まれることになる。

三〇年以上前から在宅医療にとりくむ先駆者の一人である医師の川人明は、在宅医療が社会保険診療の給付として拡大普及した背景には二つのアプローチがあったとする。[*2] 一つは、医療技術や機器の進歩によって入院対象だった治療を在宅療養でも可能にした「在宅高度技術医療」の前進であり、不自由な病院生活を強いられず自由な療養生活を望む患者には「生活の質（ＱＯＬ）」の改善になっている。最近は在宅療養支援診療所が増え、病院の専門医、訪問看護ステーションと、訪問診療担当医療機関との連携も進んでいる。もう一つは、現に在宅療養しており外来通院が困難な患者の居宅を訪問して行なう「在宅療養患者の全般的管理」である。「在宅寝たきり老人」への医療行為や看護師訪問について医療現場は保険診療給付改善を繰り返し要請してきたが、それが現実化した面がある。

高機能病院からの「高度先進医療技術を在宅対応することとの保険適用化」と地域医療現場からの「寝たきり老人への在宅医療提供の合法化・保険適用化」の二つの流れが、「訪問診療」、「訪問看護」、「在宅時医学総合管理」、「在宅療養指導管理」などの社会保険診療をもたらしたとする。

前者の流れについては、医師の中根晴幸も、在宅医療の「第二の領域」として、医療の急速な進歩にともなう在宅ニーズ、つまり高度な医療を行なう病院から退院した患者の在宅での継続医療、治りきらない病態の管理という高度医療が在宅でも求められており、「医療の進歩に対応する中核的医療としての『強化された在宅医療』の体制づくり」[*3]が必要となっていると指摘している。

また一九九〇年代初頭から在宅医療にとりくみ、自ら「出前医者」と名乗る医師の太田秀樹は、在宅医療とは、医療スタッフが通院できなくなった患者さんに医療を提供すべく、彼らの暮らしの場に出向くこと、つまり患者の生活の場に医療を提供することであり、その本質を次のように端的に述べている。「年齢や性別、疾病や障害にかかわらない〝全人的〟で、かつ介護や福祉、予防や保健、家族や地域を視野に入れた〝包括的な医療〟です。全人的かつ包括的で機動力のある医療、フットワークのいい動く医療――それが僕の考える在宅医療ということになります[*4]」。

(2) 今後の軌道を予測し生命と生活を支える

「地域ケアシステム」における在宅医療の役割は何であろうか。在宅医療の実践とともに、医師教育や研究にとりくんでいる医師の川越正平は、次のように説明している(以下の(i)~(vii)は氏の論文から筆者がまとめたものである[*5])。

(i)在宅医療の対象患者は、long term care の患者(重大疾病を発症したが完治に至らず後遺障害を残す、慢性化する、急性増悪を繰り返す、合併症の恐れがあるなかで生活を継続し長期の医療やケアを要する)と、end of life care の患者(認知機能障害の進行、内部臓器障害の悪化による急性増悪・合併症の繰り返し、がんの診断を受け、いのちに限りがあることを自覚するなどの人生終盤の時期で医療やケアを要する人)である。

(ii)地域を病棟ととらえ、患者背景をふまえ生活、価値観を理解し、患者にふさわしい医療をともに考えて提供し、いのちの最後まで支える。

(iii)症状が急に悪化したときの対応として、相談・救急の訪問を含めた「二四時間の安心」を提供する(在宅患者が安心を体感できれば、実際には夜間休日の緊急対応の病態は多くはない)。

(iv)WHO（世界保健機構）の国際生活機能分類ICF（International Classification of Functioning Disability and Health）にもとづいて、患者とその疾病、生活をとらえ、治療だけではなく看護師、理学療法士、作業療法士、言語聴覚士、栄養管理士、歯科医師、歯科衛生士、臨床心理士などさまざまな専門職による「集学的ケア」とそのための多職種協働が重要であり、介護も必要である。居宅、施設のどこにいても、医療と集学的ケアと介護が並行して提供される必要がある。

(v)患者の居場所が変わることによって生ずる不利益＝リロケーション・ダメージに十分に配慮する必要がある。ただし、自宅療養できず入院、施設入所もありうる。

(vi)end of life careは医学的判断だけでは治療方針を決定することはできず、患者・家族の希望、今後の生活の質の予測、経済事情を含む家庭背景を総合的に勘案して患者の意思決定を支援する。その際、終末期の「軌道」の予測が重要である。死の軌道と急性合併症や原疾患再発、転倒等事故による軌道上の「くぼみ」（Lynn, J. Serving patients who may die soon and their families,2001）を予測することが重要である。

(vii)医療には「情報の非対称性」がともなうので医療者の患者への意思決定支援が重要であり、ていねいなプロセスが必要である。ただし患者本人の意思確認が容易ではない場面もあるので、ガイドラインをふまえながら患者本人の尊厳や「生活の質」を中心に、推定意思の代弁をめざす。過去から未来につながる「時間軸」をふまえること、医療と介護を統合するアプローチが重要である。

川越は「在宅医療とは、患者の尊厳を重視し取り巻く家庭背景や環境を踏まえつつ、生命のみならず生活を支えるために、医療的ケアを提供する営みである」[*6]と説明している。

(3)「生活の質」を重視しリハビリテーションを取り入れる

また、強化型在宅医療支援診療所の医師である大井通正は、在宅医療を次のようにとらえる（以下の(i)～(viii)は氏の著書から筆者がまとめたものである）[*7]。

(i)在宅療養支援は、適切な在宅医療と適切な在宅ケアによって成立する。在宅療養支援診療所は個々の在宅患者にふさわしい医療サービスを提供することと、患者と家族に必要なケアサービスを提供することに責任をもつ。

(ii)在宅療養の対象患者は、発病により機能や能力の障害が起こり病気の治癒後も障害が残った患者、病気の進行とともに障害が重度化する患者、治療の修復過程が終了しているが痛みの残存などから加齢にともなう機能低下・身体機能低下により廃用症候群を併発し放置すれば障害が重度化する患者、というパターンに分けられる。

(iii)「安心安全な療養条件」として次の三つがある。第一に、患者の障害に見合った療養環境の整備＝「在宅療養条件整備」（介護用品の導入、生活様式の変更、住宅改造などが含まれる）、第二に介護体制づくり、第三に患者に必要とされる適切な医療介護の提供（病状の悪化、転倒事故、夜間せん妄、介護者の事故、患者と介護者のトラブルなど二四時間三六五日の迅速なサービス提供）であり、患者と家族の安心安全のために可能なかぎり要請に応え信頼関係をつくる。

(iv)在宅患者の「生活の質」の向上のために、障害の評価とリハビリテーションが重要であり、その視点のない在宅医療はリスク管理にとどまる。リハビリテーションは、患者の自立度を高めることをねらいに、たとえば寝室と居室を分け生活上の移動（歩行）を多くし、生活空間の拡大をめざす。

(v)医師として、病状の把握だけではなく、基本動作能力、ADL（日常生活動作）、居室・トイレ・浴室・玄関など患者の生活空間と家族の介護体制の把握が不可欠である。

(vi)社会参加の機会の保障、言語的・非言語的手段を含めた多様な方法でのコミュニケーションの工夫や意思表出困難な患者の微細な表出を見逃さないこと、嚥下に困難があっても「食べるものを味わう楽しみ」をつくることに努力し、「生活の質」を高めることが重要である。

(vii)リハビリテーションの目的は「生きる意欲」を支えることであり、そのために在宅患者から「生きる意欲」を失わせる要因をみつけ、取り除く努力をチームで行なう。患者が「きずな」を実感できることも重要である。

(viii)介護者と患者の気持ちに寄り添うこと、患者と家族のために力を合わせる職種間連携を行なう。

(4) 在宅医療の到達点からみたシステムのポイント

在宅医療は〝全人的・包括的で機動力のある医療〟とする太田、〝long term care と end of life care〟の視点から総括的に在宅医療の全体像を示した川越、在宅患者の「生活の質」を重視する大井、それぞれの見解の一つひとつに「地域ケア」のエッセンスが含まれている。そのシステム化において重要なポイントになることをどう整理すればよいか。

第一に地域ケアにおいて、患者の生と生活を支える根幹に医療が位置しており、地域ケアに医療保障が不可欠ということである。住民への医療保障とは、医療へのアクセス保障、質の高い医療の保障、医療費自己負担の抑制、高い保険料で排除されない社会保険制度である。積極的な医療が必要とはいえない段階においても、医師、看護師、リハビリテーションの各士、薬剤師、歯科衛生士などが患者と家族と信頼関係でつながり、安心をつくり、今後の予測や変化の可能性を共有し、急変時、終末期を含めた医療的対応の見通しを患者・家族に示すことが地域ケアの条件である。

第二に、地域ケアにおける医療は、患者・家族の生と生活を支えるものでなければならない。そのためには医師をはじめ医療専門職が、患者を生活者として全人的にとらえる姿勢が重要である。患者・家族の声に耳を傾け、「情報の非対称性」をふまえて情報や判断を示すなど相手の立場に立ったコミュニケーションの確立が必要であり、病《やまい》と障害と生活（経済力、生活習慣、生活様式、居住空間、人間関係など生活のすべてを含む）をトータルにとらえる観察、分析、洞察の能力が医療専門職にも求められる（もちろん、社会福祉専門職にも求められる）。

表1　Medical homeをふまえた大村の訪問診療の理念

- accessible「アクセスがたやすく」――24時間365日，電話相談を受け，往診にも応じる。
- continuous「継続的に」――高齢の患者は施設入所または看取りまで，慢性疾患の小児は長期に。慢性疾患では成人後も訪問継続の例も。
- comprehensive「包括的に」――医療にかかわるすべての相談に対応し直接的・間接的に支援する。
- family centered「家族を中心に」――患者と家族の生活に合わせた医療を提供，日常生活と医療が快適に両立する橋渡しを――一緒に考える。
- coordinated「連携された」――地域の医療機関・教育機関・福祉施設と連携し患者と家族にとって快適な療養生活が長く続くように情報を提供。
- compassionate「思いやりのある」――患者や家族の話を傾聴し，悩みや心配事，困っていることなどを知る。家庭行事を優先できるよう定期診療のスケジュールを調整する。

出所）大村在幸『「病院」診療の限界　「訪問」診療の未来』（幻冬舎メディアコンサルティング，2016年，95〜97頁の記述）から筆者作成。

第三に、ソーシャルワーカーなどほかの分野の専門職と多面的にケースを分析し、援助方針を共有する連携が重要である。医療、社会福祉のほかにケアにかかわるさまざまな関係者（たとえば建築家、栄養士、民生委員など）との連携、協働が欠かせない。

病院小児科の勤務医の経験から「患者中心のメディカルホーム」（Medical home）にもとづき患者・家族の生活を支える訪問診療（その理念は表1のとおり）にとりくんでいる医師の大村在幸は[*8]、「連携」について、指示書・報告書のやりとり、電子メールなどの情報交換レベルで自己満足するのではなく、患者と家族の療養生活に関する目的を共有し、各機関が独自資源での限界を認識して、相互に力・資源を活用することが重要だとする。そして、「連携」のより高いレベルが「協働」であり、それは各事業所間がサービス内容を周知し互いに調整する「連携」、多職種の関係者が集まりケアカンファレンスを開き、最適なケア方法について話しあう「協調」、多職種が患家に集まり同時に在宅ケアを提供し、患者に関して見解を共有する機会をもつ「統合」から構成されるもので、在宅ケアではこの統合をめざすべきだとする。

大村の指摘は重要である。地域ケアにおける連携は各専門職・機関がつながっている、知っているというレベルではなく、カンファレンスや患者のもとでのケアの実践など患者・家族を中心として生活のなかで多様なケアの統合をめざすために連携、協働を行なう、目的性のあるものである。そのことは表1のfamily centered「家族を中心に」の理念にも示されている。前章で「統合的ケア援助計画」を提起しているのも、「連携」→「協調」→「統合」というケアのレベルを高めるためである。

第四に、居宅、高齢者向け住宅、小規模施設など居住では、「日常性の安心」と同時に、二四時間三六五日対応のシステムが整備できるかが問われる。在宅療養支援診療所、在宅療養支援病院の整備という単体の発想だけではなく、ソーシャルワーカーやケアワーカーの日常生活上の支援、近隣の見守りという「日常性の安心」とあわせて、休日、夜間でもソーシャルワーカー、医療関係者と話ができる相談システムがつくられ「二四時間の安心」が存在していれば、川越の指摘するように実際に夜間休日の救急搬送も減少すると思われる。

第五に、地域ケアは患者・家族が中心であり、その「意志」に規定されることにかかわる支援である。病気や障害を理解し受け入れ、どのような専門的ケアを受け、どのような生活を送るのかを決めるのは患者・家族である。もちろん、それらは、専門職の影響を受けるが、主体は患者である。したがって、「ケア援助計画」は、患者=生活者と専門職が共同して個別に作成されなければならない。そのためには患者・家族の「学習保障」が必要である。学習の機会と理解の確認のないままの自己決定・意思表示の促しは、条件なき決定と意思表示の半強制になり、形式的なものにならざるをえない。「地域ケアシステム」では、個別ケースでの自己決定や意志表示における学習・共同の仕組み、システム全体が住民本位になっているかの検証の仕組みを備えておく必要がある。

2 地域ケアにおける歯科・口腔ケアの強化

(1) 生活文化を支える歯科医療

生活の質を規定する食

「地域ケアシステム」が文化的生活を支えるという役割をもっているとすれば、「食」の問題は、はずせない。人間にとっての「食」は健康の保持という面だけではなく、日々の楽しみ・喜びにつながる文化的生活の要をなす。病気・障害のある人にとって、口に食べ物を運び、味わい、呑み込む(嚥下)という一連の行為が行なえることと、口のなかの環境が保たれることは、「生活の質」を根本から規定する。

誤嚥性肺炎

口腔内の状態、嚙み合わせ、嚥下、味覚を歯科医療の観点で評価することや、食べるときの姿勢の評価は、ケアにおける重要課題である。たとえば高齢者に多い「誤嚥性肺炎」の要因は、自立清掃が困難で口腔が汚染されていて感染性物質が増加することや、嚥下障害が発生することにより誤嚥の機会が増加し感染性物質が気道内に容易に侵入すること、軌道内に入った汚染物に対して排出することができないほどの体力低下や感染に対する抵抗力の減弱であるとされている。[*9] 「誤嚥性肺炎」は高齢者の死亡原因にもなっており、予防のためには口腔ケアが不可欠なのである。

全人的医療と歯科

地域ケアでは、医科（内科、外科、精神科など）に焦点をあてがちであるが、全人的なケアをめざすためには医科と歯科との連携が不可欠である。しかし、住民にとって歯科診療所は「歯が痛くなったら行くところ」というイメージはいまだに強く、歯に関心はあっても口腔全体への意識は十分とはいえない。その背景には、歯科の診療報酬が抑制されており、より機能的で使いやすく審美にも耐える義歯を挿入するには自己負担額が高いことなど、医科と比べて医療保障制度が不十分なことがある。社会保障としての歯科診療と口腔ケアを確立する運動を高め、「地域ケアシステム」における歯科の位置づけと役割を明確にす

図1　口腔ケアと摂食・嚥下リハビリテーションの関係

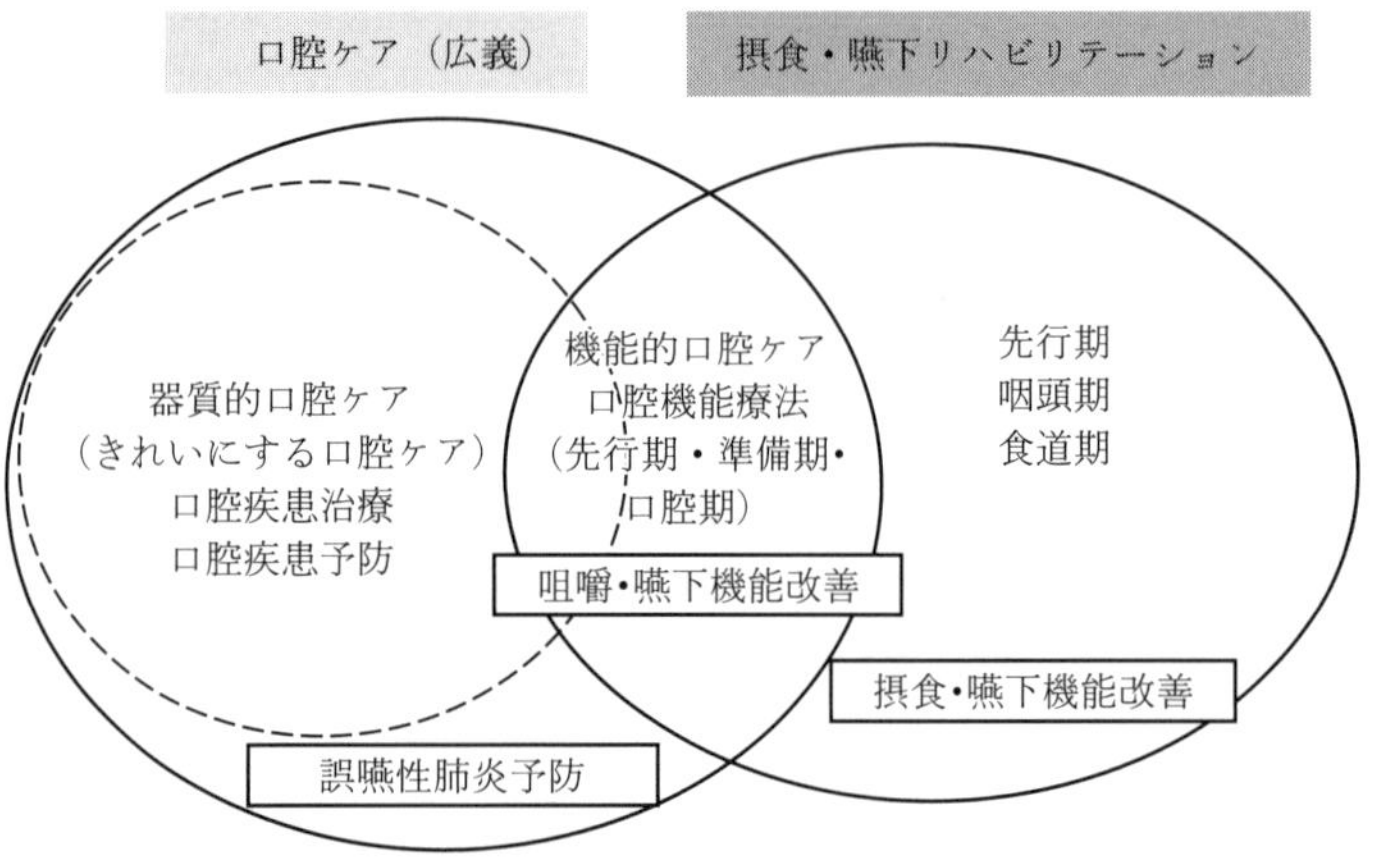

出所）阪口英夫『摂食・嚥下障害と歯科とのかかわり』安井利一ほか編『解説口腔ケアと摂食・嚥下リハビリテーション』一般財団法人口腔保健協会，2009年。

ることは焦眉の課題である。

(2) 歯科・口腔ケアの基本的考え方

「地域ケアシステム」における歯科・口腔ケアの位置づけについては、歯科医の阪口英夫の整理がわかりやすい。[*10] 阪口は、口腔ケアは当初は口腔疾患を予防する口腔衛生というとらえ方が強かったが、口腔ケアによって摂食・嚥下障害の改善がみられることから、口腔衛生を主体とした口腔ケアを「器質的口腔ケア」（口腔清掃のためのケア）、摂食・嚥下リハビリテーションに準じたリハビリテーションプログラムを応用した口腔ケアを「機能的口腔ケア」（顎運動、頬・口腔周囲運動、舌運動に関与する）とし、両者の関連を重視するべきだとしている（図1）。

「口腔ケア」プラス「摂食・嚥下リハビリテーション」が入院、退院、施設、居宅の場面で可能となる

図2　機能分化・連携とリハビリテーション

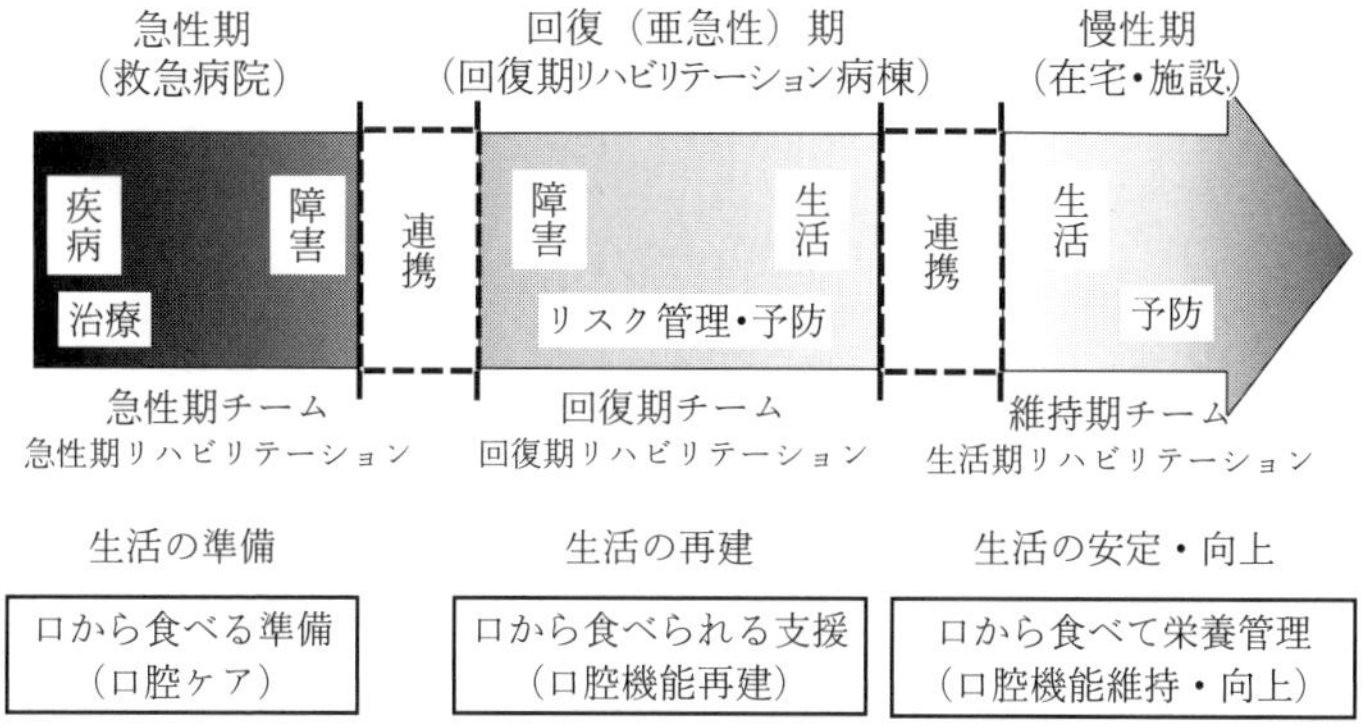

出所）日本リハビリテーション病院・施設協会口腔リハビリテーション推進委員会編『地域包括ケアを支える医科歯科連携実践マニュアル』三輪書店，2014年，5頁。

ように、診療報酬や制度の充実が必要がある。

では、「地域ケアシステム」における医科・歯科の連携をどのような方法で進めればよいのだろうか。ここでは、「口のリハビリテーション」と「口腔ケアのマネジメント」の二つの例を紹介しておきたい。

「口のリハビリテーション」

「口のリハビリテーション」とは、どのような障害があっても、あきらめないで口から食べることを大切にするために、口腔の三大機能＝呼吸、咀嚼・摂食嚥下、構音を重視し、多職種協働により口腔ケアを徹底して、栄養管理を実施し廃用症候群を予防する、救急から在宅までの継続的支援の包括的とりくみであるとされている。[*11]

そのためには、歯科医療以外の専門職も口腔に関する基礎知識を得て認識を高め、歯科医療サイドも患者の生活への視点、障害についての理解を深める必要がある。

「口のリハビリテーション」は病床の機能分化との関係でも位置づけられている（図2）。急性期は「口から食べる準備」として徹底した口腔ケアによる口腔衛生環境の整備、総義歯の装着支援等を実施し、回復期は「口腔機能の再建」のために、口腔衛生および機能の適切な評価と計画にもとづく改善を行ない、生活期は口から食べることとの継続的支援・口腔機能の維持・向上、適切な栄養確保をめざすとされている。

「口腔ケアのマネジメント」

地域ケアにおいては歯科医師にくわえて、歯科衛生士の果たす役割も大きい。歯科衛生士による「口腔ケアに関するマネジメント」によって、食生活や話すこと（コミュニケーション）を支えることで、多職種の協働に寄与することが可能になる。[*12]「口腔ケアに関するマネジメント」では、患者の「基本情報」を収集し、「口腔のアセスメント」（食事前、食事中、食後の観察によるアセスメント）を行ない、その人にあった「口腔ケアプラン」を作成し、食生活と口腔の機能維持をはかる。それにもとづき、調理や食事の支援を栄養士や医師、社会福祉職と連携して実施できるようになる。「口腔ケアに関するマネジメント」は摂食、嚥下、味わいなど食事のあり方を総合的に評価し、高齢者の低栄養を防ぐことや、口腔乾燥のアセスメントから医師の処方した薬と生活のあり方のバランスを考え、服薬を生活者目線で見直すことにもつながる。

(3) 歯科と医科、他職種との連携

脳卒中患者の医科・歯科連携

病院の歯科外来を活用して医科・歯科連携をつくり地域ケアを進めている例としては、兵庫県の阪神南・北医療圏域（宝塚市、尼崎市、西宮市、伊丹市、川西市、猪名川町、三田市）での、「脳卒中患者の地域連携パス」における歯科医療の口腔管理の導入が知られている。この医療圏にある宝塚市立病院には「歯科口腔外科」があり、退院後の脳卒中患者が麻痺などで十分な口腔ケアができず、摂食・嚥下障害を起こし誤嚥性肺炎のリスクが高まることをふまえて、「脳卒中地域連携研究会」がつくられ、地域歯科医師会に参加を呼びかけている。脳卒中患者の入院後に担当歯科医師が選定され、患者の病床まで訪問して口腔状態・機能評価をし、口腔ケア・リハビリテーション、歯科治療を行なっている。回復期・維持期になって転院か療養施設入所、あるいは在宅に移っても、それらを継続して提供するシステムがつくられている。[*13]

地域ケアにおける歯科の役割強化

医科・歯科連携や地域ケアにおける歯科の役割強化のためには、第一に初診・再診料、基礎的技術料、補綴関連の技術料など社会保険診療における歯科医療の評価を抜本的に引き上げ、保険診療範囲も拡大して患者の歯科診療所へのアクセスを保障し、住民が身近な歯科診療所を「かかりつけ歯科医」にできるよ

うにすること、第二に「訪問歯科診療」や認知症高齢者への口腔ケア、障害のある人の歯科治療や口腔ケアにとりくむ歯科医師・歯科衛生士を後押しする診療報酬の引き上げや制度的な支援策をつくること、第三に医師と医師との連携だけではなく、歯科衛生士、看護師、薬剤師、リハビリテーションの各専門職、栄養士、ケアワーカー、ソーシャルワーカーを含めた多職種の連携を公的医療機関や自治体が率先して構築すること、第四に行政や専門職が歯科・口腔ケアを組み込んで地域ケアの学習保障を住民に行なうことが必要である。

なお、二〇一六年の歯科診療報酬改定で「かかりつけ歯科医療機能強化型診療所」が新設されているが、施設基準が高く通常の歯科診療所には負担が重すぎること、またこの基準を届け出た診療所とそうではない診療所での診療報酬に加算の差がつけられ、歯科医療機関の差別化を招くことが危惧されている。[*14] 地域ケアシステムにおける歯科医療の役割を後押しするものとはいいがたい。

求められる実践活動

こうした診療所差別化促進策ではなく、住民および医科のスタッフに「訪問歯科診療」の必要性と効果を認知してもらうこと、現行介護保険制度のもとでケアマネジャーに訪問歯科診療の過程を理解してもらい実績を積み上げること、そのさいの歯科医師のサポートを可能にする診療報酬や制度をつくること、急性期病床などからの退院のさいは、地域医療連携や退院時カンファレンスに歯科医師、歯科衛生士が参加できる機会を増やし、居宅での歯科・口腔ケアの継続性と医科との連携システムをつくることが重要である。[*15] これらのためには地域の医師会、歯科医師会、医療機関の連携はもとより「地域ケアシステム」を整備する自治体の積極的姿勢が求められる。

3　地域ケアにおける社会福祉

(1) 相談援助と福祉サービス提供

「地域ケア」におけるソーシャルワーク

「地域ケアシステム」のもう一つの要は社会福祉である。その中心の一つである相談援助体制の課題を明確にしておきたい。そもそも、「地域ケアシステム」において社会福祉の相談援助＝ソーシャルワークはどのような役割を果たすのか。

第一に、地域の困難、問題を受けとめる最前線としての役割である。ケアサービスの調整や福祉施設入所の手続き、貧困・経済問題、虐待の察知、虐待問題への介入など多面的に住民の生活上の問題を受けとめ、必要な援助につなげることである。

第二に、生活者の立場から各分野のサービスや援助を調整することである。病気・障害のある人は専門的ケアや他者からの支援を受け入れて暮らしの支障や困難を軽減しつつ、それらと自らの生活活動を統合して主体的な生活を送る。その過程では専門職の意向が強くはたらき、生活者が要求や意思を示せないこともある。病気・障害や治療・ケアについての理解の格差があることも否めない。専門職への遠慮も出てくる。こうした事情をふまえ、生活者の側に立ってさまざまな専門職との関係を調整したり、生活者の意向や心情を尊重しながらケアのある主体的な暮らしができるように病気・障害のある人を援助するのがソーシャルワークである。

社会福祉はケアニーズをもつ人に対して、生活援助、社会関係づくり、経済的給付、制度的負担の軽減によって生活基盤をつくることがその役割である。介護だけではなく、貧困・経済的困難、家族関係の不調和・衝突、社会関係の希薄化、引きこもり傾向、孤立、虐待などさまざまな生活問題をトータルに把握し、生活を支えるのが社会福祉の専門性と役割である。

社会福祉の相談援助体制整備

住民が病気の初期や介護がはじまる時期から相談できる、地域の相談援助を整備し、専門職配置を充実させて機能を強化する必要がある。

現在の制度では地域包括支援センターが、介護保険第一号被保険者三〇〇〇人から六〇〇〇人を目安に一か所整備されている（二〇〇六年四月から）。地域包括支援センターは、保健師の担う「介護予防ケアマネジメント」、社会福祉士の担う「総合的な相談窓口機能」、主任ケアマネジャーが担う「ケアマネジャー支援・マネジメント統括」から構成されており、行政直営もしくは医療法人、社会福祉法人が行政から委託を受け運営することになっている。地域包括支援センターが地域における相談機関として役割を果たしていることは確かであるが、現行人員体制では、地域の高齢者問題を広くカバーする体制と機能は保障されていない。

相談機関整備政策

そもそも自治体行政に相談援助の専門性（ソーシャルワーク）が十分に組み込まれていないことが問題である。あらためて自治体行政に相談援助の専門性（ソーシャルワーク）を組み込み、①人口と地理的条件、交通アクセスをふまえ、住民の相談援助機関への「アクセス保障」の観点から相談援助機関の地域整備基準を法的に明確にすること、②困難ケース・多問題ケース・リスクの高いケースへの介入的対応能力をもった高いソーシャルワークの専門性をもつことが重要である。さらに、医療、社会福祉だけではなく、居住（施設、住宅）に関する情報も蓄積し、ケアサービスの利用に関するトラブル、苦情対応と行政への照会・調査・指導などにつなげる機能をもつ必要がある。地域包括支援センターを「地域ケア総合相談センター」に発展させるべきである。要するに相談援助（ソーシャルワーク）は、公共的なものであることを明確にしたシステムづくりが必要である。

(2) アウトリーチの強化

アウトリーチとは何か

ソーシャルワーカーや保健士が積極的に地域のニーズを「掘り起こす」、ニーズをもつ人を「探し当てる」[*16]システムの整備、つまり「アウトリーチ(outreach)体制」[*17]の強化が必要である。貧困や生活困難を抱えながら、専門職に見落とされ制度的対応に至っていない住民、あるいは他者のかかわりに対して拒否的で状況がつかめない住民を「探し当て」援助することを「アウトリーチ」という。

病気・障害のある住民のなかには、関連して生活上の困難——貧困、経済的困難、希薄な社会的関係、生活意欲減退、生活力後退、孤立などの諸問題・複合的な問題を抱えている人が少なくない。生活基盤がぜい弱であれば心身の健康上の問題に付随して、リスクが高まる。そうしたケースほど、相談機関に相談もできず孤立し、ニーズが潜在化することが少なくない。「経済的困難から介護サービスや医療を利用していないケース」、「孤立状態のケース」は、悪循環に陥り問題を複雑化させる。他者への不信や支援への拒否が強くなっているケースもある。また、家族介護で介護者が精神的に追い込まれ、介護者への援助が必要なケース、介護者も障害や病気を抱えているという複合問題・多問題のケースも少なくない。

ニーズ把握システムの構築

専門機関が待ちの姿勢では、問題を抱えている住民を見落としてしまうリスクがある。そこで、相談援助機関の「アウトリーチ」の強化が必要なのである。ただし、ニーズを「掘り起こす」、ニーズをもつ人を「探し当てる」には、相談援助機関単独の動きだけでは難しい。さまざまな現場（医療、社会福祉、教育、行政や小売店、新聞販売店、郵便、宅配業者など、地域のさまざまな事業者、近隣住民）との連携から、「気になる人」、「専門家につなげた方がよさそうな人」の情報を把握するシステムをつくる必要がある。困難を抱えた人を確実につかみ、医療や社会福祉につなげ、問題の潜在化・放置がないようにするためにニーズ把握システムをきめ細かくつくることは、「地域ケアシステム」のポイントである。

(3) 家族介護をどう位置づけるか

地域ケアにおいて、専門的なケアサービスと「家族の介護」の関係をどうとらえるかも課題である。病気・障害がある人が家族と同居の場合でも家族介護に期待せず、個人として生活活動や社会参加ができるケアサービスの提供をめざすべきである。家族介護を主として、その不十分さを制度的なサービスが補うという位置づけで、制度設計をすべきではない。

もちろん、家族の介護や世話を否定しているわけではない。しかし家族介護は、すべての家族で可能というわけではなく、また継続的で安定しているわけでもない。家族介護者の健康や気持ち、体力、仕事など事情によって変動するもので、介護者に過重な負担や健康問題をもたらすこともある。介護の過程で家族の関係悪化、感情のもつれを生むこともある。家族は共同性をもつとともに、リスクも内包し均衡を失い壊れる可能性があることも忘れてはならない。

家族が介護できるかどうかは、家族構成、年齢、健康（疾病、障害、体力など）、家族関係、家事能力、就労形態、労働時間、収入や経済的負担力、社会関係など諸々の条件による。「家族が介護をするのは当然」という特定の家族役割・家族関係に立脚して、制度やシステムを設計するべきではない。多様な生活と家族のあり方を前提に、「個人の尊重」「個人の権利保障」を基本に設計するべきである。

疾病・障害のある高齢者＝個人の生・生活を支え、そのニーズを制度的に充足することを土台に、社会的ケアサービスと「地域ケアシステム」の制度設計がなされるべきである。家族も個人として尊重されるという視点で家族を位置づけ、ケアサービスの社会的保障が求められる。

4　地域ケアにおける住まい問題

(1) ケアが必要な高齢者の「住まい」の現状

地域ケアは、居住という空間がなければ成立しない。居住は、社会生活の土台であり、人間らしい生活保障の基本である。病気・障害がある人にとっての居住は、生活空間であると同時にケアの空間である。

「住まい」＝ケアの場を〝自宅〟と〝自宅以外〟に分けるとすると、後者には「住宅系」と「施設系」がある。「住宅系」としては、①サービス付き高齢者向け住宅（安否確認、生活相談）、②地域優良賃貸住宅（高齢者型：バリアフリー、緊急時対応、家賃補助あり）、③シルバーハウジング（シルバーピア：公営住宅、所得制限あり、緊急時対応、安否確認、生活相談）、④シニア向けマンション（分譲もしくは賃貸、安否確認、生活相談）、⑤住宅型有料老人ホーム（生活支援サービス）、⑥ケアハウス一般型（軽費老人ホームC型）がある。「施設系」としては、⑥ケアハウス介護型、⑦介護付き有料老人ホーム（介護給付の特定施設入居者生活介護）、⑧認知症高齢者グループホーム、⑨特別養護老人ホーム、⑩介護老人保健施設、⑪介護療養型老人保健施設、⑫介護療養型医療施設がある。[*18]

費用負担の〝相場〟は、月額で老人保健施設の個室であれば一五万円から二〇万円、多床室で一〇万円以上、特別養護老人ホームの個室で一五万円、認知症グループホームで一五万円から二五万円、ケアハウスで一〇万円以上といわれている。有料老人ホーム、シニア向けマンションは入居で数千万から億の負担が求められ、月でも二〇万円はかかる。サービス付き高齢者向け住宅は一〇万円から三〇万円までの月々の負担になるだろう。

高齢向け「住まい」の選択肢は少なくないが、選択の前提になるのは高齢者の経済的負担能力・支払能力である。市場原理と事業者のインセンティブまかせで高齢者の「住まい」を提供する現行の方式では、ケア空間の格差と住まいにかかわる諸困難は解決できない。ケアや支援を必要とする高齢者だけではなく、障害者、難病患者、生活困窮者、単親家庭、災害の避難者などを含めて、「居住保障」の観点からケアに関連した住宅政策の確立が必要である。

(2) 住宅政策の不在

日本の住宅政策は、「その初発においては、国民の住環境の改善に国が積極的に関与するという社会政策的な性格（一九一九年の公益住宅制度、一九二一年の住宅組合法——引用者注）を有しており、また戦後においても国民の住宅難の解消に一定の役割を果たしてきた」[*19]のである。しかし、住宅は自己責任の範疇であり、個人が高額な住宅・土地を、金融機関のローンを頼りに購入することが、居住を確保する主たる手段とされてきた。住宅・居住は所得格差、階層格差を端的に表すものになっている。貧困、生活困難は居住を失い、居住空間があっても劣悪な環境におかれる「居住の貧困」として顕著に現れるのである。

日本のほとんどの居住は、居住者の加齢や病気になることを想定しておらず、杖の歩行や車いすで移動したり、四肢や視覚・聴覚を含めた心身機能が十分に機能しなくなることを想定した設計・建築になっていない。日本のなかで、ケアに適した自宅に住んでいる人はごく一部であろう。病気・障害がある高齢者にとって、移動や生活行為が難しい構造で、日当たり・通風・室温の環境が適切ではなく、外出もしづらい住宅に住みつづけざるをえない例は少なくないだろう。また居住の構造上・環境上の問題のために在宅ケアをあきらめざるをえない高齢者も少なくない。[*20]

「地域ケアシステム」を構築するうえで、「居住の貧困」を放置するわけにはいかない。「地域ケアシステム」の推進とは、居宅の状態を無視して、病気・障害がある人を病院・施設から居宅へ強引に戻すことではない。逆に、居住が劣悪なため入院や施設入所を余儀なくされる状況を放置することでもない。住宅政策なき地域ケア推進は、劣悪な環境にケアが必要な人を追いやることになる。社会政策としての居住政策の不在は、地域ケアを選択できない問題や、自宅にはいるが劣悪な構造と環境で不自由な生活を強いられるという社会問題を引き起こしている。したがって、日本においても社会政策（Social Policy）として地域ケアと関連した住宅政策の確立が必要なのである。

(3) 最低居住水準とケアに適切な居住水準

地域ケアを進めるには、病気・障害のある人にとって、トイレ、キッチン、ダイニング、浴室、寝室、玄関での生活活動がやりやすく、ケアサービスも受け入れやすい構造で、日当たり、通風、室温、衛生など居住の基本的環境も適切なものでなければならない。

そのためには、まず人が住むうえで基本になる最低居住水準・環境を政策的に明らかにし、さらに病気・障害をもつ人にとって最適な居住・環境の水準を定め、住宅改修の補助や公費負担、ケアに適した住

表2　社会保障基本法2011

第30条　すべての人は，人間の尊厳にふさわしい住居に居住する権利を有する。 ２　国及び地方自治体は，すべての人の居住する権利を確保するため，計画に基づいて公的住宅の建設，供給，管理，改善と社会住宅への支援，既存住宅の改善の支援，及び居住の安定を図るための支援を行う責務を有し，同時に，良質な居住水準と適切な住居負担を保障するための措置を講ずる責務を有する。

宅供給政策を並行して行なっていかなければならない。この点については、われわれはすでに社会保障基本法二〇一一の案の第三〇条に、「良好に居住する権利と住宅保障」を盛り込んでいる（表2）[*21]。

憲法第二五条の「健康で文化的な最低限度の生活」のなかに居住とその環境が含まれることは明らかであり、「居住の権利」を法的に確立することは、無理な話でも突飛な話でもない。すでに、世界人権宣言（第二五条第一項）、国際人権規約A規約（第一一条第一項）にも居住の権利が規定されている。そこで、第一に「最低居住水準の保障」の原則、第二に「居住差別の禁止」、第三に「居住存続の保障」、第四に「居住の権利についての周知・徹底」にもとづく居住政策を確立することが、「地域ケアシステム」の構築と並行して進められる必要がある。

「最低居住水準の保障」は、健康で文化的な最低限の生活の基盤としての居住面積、空間、設備、環境（日当たり・風通し、騒音など）から構成され、これ以下では最低限の生活さえ守られないと解すべきである。法的に定め、すべての人が確保できるよう対策をとることが求められる。さらに「最低居住水準の保障」のうえに病気・障害をもつ人（社会的ケアサービスを受ける人）に適した「ケアに適切な居住水準」を設定する二重の政策基準制定が必要になる。これは自宅、賃貸住宅、施設にかかわらず、ケアサービスを利用する生活での設備、構造、環境を含んだものとなり、住居改善や高齢者向け住宅の根拠となるものである。

介護保険制度との関連でいえば施設ケアにおいても「最低居住水準の保障」と「ケアに適切な居住水準」の二重の制度的保障となる。在宅ケアの場合には、住居改善、家賃補助などの施策を充実させる必要がある。

(4) 高齢者向け住宅にかかわる当面の課題

当面の課題についても、ふれておきたい。高齢者の住宅問題に詳しい濱田孝一は、高齢者向け住宅のなかで、高齢者の拘束やインフルエンザ、ノロウィルスの発生、不当な料金請求など問題が多い「無届施設」の増加に対して、早急に行政の監査指導を強化すべきだとして、次の五点を指摘している。[*22]

①自治体が無届施設の調査、届け出を徹底すること（無届施設に対して届け出させる指導、立ち入り調査などを期間を区切って行なう）、②すべての高齢者住宅事業者が遵守すべき「基本指針」、「推奨指針」の二段階の基準・指針を定めレベルを引き上げること（基本指針は厚生労働省、推奨指針は自治体）、③介護保険、医療保険の不正利用に関する監査の強化、④自治体が開設時の指導・監査を徹底し事業計画・収支体制のチェックを行ない劣悪な事業者には開設させない仕組みにすること、⑤行政の委託・運営・指導などの関係をもって「高齢者住宅相談センター」を設置し、入所入居相談、クレーム・トラブル相談対応、継続的

監査指導を一体的に行なうこと。

濱田は、高齢者向け住宅は一時的なサービスではなく長期のものであり、そこに入れば他に行くところがないという、「人質」に高齢者がなりやすい問題を指摘している。これらは、ただちにとりくむべき課題であり、高齢者向け住宅規制や事業者の社会的使命の確立を促すうえでも必要であろう。

5 生活・地域・時間におけるケアの統合

(1) 病床、施設の存在と役割

「地域ケアシステム」は、在宅医療、在宅福祉だけではなく、病院、福祉施設を含めた在宅と施設の体系である。在宅は地域ケアの最前線であるが、それと並走した後方から支援する病院・福祉施設も一体的に地域ケアを構成する。

在宅ケアにおける患者・家族の不安として、「介護者家族が健康を害したり倒れたりしたときに、すぐに入所できる施設があるか」、「在宅療養中の急変時に、かかりつけの医師に来てもらえない場合、すぐにつれて行ける病院があるか」、「在宅での終末（看取り）のときに入院を希望しても受け入れてくれる病院があるか」という医療への不安がある。かかりつけ医としても「日常の外来をやりながら在宅医療にとりくむ余裕がない。拘束時間が二四時間になってしまう」、「不在のときに他の医師がカバーできるシステムがない」という不安がある。

つまり、在宅ケアはそのバックヤードとして、さまざまなリスクを想定し、対応できる病床や施設の存在が不可欠なのである。地域ケアは、積極的に在宅での療養、住み慣れた自宅でのケアを進めようとするものであることは確かであるが、同時に病床、施設の存在と機能をまったく否定するものではない。

(2) 包括か、統合か

「地域包括ケアシステム」が強調されているが、「包括」をどうとらえればよいのであろうか。通常、包括は"comprehensive"と訳される。

地域ケアシステムでは、対象者を生活者としてとらえ、生活のなかに医療、社会福祉を統合し個人の尊重のために、医療、社会福祉を調整し管理運営するシステムである。医療専門職、社会福祉専門職の連携が、地域という「面」で機能することが求められる。

さらに、ケアは対象者の生活歴・生活史と今後の「変化」も視野に入れたものである。つまり加齢や症状の変化や、終末期への対応である。日々の生活と、その連続的変化である人生（生涯）への視点をもち、人生に寄り添うのが地域ケアである。あたりまえだが、人の人生には必ず終わりがある。地域ケアには、終末期という生活の最終段階の場面もある。

終末期には、終末に向かう生活者の生を支えること、終末を受けとめる家族への支援の比重が高まり、その人と家族に寄り添う医師や看護師、ソーシャルワーカーなど専門職の役割は大きなものとなる。生活の最終場面、人が人生をまっとうする場面に寄り添う専門性も求められる。

「地域ケアシステム」とは、〝おおむね三〇分以内の日常生活圏域で医療、介護、生活支援が利用できる包括性がある〟という平板な規定でことたりるシステムではない。対象者の生活・地域・時間の三つを軸に、ケアを統合（〝integrated〟）するシステムであり、対象者の生の変化・ステージという時間の変化によって連携するシステムなのである。

連携というのは提供サイドの都合ではなく、ましてや大きな医療機関を中心にした中小病院、診療所、介護事業者、生活支援サービス事業者などの垂直的統合を意味しているのではない。各医療機関、社会福祉事業者がそれぞれの個性、得意分野、役割、使命を重視しながら、地域の実状に応じて住民の権利保障のために連携するのである。前章で示したように、病気・障害のある人の生活の場で、その人の生活活動と医療やケアサービスが統合され一人ひとりの生活を形成し、ケアを受ける人の「願い」や「その人らしさ」を実現することが地域ケアの核心である。

こうしたことから国策として使われている「地域包括ケアシステム」という言い方よりも、「生活者中心の統合的地域ケア」と呼ぶほうが本質的であると考える。しかし、「地域ケアシステム」を一つの表現で収斂させるのも適切ではないだろう。前章で明らかにしたように、「地域ケアシステム」は多層的に構成され多面的機能をもち、何より地域特性をもつものである。専門職、自治体職員、住民が、共につくる共同性ももっている。住民の福祉活動が専門的ケアと関連して、安心できる地域をつくる側面ももっている。

すべての人が自分らしく生きる権利があること、専門職と信頼関係を結び共同して生活を営む方法があること、終末をどのように迎えるのかその準備を専門職と共同でつくること、協力・共同できない人が排除されないことなど、住民を自己責任・家族責任の呪縛から解き放つことも今後の地域ケアシステムでは重要である。

「権利としての地域ケアシステム」が、各地域の実状に応じて構築され機能するべきであり、地方自治としての「自治型地域ケアシステム」が追求されることが重要である。繰り返しになるが、人の「尊厳ある生（生命、生活、活動）を守る」ために、「生活者中心の統合ケア」と「自治型地域ケア」、「権利としての社会保障の医療、社会福祉」の重層的構造をつくるべきであることを強調しておきたい。

◉注

＊1　なお、診療科目は自由標榜制になっているが、ここで列記した診療科は厚生労働省医政局長通知「広告可能な診療科目名の改正について」（二〇〇八年三月三一日、医政発〇三三一〇四二号）に示されている。

＊2　川人明『在宅医療の完全解説　２０１６−17年版——在宅診療・指導管理・適応疾患・使用材料の全ディテール』（医学通信社、二〇一六年）二頁。

＊3　中根晴幸『次代を担う医療者のための地域医療実践読本』（幻冬舎メディアコンサルティング、二〇一六年）一三頁。

＊4　太田秀樹・蜂須賀裕子『「終活」としての在宅医療——かかりつけ医で人生が変わる』（かもがわ出版、二〇一七年）九九頁。同書は具体的な実践を通して在宅医療や地域ケアの本質が理解できる構成になっており、とくに在宅医療と地域とのかかわりや患者の医療についてのとらえ方など、重要な示唆を得られる。

＊5　川越正平「在宅医療の現状と課題」（日本内科学会『日本内科学会雑誌』第一〇三巻第一二号、二〇一四年一二月）。

＊6　同前、三一一頁。

＊7　大井通正『患者と家族に寄りそう在宅医療日記』（文理閣、二〇一六年）。同書の「第1部」は著者が在宅医療の医師として向きあったさまざまな人々の暮らしが描かれており、在宅ケアとは何かを考えるうえで、重要な示唆を得られる。

＊8　大村在幸『「病院」診療の限界「訪問」診療の未来』（幻冬舎メディアコンサルティング、二〇一六年）。本章では紹介していないが、同書にはＷＨＯ（世界保健機構）のＩＣＣフレームワークからとらえた地域医療、臨床倫理学にもとづく患者の深い理解、医療と福祉の連携の課題、また在宅医療に向かう医師としての意識の変化にもふれており、市民として在宅医療を考えるうえで示唆に富む内容が含まれている。

＊9　阪口英夫「摂食、嚥下障害と歯科とのかかわり」（安井利一・植田耕一郎・阪口英夫編『解説口腔ケアと摂食・嚥下リハビリテーション』一般財団法人口腔保健協会、二〇〇九年）三頁。

＊10　以下の説明は、同前、八〜九頁。

＊11　栗原正紀「口のリハビリテーションのすすめ」（日本リハビリテーション病院・施設協会口腔リハビリテーション推進委員会編『地域包括ケアを支える医科歯科連携実践マニュアル』三輪書店、二〇一四年）三頁。

＊12　以下の「口腔ケアのマネジメント」については、公益社団法人日本歯科衛生士会監修『在宅療養者の口腔ケア実践マニュアル』（二〇一六年）を参照。

＊13　概要は、http://mukonet.org/outline/outline.html を参照。阪神医療福祉情報ネットワーク。

＊14　「政策解説　地域医療に分断と混乱をもたらす『か強診』」（『兵庫県保険医新聞』兵庫県保険医協会、第一八二四号、二〇一六年九月一五日）を参照。

＊15　藤井一維編『歯科医院のための訪問歯科診療6W1H』（メディア株式会社、二〇一六年）の「Ⅶ　多・他職種との連携ポイント」を参照。

＊16　問題を抱えながら孤立しているなどで、援助専門職が把握できていない高齢者を発見し対応しようとする活動をニーズの「掘り起し」ということが多いが、ケアについて多くの著書をもつフリージャーナリストの佐藤幹夫は、「掘り起し」という言葉には違和感があり、「探しあて」という言葉を使いたいとする（本章でも「探しあて」とする。佐藤幹夫『ルポ高齢者ケア――都市の戦略、地方の再生』ちくま新書、二〇一四年、五二頁）。

＊17　社会福祉においてアウトリーチはクライエントに必要な情報やサービスを提供する活動、行政機関、地域福祉機関のソーシャルワーカーの機能という意味と「地域のなかで生活困難に直面している人々を見つけ出すことも意味し、その場合はケース発見と同義」とされ、ソーシャルワーカーが積極的に地域に出て行くことが強調される（秋元美世・大島巖・芝野松次郎・藤村正之・森本佳樹・山縣文治編『現代社会福祉辞典』有斐閣、二〇〇三年、二頁）。

＊18　満田将大・新美昌也・三好貴志男『高齢者向け住まい&介護に備える入門ガイドブック』（アール・シップ、二〇一六年）一二～一九頁。

＊19　豊福裕二「住宅政策を考える」（岡田知弘・岩佐和幸編『入門　現代日本の経済政策』法律文化社、二〇一六年）一三六頁。

＊20　高齢者だけではなく、子育てや難病患者をとりまく日本の住宅問題については、早川和夫編集代表、岡本祥浩・早川潤一編『ケースブック日本の居住貧困――子育て／高齢障がい者／難病患者』（藤原書店、二〇一一年）参照。

＊21　居住環境は人間の尊厳に値する生活の基礎であり基本的な必要（ニーズ）であり、憲法第二五条が規定する生存権の不可欠な一部分として健康で文化的な生活を営むに足る住宅・住環境に安心して居住できる権利＝居住の権利を明確に

することが必要である。（福祉国家と基本法研究会・井上英夫・後藤道夫・渡辺治編『新たな福祉国家を展望する――社会保障基本法・社会保障憲章の提言』旬報社、二〇一一年、一二〇頁）。

＊22　濱田孝一『高齢者住宅があぶない――介護の現場でいま何が起こっているのか』（花伝社、二〇一五年）一一三〜一二二頁。

（岡﨑　祐司）

第7章 ケアのナショナルミニマムの確立へ

1 ケアの社会化実現のためにナショナルミニマムの議論を

要介護状態になっても、自宅で介護を受けたいと考えている人は少なくない。[*1] だが、現在の介護保険制度のもとでは、当人も家族も、その選択をあきらめざるをえない状況がある。実際、特養ホームの入居待機者は多数いて、施設整備は急務であるが、それは、当事者の希望であるとは限らない。[*2]

ケアは、一人ひとりの個別性を重視し、自己決定にもとづいて提供されるべきものであり、その水準は、健康で文化的な最低限度の生活が保障されることが前提になければならない。たとえば、本人（または家族）が、失禁状態でも「これ以上の利用料の負担ができないから、おむつ交換は一日一回でいい」などということが、自己決定だからといって許されていいはずはないのである。

だが結論からいうと、現行の介護保険の要介護認定にもとづく区分支給限度額では、その環境はつくりえない。介護保険は、家族介護を前提に、保険給付の限度額を超える部分のサービスを追加購入する制度設計になっているからであり、同じ保険でも、医療保険における現物給付とは大きく異なる。

要介護状態に至るプロセスとして、多くの場合何らかの疾病や骨折などの外傷での入院を経験する。退院支援に関する診療報酬と介護報酬の誘導もあり、退院前に在宅ケアの担当者を交えてカンファレンスを開催することも定着してきた。しかし、在院日数の短縮化が進むなかで、医療機関側が、安易に療養病床への転院や有料老人ホームへの入所を勧めることが少なくない。逆に、入院前から介護保険を利用していた場合は、ケアマネジャーが「家族に介護力がないので、自宅退院はできません」と、入院先に訴えるということもある。

では、必要なケアとはどのようなものであろうか。在宅でのケアは、病棟でのケアを、本人および家族の生活に合わせてアレンジすると考えるとイメージしやすい。同居家族がいる場合は、家族の負担を可能なかぎり軽減するという視点が欠かせない。また、今後ますます独居率が高くなることが予測されることを考慮すると、一人暮らしなど、ケアを提供できる家族が不在の場合でも、基本的な生活を成り立たせるために必要なケアとは何かという視点が重要となる。これがケアの必要充足、つまりナショナルミニマムということであろう。

神経難病のALSをはじめ、当事者の並々ならぬ努力もあって、人工呼吸器を装着するなどの重度の障害のある人たちに対して、二四時間体制での在宅ケアが保障されつつある。あるいは、本人も家族も家族内の介護を希望しており、客観的にその能力もある場合は、医療や福祉用具以外の社会的ケアをさほど必要としないケースもある。本章では、そのどちらでもない、一般に在宅療養が困難な理由として「家族介護力がない」ことが問題とされてしまいがちな事例のアセスメント（プロセス）とケアプランの例を示し、ケアのナショナルミニマムについての議論を喚起したい。なお、事例は個人が特定されないように加工してあるが、ケア内容等の主要な部分は実際の状況を反映させている。

2 アセスメントとケアプランの例
――比較的重度の障害をもつ人の事例から

(1) 事例1　日中独居となるため、施設入所か自宅退院かで悩んだAさん家族

プロフィール
Aさん、七〇代、女性、脳卒中後遺症で右片麻痺、全介助、失語症、要介護5、身体障害者手帳1級。

持ち家で同居家族はいるが、いずれも仕事があるため、日中独居。

経過

Aさんは、脳梗塞で急性期病院に入院し、その後リハビリ目的で回復期リハビリテーション病棟へ転院した。麻痺が重く、基本動作が全介助であることにくわえ、重度の失語症のためコミュニケーションにもかなりの時間を要する状態での退院が見込まれた。家族は、全員が仕事をもっているため、施設入所を選択せざるをえないとの意向だったが、言語表現こそできないものの、Aさんは自宅に帰りたがっていることが推察されたため、医療ソーシャルワーカー（以下、MSW）は、地域のケアマネジャーの協力を得て、家族の負担を可能なかぎり軽減できるケアプランを提示し、自宅退院を提案した。

仕事を辞めることなく本人を自宅退院させることが可能性であることがわかると、それまで面会が遠のきがちだった家族の気持ちに変化が生じた。本人との面会の頻度も増え、看護師からの介護指導を積極的に受けられるようになった。車いすでの生活が可能となるよう自宅を改修し、Aさんは自宅へ退院。退院当初は、夜間休日など、家族が在宅しているときもヘルパーが介護を行ないながら、家族への介護指導を続けた結果、徐々に家族は介護に自信がもてるようになり、家族が在宅している時間帯の介護は家族がすべて行なえるようになり、ヘルパーの訪問回数は徐々に減っていった。住宅の条件にもよるが、プライベートな空間に他人が存在するということもストレスになりうるので、他人による介護は必要最小限にとどめたいという意向が反映した結果でもある。

表1　週間サービス計画表（Aさん）

		月	火	水	木	金	土	日
午前	8：00	訪問介護	訪問介護	訪問介護	訪問介護	訪問介護	訪問介護	家族介護
	10：00							
午後	12：00	訪問介護	デイケア（入浴介助）	訪問介護	デイケア	訪問介護	デイケア（入浴介助）	
	14：00							
		訪問看護		訪問看護		訪問看護		
	16：00							
夜間	18：00	訪問介護	訪問介護	訪問介護	訪問介護	訪問介護		
	20：00							

＊上記以外に、訪問診療（2回/月），臨時往診あり。訪問看護も24時間の緊急時訪問あり。訪問歯科診療（1回/週）。

最終的な週間計画は表1のとおりである。家族が不在となる日中の食事と口腔ケア、排泄、入浴介助を目的とした訪問介護（ヘルパー）、訪問看護による排便コントロールや病状観察、通所でのリハビリ、通所の送り出しなどを組み合わせ、夜間と休日は家族介護を前提とした必要最小限のケアプランであるが、それでも介護報酬に換算すると約五〇万円となる。介護保険では最高の支給限度額（最重度）とされる要介護5に認定されたが、区分支給限度額の約三六万円では、週三回の通所リハと週二回の訪問看護、ベッドやリフトのレンタル費用のほか、週三回程度のヘルパーの訪問しか利用できない。週五回の通所のみで日中独居をクリアできるのではないかといわれるかもしれない。たしかに、それなら区分支給限度額の範囲でぎりぎり収まる。しかし、仮に週五回の通所を利用したとしても、Aさんのように送り出しや迎えに介助が必要なケースでは、家族がフルタイム勤務の場合は、通所時間を多少延長できたとしても、実現可能性は低い。

また、単に独居となる時間をカバーすればいいということではない。とくに重度の障害がある人の場合は、医学的な管理が欠かせない。訪問診療のほかに訪問歯科診療で専門職による口腔ケアも重要である。Aさんの場合も、訪問看護やヘルパーとの連携で肺炎等の予防もできているため、退院後は再入院することなく過ごせている。

ところで、区分支給限度額を超過するケアをどうするかであるが、Aさんの場合は、身体障害者手帳を取得し、障害者総合支援事業（以下、障害福祉）の居宅介護の併給で、月三〇時間程度のヘルパーの訪問が上乗せされたため、自己負担を増やすことなく実現できた。

(2) 事例2　一人暮らしは困難と評価され、療養病床への転院を勧められたBさん

プロフィール

Bさん、七〇代、女性、慢性関節リウマチとその合併症で筋力低下が著しく、要介護4。公営住宅で一人暮らし。キーパーソンは、離れて暮らす娘。

経過

Bさんは、慢性関節リウマチを患い要支援1の認定を受け、ヘルパーの援助を受けながら自宅で一人暮らしを続けていた。転倒骨折で入院し、入院中に間質性肺炎等の合併症を併発したため、入院期間が長期に及んだ。さまざまなリスクをともなう病状のため、リハビリを継続しても入院前の状態には回復せず、

表2　週間サービス計画表（Bさん）

		月	火	水	木	金	土	日
午前	8：00	訪問介護	訪問介護	訪問介護	訪問介護	訪問介護	訪問介護	訪問介護
	10：00							
午後	12：00	訪問介護	デイケア（入浴介助）	訪問介護	訪問介護	訪問介護	デイケア（入浴介助）	訪問介護
	14：00							
		訪問看護		訪問介護	訪問介護	訪問看護		訪問介護
	16：00							
夜間	18：00	訪問介護	訪問介護	訪問介護	訪問介護	訪問介護	訪問介護	訪問介護
	21：00	訪問介護	訪問介護	訪問介護	訪問介護	訪問介護	訪問介護	訪問介護

＊上記以外に，訪問診療（2回/月），訪問看護もあわせて24時間の緊急時訪問あり。訪問歯科診療（2回/月），訪問薬剤管理（2回/月）。

食事以外は全介助の状態での退院が予測された。病院側は、感染をはじめ医学的なリスクが高いことにくわえて、公営住宅の自宅はバリアフリーではないため、車いすの使用が不可能であることなどを理由に施設入所を提案。区分見直し後の認定結果は要介護4で、一日二回の訪問介護と週一回の訪問看護、ベッドなどのレンタルで、区分支給限度額の約三〇万円に達してしまう。一日二回の訪問介護ではおむつ内失禁が常態化し、感染のリスクはさらに高くなる。尿意があり、介助があればポータブルトイレでの排泄が可能なBさんの尊厳にもかかわる問題で、リハビリテーションにも逆行する。さらに、一日三回の食事もままならないことになるため、病院側が自宅退院を不可能としたのも無理はない。

実際に在宅で必要となるケアを検討するために、病棟の看護師に、排泄の間隔をアセスメントしてもらった。結果、深夜を除いても、一日五回程度のヘルパーの訪問が必要であることが判明。機能低下を予防するために、通所リハビリを組み合わせ、訪問看護と訪問診療で急変時に対応できるようにしたケアプランが表2である。医療保険が適用される訪問診療と訪問歯科診療を除くと、介護報酬換算で月額約六〇万円。認定された要介護4の区分支給限度額の約二倍の金額となる。本ケースも障害者福祉の上乗せが認められ、訪問介護の大半を障害福祉でまかなえた結果、希望どおり自宅での一人暮らしを続けることが可能になった。

その後も感染症での入院を繰り返すたびに、病院から娘に対して、一人暮らしは無理であること、仮に自宅退院を希望するなら、その条件として同居するようにとの話がされたが、その都度在宅ケアチームからケアプランを示すことによって、病院側との合意を形成し、入退院を繰り返しながらも自宅での生活を継続した。

(3) 事例3　透析、認知症、障害重度でも自宅での一人暮らしを希望したCさん

プロフィール

Cさん、80代、女性、慢性腎不全で人工透析、妄想性の認知症、要介護5。公営住宅で一人暮らし。キーパーソンは、離れて暮らす息子。

経　過

Cさんは七〇歳代前半で、透析導入となったが、友人と外食するなど、一定のQOL（生活の質）を保っていた。その後、骨折などによる入退院を繰り返し、徐々にADL（日常生活動作）が低下。妄想性の

表3　週間サービス計画表（Cさん）

		月	火	水	木	金	土	日
午前	8：00	訪問介護	訪問介護	訪問介護	訪問介護	訪問介護	訪問介護	訪問介護
			通院介助		通院介助		通院介助	
	10：00					訪問マッサージ		
		訪問看護		訪問看護		訪問看護		
午後	12：00	訪問介護	人工透析	訪問介護	人工透析	訪問介護	人工透析	訪問介護
	14：00							
		訪問介護	通院介助	訪問介護	通院介助	訪問介護	通院介助	訪問介護
	16：00			訪問入浴				訪問入浴
夜間	18：00							
	20：00	訪問介護	訪問介護	訪問介護	訪問介護	訪問介護	訪問介護	訪問介護

＊上記以外に，訪問診療（2回/月）訪問看護もあわせて24時間の緊急時訪問あり。訪問歯科診療（2回/月）。

認知症も出現し、入院すると一時的に悪化した。透析導入から約五年後には寝返りも含めて全介助の状態となったが、本人は「一人で死んでもいいから、入院はしたくない」と、はっきりと意思表示し、別居の家族も、本人の意思を尊重したいとの意向だった。ところが、肺炎で入院したのを機に、それまで通院していた透析専門クリニックの医師からは外来透析の継続は限界と通院を断られた。

腎不全の患者にとって、透析は文字どおり命綱である。外来透析の受け入れ施設がなければ自宅では暮らせない。そこで、入院中に透析の医療機関を変更し、外来透析を継続することを検討。さらに、体への負担を最小限にするために、個別の送迎ができる介護タクシーを利用することにした。通院介助を盛り込んだケアプランが表3である。介護報酬に換算すると約八〇万円で、要介護5の区分支給限度額の約二倍を超える額になるが、訪問介護のほとんどを障害福祉の居宅介護に振り替えることで実現できた。

以上の三例は、いずれも何らかの理由で、家族あるいは医療機関が当初在宅療養は不可能と考えたが、話しあいを重ねた結果、公的なケアの保障を得て、在宅生活を行なうことになった事例である。Aさんは持ち家の勤労者世帯で、BさんとCさんは公営住宅に住む一人暮らしの年金生活者である。預貯金も少なく、月々数十万円の介護費用を捻出することは不可能であった。三人に共通しているのは、身体障害者手帳を取得して障害者総合支援法の居宅介護を併用できたことである。厚生労働省（厚労省）は高齢の障害者に対する支援として、介護保険の優先を原則としながら、障害福祉サービスを併給することは可能であるとしている。しかしその運用は自治体によってまちまちで、介護度に関係なくケアニーズのみで判断する自治体から、介護保険の支給上限である要介護5のみを対象としたり、併給をまったく認めなかったりと、その差は大きい。このような自治体の対応の差は、これから六五歳を迎えようとしている障害のある当事者の不安材料の一つとなっており、すでに高齢期にある人たちと共通の課題としてとりくむ必要がある。

障害者総合支援法の運用と介護保険とを比較してみたい。障害者総合支援法の障害支援区分の認定は、介護保険の調査項目に数項目を追加した調査と、同じく医師意見書をもとに認定審査会で行なわれる。障害支援区分によって支給される項目に制約はあるが、介護保険のように支給限度額を規定するものではない。サービス内容とサービス量については、別途担当課での支給決定会議で決定される。ここで重要なのが自治体の専門職のかかわりである。自治体職員であるケースワーカーが、本人と直接面接をして調査を実施する。さらに、在宅や病院のケアチームとのカンファレンスに参加し、その内容が、担当課での支給決定会議に生かされるのである。

紹介した事例はいずれも比較的重度の障害のある人で、医学的管理にくわえて、食事、排泄、保清といった最低限必要な身体的ケアと、洗濯、清掃、買い物、調理等の標準的な家事援助を組み合わせて現行の介護報酬に換算すると、一人暮らしの場合は区分支給限度額のほぼ二倍、家族と同居で日中独居の場合はほぼ一・五倍になる。そもそも金額で示すことに違和感を覚えるが、重度の身体障害がある場合に、家族介護を前提とせず、最低限のケアを保障するためにかかる費用の目安といえなくはない。必要な人に必要な支援をすることが徹底されれば、過剰なケアが提供されることは考えにくいので、支給限度額は必要ない。

現行制度を前提とするならば、障害者福祉も最大限活用して、必要なケアが提供されるよう工夫するしかない。今後は、年齢や疾病、障害等にかかわらず、ニーズ調査にもとづいたケア内容と量を決定するかたちに一本化される必要がある。それによって、当事者にはケア内容について不服を申し立てる権利が保障され、はじめて責任の所在が明らかになるのである。

3 「軽度者」を排除する「自立支援」の問題について

前節では、比較的重度の障害をもつ人とその家族への支援におけるアセスメントとプランニングの具体例を示したが、本節では厚労省が制度から排除しようとしているいわゆる「軽度者」への支援のあり方について考えてみたい。

厚労省は、介護保険の理念について「単に介護を要する高齢者の身の回りの世話をするということを超えて、高齢者の自立を支援すること」として、自立支援が強調されている。さらに介護保険法第四条では、「要介護状態となった場合においても、進んでリハビリテーションその他の適切な保健医療サービス及び福祉サービスを利用することにより、その有する能力の維持向上に努めるものとする」と、ごていねいにも国民の努力義務を定めているが、この間の制度改定は、生活援助（家事援助）に制限を設け、ベッドや車いすなどのレンタルを軽度者には原則認めないなど、あたかもヘルパーや福祉用具を利用することが自立を阻害するといわんばかりで、法の理念にも反する内容であった。要介護状態とは、その程度にかかわらず、背景には何らかの疾病があるということであり、疾病の増悪を予防するためにはそれなりのケアを要する。いわゆる軽度者であっても、専門的なアセスメントによる予防的ケアが必要であることを、事例

表4　週間サービス計画表（Dさん）

		月	火	水	木	金	土	日
午前	8：00	訪問介護	訪問介護	訪問介護	訪問介護	訪問介護	訪問介護	訪問介護
	10：00							
午後	12：00	訪問介護	デイケア（入浴）	訪問介護	訪問介護	訪問介護	デイケア（入浴）	訪問介護
	14：00				訪問看護			
	16：00							
夜間	18：00	訪問介護	訪問介護	訪問介護	訪問介護	訪問介護	訪問介護	訪問介護
	20：00							

＊上記以外に、訪問診療（2回/月）訪問看護も併せて24時間の緊急時訪問あり。訪問薬剤管理（2回/月）

を通して考えてみたい。

プロフィール

Dさん、九〇代、男性、脳梗塞後遺症、大腿骨頸部骨折術後、緑内障で視覚障害あり、要介護2。持ち家で一人暮らし。キーパーソンは、離れて暮らす息子。

経　過

Dさんは脳梗塞既往があり、要支援1の認定を受けたが、なるべく他人の世話になりたくないと、一日一食の宅配弁当を利用して一人暮らしを続けていた。ところが、自宅で転倒し、大腿骨頸部を骨折。手術とリハビリを経て自宅へ退院した。入院中から栄養状態の悪さが指摘されていたが、本人は退院後も以前と同じように、配食弁当を二回に分けて食べるので食事の支援は不要との意向であった。脳梗塞後遺症と骨折にともなう歩行障害にくわえて視力低下による転倒のリスクもあったため、毎食時のヘルパーの導入が提案された。

表4がDさんの週間サービス計画であるが、ヘルパーが三

食を用意することで、限られた時間のなかでも会話を楽しみながら食事を摂れるようになったこととリハビリの継続によって、骨折前よりも栄養状態は改善し、体力も向上した。手すり設置などの環境整備にくわえて、ヘルパーによる清掃が行き届いたことで、転倒のリスクも軽減した。

独歩での外出は困難だが、ガイドヘルパーを利用して、車いすでの外出も可能となった。骨折するまでは、離れて暮らす家族が時間を都合して通院に同行するなどの援助を行なっていたが、ヘルパーの援助が受けられるようになり、家族の負担も軽減された。社会的なケアが確保できたことで、家族は安心して訪問できるようになり、訪問の頻度も高くなった。

課題

毎日三回のヘルパーの訪問はすべて単価の低い生活援助である。それに週二回の通所リハビリ、排便コントロールなどの医療的ケアを目的に週一回の訪問看護、ベッドや車いすのレンタルをくわえると、現行の介護報酬に換算して月額三〇万円となり、要介護2の区分支給限度額を一〇万円以上オーバーする。Dさんが暮らす自治体は、障害福祉での上乗せは要介護5に限られているため、オーバー分の約一〇万円を自己負担しなければならない。高齢のDさんは、残りの人生に必要な金額を逆算し負担可能と判断したが、仮にDさんに経済的な余裕がなく、限度額の範囲内で生活を組み立てたとしたら、配食弁当を利用せざるをえず、栄養状態の改善や転倒のリスクの軽減は望めなかったと思われる。いわゆる「軽度者」といわれる人ほど、生活援助の必要度は高くなる。上限額を設定することの弊害は、重度の障害をもつ人に限らず、

「軽度者」とされる人たちにとっても重大な問題である。ましてや、生活援助をはずすなどということは決してあってはならないのであり、生活援助があってこそ重度化を予防できるのである。

4 認知症のアセスメントと施設ケア

ここまで在宅ケアを可能とする条件について考えてきたが、身体機能が維持されている認知症や、高次脳機能障害がある場合などのケアの標準化はさらに困難である。病気の進行や障害の状況に応じて、グループホーム等の自宅以外の生活の場の保障も重要である。

認知症があっても、工夫次第で本人の意思を確認することは可能である。認知症のある人に限らず、どうして家がいいのかという質問に対して「家だからいい。病院は気を遣うから」と答える人が少なくない。しかし記憶障害や見当識障害が進行すると、そもそも自宅であることが認識できなくなることもある。本人が認識している家は、現在住んでいる家ではなく生まれた家であり、その家に帰ろうとして、「徘徊」と一般的にいわれる行動につながることがある。一人暮らしの場合はなおさらであるが、同居家族がいる場合でも、本人が不安を感じながらの在宅ケアよりも、つねに人の温かさが感じられ、専門的なケアが受けられるグループホームなどの施設ケアのほうが本人に安心をもたらし、ＢＰＳＤ（認知症の周辺症状）

が改善することも少なくない。

以下に認知症のアセスメントの例を示し、施設ケアの意味と課題について考えてみたい。

(1) 事例1　グループホームに入居し新しい家族を得たEさん

プロフィール

Eさん、八〇代、男性、アルツハイマー病で、要介護5。妻と娘家族と同居。

経過

Eさんは妻と二人暮らしだったが、認知症の症状が出はじめたことをきっかけに、自営業の娘家族と同居。当初は時計がわからないといった症状であったが、時間の経過とともに服を着ないで外出したり、部屋のあちらこちらに排便したりするなど、介護者のストレスは徐々に大きくなっていった。

ヘルパーに入浴介助を依頼し、デイサービスも利用したが、それ以外の時間は目が離せない状況となったため、同居から五年目にグループホームへの入居を選択した。入居からしばらく経過したある日、Eさんを交えて家族で外食する機会をもった。家族は、一緒に自宅に帰りたがるのではないかと心配していたが、ホームに着くや否やEさんは、「ただいま」とホームの職員のもとに笑顔で戻った。少し寂しい気もしたが、新しい家と家族ができたのだと感じ、何よりも穏やかな本人の様子にほっとしたそうである。

しかし、完全に負担がなくなったわけではなかった。通常の医学的管理はグループホームへの訪問診療を利用できたが、突発的な疾病や訪問診療のない専門科への通院は家族の役割である。じっとしていることができない本人の受診同行を、家族一人で行なうことは非常に困難だった。グループホームは、制度上は在宅の位置づけであるが、ホームヘルパーや福祉用具の貸与に介護保険は適用されないのである。

Eさんはグループホーム入居から三年後に肺炎で入院。寝たきりの状態で、食事を口から摂ることが難しくなった。病院からは療養病床への転院を勧められたが、経済的な問題もあり自宅へ退院。退院後肺炎が再発したが入院はせず、訪問診療と訪問看護を利用し、一か月半の在宅療養を経て自宅で亡くなった。

介護を振り返って

娘は、八年に及ぶ介護を振り返り、次のように語った。「とくに最後の一か月は充実した時間だった。自分はたまたま自営業で比較的自由に使える時間があったため、両親と同居して介護ができたが、会社員で共働きなどの場合は難しかっただろう。グループホームもありがたかった」と。しかしグループホームは、特養ホーム等の介護保険施設と異なり、家賃に対する補助がないため、経済的な負担が大きい。さらに、入院中は、家賃部分と入院費用を重複して負担しなければならず、年金から捻出することは困難だった。Eさんの家族は結果的に在宅での看取りを選択したが、身体機能が維持されていたら、慣れ親しんだグループホームから比較的負担の少ない特養ホームへの転入居も考えざるをえなかったという。

(2) 事例2　一人暮らしのシズ子さん（仮名）の「家にいたい」の意味

プロフィール

シズ子さん（仮名）、七〇代、女性、アルツハイマー病、要介護3。公営住宅で一人暮らし。離れて暮らす息子が一人いる。

経過

「明け方、団地のごみ置き場に裸同然の姿で立っている。『家に帰る』と言って逆方向に歩いているところを発見し、何度か連れ帰った」といった情報が、民生委員から地域包括支援センター（以下センター）に寄せられた。センターでは、本人の年金を管理している息子の存在を確認し、訪問を要請した。それから半年後、民生委員からセンターに足腰が弱ってきているようで、道で立ち往生していることがあるとの報告があり、要介護認定に必要な「主治医意見書」を作成する目的で、今度は息子に診療所への受診同行を要請した。受診の結果、認知症にくわえて低栄養が指摘された。依頼を受けたケアマネジャーが訪問すると、部屋いっぱいのごみは異臭を放ち、玄関には消費期限の過ぎたおにぎりが置かれていた。息子は時々訪問してはいたものの、おにぎりや菓子パンを買い置くのが精いっぱいだったとのことだった。さっそく自治体の配食サービスを利用し、訪問介護が導入された。本人は蓋のついた弁当を食事と認識できなかったようで、ヘルパーが訪問すると、弁当は手つかずのまま残っていることが多かった。デイサービスの利用も試みられたが、早朝どこかへ行ってしまうため、通所には至らなかった。

間もなく料金滞納で電気が止められ、診療費を含むあらゆる支払いが滞ったことをきっかけに、診療所のソーシャルワーカーが介入。センター職員やケアマネジャーからの情報では、本人は「家にいたい」といっているとのことであった。ソーシャルワーカーが自宅を訪問したところ、やはり手がつけられていない弁当がテーブルに乗った状態で、本人は所在なさげに座っている。息子によれば、二年前に隣町から転居したとのことだった。「ここの暮らしはどうですか?」と問うと、本人は困ったような表情で「ここにいるしかないでしょ」と。「お家はどこですか?」と問うと「○○村」と、生まれ故郷の地名を答えた。『シズ子さん、お食事ですよ』『シズ子さん、お風呂に入りませんか』と、いつもシズ子さんに声をかけてくれるところがあるんですけど、行ってみませんか。もちろん泊まることもできます」というと「え?私を知ってるの? そんなところがあるの?」と、驚いた様子でソーシャルワーカーの顔をみる。

ソーシャルワーカーは、施設での生活の適応を評価するために、息子の家の近くの老人保健施設への入所を斡旋した。同時に経済的虐待を疑い、自治体のケースワーカーにも介入を要請し、首長申し立てで成年後見制度を活用することになった。入所後、本人は「みなさん親切ですよ。ずっとここにいていいんですか?」と、施設の職員と環境に慣れ、帰宅願望もまったくみられなかった。息子は「事情があって本人の年金に手をつけてしまったが、後見人にまかせることができるようになって、正直なところほっとしている」と、認知症の母親を離れたところから気遣うことの大変さを語っていた。施設が自宅の近くなので、頻繁に面会できるようにもなった。

施設入所を検討するために開催したカンファレンスで、センターの主任ケアマネジャーは、「シズ子さんの認知症がそれほど進行しているとは思わなかった。本人が『家にいたい』といっていたし、民生委員による見守りができているので問題ないと思っていた」と語った。地域からの詳細な情報を得ていながら、正確なアセスメントには至らず、息子と介護保険につなぐ支援にとどまったということである。

その後、シズ子さんは郊外の特養ホームに転入所することになった。シズ子さんの年金ではグループホームの入居費用はまかなえず、また息子さんの家の近くの特養ホームは待機者が多かったためである。

(3) 認知症ケアにとっての施設の必要性と課題

介護保険では施設ではなく居宅サービスに分類されるグループホームの居住費は「アパートの家賃」のような位置づけで、全額自己負担とされている。とくに地価の高い都市部は一〇万円近い家賃がかかることも少なくなく、一か月の入居費用が二〇万円を超える場合もある。そこで、少しでも安い居住費での入居を可能とするために、比較的地価の安い郊外に多くのグループホームが建設され、都市部の高齢者が移り住んだ。ところが、グループホームが二〇〇五年の法改正で新設された地域密着型サービスに位置づけられたため、その利用は住民に限定されることになった。都市部の高齢者にとっては、さらに高嶺の花となったのである。Eさんの家族のように、特養ホームの入居希望者のなかには、グループホームの入居費用を払えないことを理由にあげる人もいる。

特養ホームや療養病床でも居住費が自己負担とされたことに対して、低所得者に対して「補足給付」として減免の対策がとられてきたが、生活保護の資産調査のように預貯金の開示が必要とされるなど、プライバシーの侵害もおかまいなしの厳しい基準が設けられた。グループホームに限らず、低所得層が施設入所を選択することは難しくなっている。少なくとも本人の収入を超える費用負担は改めるべきである。

認知症のある人もない人も、地域で安心して暮らせるような在宅ケアの充実とあわせて、「新しい家」または「もう一つの家」としてのホームを、選択肢として保障することが急務である。

また、認知症の人や家族に対する支援のあり方についての地域の課題も大きい。政府は「新オレンジプラン」として、認知症サポーターの養成などを加速するとしているが、認知症サポーターが活躍できる前提として、専門家のバックアップは欠かせない。認知症ケアに精通した保健師等のフォーマルな支援の強化が求められる。

5 ケアの普遍化と介護保険

「介護の社会化」が議論され、介護保険制度創設によって、同居家族がいる課税世帯いわゆる中間層が支援を受けやすくなったことは事実であろう。ホームヘルプの歴史を振り返ると、一九六三年に施行された老人福祉法で法文化された「家庭奉仕員」の派遣対象は低所得世帯に限られていた。八二年一〇月からは、有料化と引き換えにすべての世帯に拡大されてはいたが、家族が介護できない状況にある場合に限られ、かつ厳しい応能負担のために、実際に利用できたのは費用負担の生じない年金生活者などの低所得の高齢者世帯がほとんどで、じつに八割の世帯が利用料無料であった。

特養ホームへの入所費用も、扶養義務者の所得に対する応能負担にくわえて高齢者本人にも費用負担が課されていたため、入居を辞退するケースが少なくなかった。介護保険制度導入後は、一割負担が可能な中間層が利用しやすくなった反面、一割負担が困難な低所得層の利用が抑制された。普遍化というよりむしろ逆転現象が起きたといえる。さらに、たび重なる居住費等の自己負担化や、一定の所得以上の層に対する負担割合の強化などによって、公的サービスからの締め出しともとれる改定が進行している。

介護保険制度の「介護」は、「ロングタームケア」という英訳にも表れるように、比較的長い期間で段階的に変化しつつ、徐々に深刻な状態になっていくというイメージがもたれることが多いのではないだろうか。要介護認定も、最低六か月間は要介護の状態が継続すると予測されることが要件とされている。介護保険法では、四〇歳から六四歳までの「二号被保険者」は、加齢にともなう疾病として指定された一六の特定疾病に該当する場合に給付が受けられることになっている。がんに苦しむ当事者にとって、二〇〇五年の法改正で「末期がん」が指定されたことは朗報だったかもしれない。しかし「末期」という言葉は、当事者自身が受け入れがたく、忌避されることが少なくない。四〇歳未満でがんに罹患する人、またがん以外の疾病でも、たとえば手術後の一定の期間など、医療的ケアだけでは生活が困難な場合もある。これまでは家族が担ってきたことかもしれないが、核家族化や非婚、一人暮らしなど多様な生活スタイルが想定される今日において、社会的ケアの必要性は増している。いわゆる難病法の改定で、新たに難病に認定される疾患が拡大され、障害者総合支援法等でカバーできる対象が広がったが、これも状態ではなく病名での線引きである。年齢や疾病にかかわらず、タイムリーに必要なケアを保障するシステムの構築が求められる。

6 ケアマネジャーの創設と専門職性の変化

(1) ケアマネジャー創設・変遷と問題点

社会福祉が「措置」から「契約」へ変わったということが、介護保険法の最も大きな影響の一つであろう。サービス提供事業者と利用者が対等の立場になったという意味では前進といえるかもしれない。かたちのうえでは自らの判断で介護サービスを選択して契約するため、自己決定が保障されているかのようにみえるが、「自己決定」と「自己責任」がセットで「利用者負担」の問題が生じる。いくら負担できるかということのみならず、区分支給限度額の範囲で希望する「サービス」を介護報酬に換算して振り分けるという複雑な自己決定が求められる。利用者サイドだけでなく、サービス提供事業者も区分支給限度額に縛られるため、給付管理要員としてのケアマネジャーが必要となったわけである。ケアマネジャーが「マネーマネージャー」と揶揄されることがあるのはそのためであり、給付管理とその前提となる諸手続きと書類の作成に追われる状況はいまも続いている。

事例でも示したように、要介護状態になるプロセスにおいて入院医療が介在することが多く、ファーストアセスメント、しかもかなり専門的なアセスメントの機会は、入院中に訪れることが多い。介護保険以前は、MSWが在宅ケアをコーディネートすることが多く、地区担当の公務員ヘルパー、保健師、高齢や障害担当のケースワーカーなど、顔のみえるゆるやかなネットワークによるケアチームがケースごとに形成され、それらチームケアの実践の蓄積が、地域のケアの水準を向上させていった。

現在の流れは、入院時にスクリーニングが行なわれ、要介護状態での退院が予測される場合に、病院の地域連携室の看護師またはMSWが介入し、地域包括支援センターに要介護認定の手続きとケアマネジャーの選任が要請される。そして必要に応じて、退院前カンファレンスを経て退院準備が進められる。サービスごとに、事業所が選択され、区分支給限度額の範囲内でその内容と量が配分される。入院医療を担当した病院は、外来あるいは在宅医療へつなぎ、医療情報を伝えたのちのケアプランについては、ケアマネジャーにまかされることになる。

介護保険によって創設された介護支援専門員（ケアマネジャー）は、あらゆる国家資格をベースに五年の実務経験が受験資格の条件とされた。介護保険制度発足当初、ケアマネジャーの保有資格は看護師をはじめとした医療職やＭＳＷなどの福祉職が中心であった。当初、保有資格が国家資格に限定されていたため、社会福祉士資格をもたないＭＳＷは受験資格がないとされたが、職能団体の交渉で「社会福祉主事任用資格」として受験資格を認められた。厚生省（当時）は一九八九年に、職能団体との共同作業で「医療ソーシャルワーカー業務指針」を制定しており、それにもとづく相談援助の実績が重視された結果といえよう。

当初ケアマネジャーとして最も比率が高かったのは看護師で、訪問看護との兼務が多かった。看護師は文字どおりケアの専門家であり、医師の指示のもとでケアを提供している。ケアマネジャーを兼務していた看護師は、区分支給限度額の制約のなかで、食事や排泄、買い物・調理などの生活援助を行なうヘルパーの訪問時間を確保するために、自らの訪問看護を縮小または中止せざるをえないという、苦渋の選択をすることも少なくなかった。

筆者は制度発足当時ＭＳＷとケアマネジャーを兼務していたが、院内でケアマネジャーを選任するさいには一定の基準をもっていた。具体的には、経済的な事情や家族問題、精神疾患などの課題を抱えている人をＭＳＷが継続して担当し、そのような課題があまりないか、課題が一定クリアできた時点で看護師に担当してもらうようにした。介護保険制度以前は、在宅ケアのかなりの部分を障害者福祉が担っていたこともあり、それらの制度を利用している人に対して不利益変更がないように、担当課と交渉することも欠かせなかった。

その後徐々に看護師やソーシャルワーカーなど医療・福祉系のケアマネジャーは減少し、介護福祉士などの介護系資格保有者の比率が高まっていった。[*3] 在宅福祉の要は、何といっても日常生活のあらゆるニーズをカバーしているホームヘルパーであろう。優れた実践をベースに、ケアマネジメントに携わっている人もいる。しかし、区分支給限度額設定の問題と介護の市場化によって、さまざまな問題が起きていることも指摘せざるをえない。

以下の事例は、ケアマネジャーの更新研修で困難事例として提示されたものである。要介護3で一人暮らし。ほぼ寝たきりで、排泄はおむつを使用している。自力で起き上がることはできるが、おむつ交換は一人ではできず、食事はベッド上にヘルパーが置いておくおにぎりなどを一人で食べているとのことだった。ヘルパーの訪問は一日一～二回、訪問入浴が週一回というプランであった。おむつ交換は一日一～二回のみということになる。支給限度額にはかなりの余裕がある。ヘルパーの訪問が少ない理由を問うと「自社のヘルパーの体制がないから」ということで、訪問看護については思いつかなかったという。

困難事例として提出されていたので、所属事業所の意向（圧力）で、自社の利益を優先するために、他事業所の利用が制限され、ケアマネジャーとしてジレンマを抱えているのではないかと推察したが、そうではなく、困難に感じた理由は「本人にやる気がない」「冷蔵庫まで行こうとしない」ということであった。介護報酬改定のたびに強調されるようになった「自立支援」を、支援を受けないで生活するということだと認識していたようである。このケアマネジャーが特別なのであろうか。グループワークに参加した他のメンバーのほとんどは、この事例にとくに違和感はないようで、ヘルパー事業所に配属されているケアマネジャーの多くが、他社のヘルパーをケアプランに位置づけることはほとんどないとのことだった。もちろん、同一法人、同一事業所から各種の支援が提供されると、連携が密になるという点でメリットがある。しかし、一方で事例のような一部の営利企業の不適切な運用があることも事実である。

本来、当事者のケアニーズをアセスメントしたうえで支援内容は決定されるべきであるが、上記の事例が示すように、介護保険下では必ずしもそうなってはいない。限度額から逆算したケアプランが作成されることが一般的となり、「限度額がないとケアプランを立てられない」というケアマネジャーが少なくない。あるいは、「介護保険ではここまでですが、自費ならご希望どおり何でもできます」と、「自社製品」の自費のサービスを売り込むということもめずらしくない。保険者が行なう実地指導でも、指定されたアセスメント項目の記載があり、担当者会議が開催され、ケアプランが作成されていれば、その内容はとくに問題視されることはない。過剰なサービスはチェックの対象となるが、過小なサービスは問題にされない。さらにケアマネジャーの更新研修などでも、制度の持続可能性のためとして、インフォーマルな支援の必要性が強調され、公的な支援を受けないことが「自立支援」として望ましいかのような印象を与えている。

本章で示した事例は一日三回の食事、排泄の時間帯や回数をアセスメントしたうえでの排泄介助や排便コントロール、機能の悪化を予防するためのリハビリや医療的ケアといった最低限の必要をアセスメントしたものにほかならない。

豊かで快適な暮らしが描けてこそ、それを支えるケアプランが作成できるのである。

(2) ケアの専門職の専門職性と介護保険

医療職

ケアマネジャーに限らず、専門職の専門職性の低下についても指摘しなければならない。介護保険ではケアマネジャーが給付管理を行なっているため、医師の指示を要件とする訪問看護等の医療的ケアといえども、ケアマネジャーに「おうかがい」を立てることになる。訪問看護の回数増が必要だと医療職が判断したとしても、ケアマネジャーから「限度額いっぱいですから」といわれると、何もいえなくなるといった具合である。たとえば排便コントロールは、体調管理にとって大変重要である。入浴介助時の観察においても、全身の皮膚の状態や体の動きの評価など医療職ならではの視点がある。前節で示した事例でも、仮に訪問看護が計画されていたら、不適切な排泄ケアを指摘し、ヘルパーの訪問回数増が提案された可能性は高い。

リハビリについては、介護系のケアマネジャーにとって訪問看護以上にプランニングが難しいようで、リハビリ＝訪問リハビリとなりやすい。リハビリの専門職が在宅生活の評価を行なうというのは大切なことであるが、その結果、たとえば通所リハビリのほうが身体機能の向上に効果があると評価できるケースでも、所属法人内に通所リハビリの施設がなければ、あえて通所への変更を提案することはせず訪問を続けるというケースが少なくないのが現状である。

介護保険施行一七年余を経て、医療職までもが、当事者のＱＯＬを最大にするという倫理的な判断を下すことが困難になってきている。少なくとも医師の指示を要件とするものについては医療保険に戻し、区分支給限度額に左右されずに、必要なケアが効率よく提供されるという本来の形を取り戻したいものである。医療機関としても、地域の社会資源を知り、とくに退院調整においては具体的な提案をもってケアプラン作成に参加する必要がある。

ホームヘルパー（訪問介護）

ヘルパーはどうであろうか。一九六三年の老人福祉法制定にともなう老人家庭奉仕員にはじまるホームヘルプは、その後何度かの改定を経て、一九八九年に策定された「ゴールドプラン（高齢者保健福祉推進一〇か年計画）」で、デイサービスやショートステイとならんで在宅福祉三本柱の一つとして位置づけられ、文字どおり在宅福祉の要として定着し今日に至る。介護保険法以前のホームヘルプの業務内容は「入浴、排せつ及び食事等の介護、調理、洗濯及び掃除等の家事並びに生活等に関する相談及び助言等」とされ、相談及び助言が盛り込まれていたことは注目に値する。「ゴールドプラン」「新ゴールドプラン」で民間への委託が進んだとはいえ、委託先のヘルパーのコーディネートを行なっていた公務員ヘルパーの果たした役割は大きい。これは自治体のケースワーカーや保健師にもいえることであるが、契約がなくとも職権で介入し、とくにヘルパーは必要に応じて直接ケアを行ないながら当事者との信頼関係を構築していった。地区担当として高齢、障害を問わず、ケースワーカーとの協働で、地域の福祉水準の向上に努めていたが、介護保険導入後、訪問介護の事業所指定を受けた自治体は非常に少なく、公務員が介護を要する住民の生活実態をつかむ機会を失った。取り返しがつかないほどの大きな損失である。

介護保険で「訪問介護」は、「居宅において介護福祉士その他政令で定める者により行われる入浴、排泄、食事等の介護その他の日常生活上の世話」と定義されている。施設での介護との最も大きな違いは、それが行なわれる環境にある。サービスを利用する当事者それぞれの居宅の環境は異なり、おかれた環境に合わせた介護を工夫する必要がある。生活援助（家事援助）については、身体介護以上に長年の生活習慣を尊重した個別的な支援が求められるため、より高い専門性が要求される。第2節と第3節で示した事例でも、身体介護か生活援助かに関係なく、当事者や家族とのコミュニケーションを大切にしつつ、食事や排泄、清掃や洗濯による清潔の保持といった基本かつ全般的に生活を支えているのがヘルパーである。それらのケアの提供を通して「いつもと違う」変化に気づき、医療職との連携で病状の悪化などを予防できるのである。一人ひとりのヘルパーを束ねるサービス提供責任者が果たす役割は大きい。

上記のように本来高い専門職性が求められるホームヘルパーであるが、介護保険下でそれを実現するのは容易ではない。介護報酬の減算を恐れるあまり、ヘルパーとしてどのような支援が必要かということを考えることができなくなっている。あるサービス提供責任者を務める介護福祉士に「ヘルパーとして必要と思われることを提案してほしい」と要望したところ、「そんなことをいわれたのははじめてです」と、驚かれたことがあった。ケアマネジャーのいうとおりに仕事をするのが普通のことになっているとのことであった。

医療職か介護職かを問わず、それぞれの専門職が独立性を保ち、協働でのアセスメントをもとにケアプランを作成、実行することを繰り返すことで、専門性も向上するのではないだろうか。

7　ソーシャルワーク機能を公的責任で再構築するために

介護保険によって低下したのは、専門職性だけではない。それと同じかそれ以上に深刻なのは、自治体職員が、住民の生活実態を把握する機会を失ったことである。高齢者福祉の窓口で相談すると「手足をもがれた状態です。以前は公務員ヘルパーに様子をみに行ってもらうと同時に、直接ケアをしながら信頼関係を構築して、あらゆる介入ができましたが……」と、かつての高齢者福祉のケースワーカーは語っていた。さらに深刻なのは、福祉事務所のケースワーク業務が、高齢、障害、生活保護等分野を問わず非正規に移行しつつあるということである。住民の基本的人権を守るうえで最も重要な相談業務が非正規に置き換えられていっている状況は看過できない。

介護保険前の高齢者の介護相談は、自治体の高齢者福祉課などの窓口以外では、老人福祉法に根拠をもつ老人介護支援センター（在宅介護支援センター）が、その役割を担い、実質的なケアプラン作成機関でもあった。介護保険後は、居宅介護支援事業者としても位置づけられ、経営も一部独立採算が求められるようになり、一般の居宅介護支援事業所と競合することになった。居宅介護支援事業を行なわなければ、直接的な支援ができなくなるが、行なえば介護保険の給付管理に追われ、総合相談窓口としての機能が発揮できなくなるというジレンマを抱えることになったのである。在宅介護支援センターの多くが、二〇〇六年以降、介護保険法に根拠をもつ地域包括支援センターに移行し、残った在宅介護支援センターには国庫補助がなくなったため、風前の灯火のような状況である。福祉事務所の機能強化の必要はいうまでもないが、一九八九年から老人福祉法に根拠をもつ機関として地域で高齢者相談の要となっていた在宅介護支援センターを再度見直す必要があるのではないだろうか。

在宅介護支援センターに代わって地域包括支援センターの設置が自治体に義務づけられたが、市区町村直営が減少し委託化が進んでいる。予防活動が主業務とされ、ケアマネジメントも予防給付（要支援者）

に限定されているため、要介護と認定された時点で地域のケアマネジャーを紹介して終了となることが多い。そのため、認知症を含む病状の悪化や要介護状態が進行していくプロセスにかかわる機会が少なくなっている。主任ケアマネジャーが配置されたとしても、経験を積む機会がないため、地域のケアマネジャーをサポートする役割を担うのは難しい。

介護保険法施行後の医療保険制度の改定で、診療報酬に誘導されるかたちではあるが、医療において地域連携ということが重視されるようになった。補論1で述べたように、医療提供のあり方には検討の余地が残されているが、それでも地域やQOLを意識した内容に少しずつ進んできていることは間違いない。また、介護分野と異なり、現時点ではまだ非営利の原則が、少なくとも建前としては残っている。くわえて医療職には専門職としての歴史と実績がある。

公的な責任で必要なケアを提供するためのシステムを再構築するということは、介護保険開始から一七年余を経て、自治体のケースワーク機能が後退した状況下では容易ではない。そこで、疾病の予防を含む総合的なケアプランを提供できるように、公共性を維持している医療機関のアセスメント力をより強化する方向での改革を提案したい。介護保険法施行前は、在宅療養をコーディネートする役割は、MSWを配置するなどした医療機関が担うことが多かった。しかし、退院支援加算などに誘導されるかたちでMSWの配置が進んだとはいえ、自治体のケースワーク機能が低下したのと同じように、ケアマネジャーへの依存によるソーシャルワーク機能の低下も指摘せざるをえない。事例1では、家族は自宅での介護は困難との意向であったが、MSWは本人の気持ちに寄り添い、地域でケアチームをコーディネートしているケアマネジャーの協力を得て在宅療養のビジョンを示すことで自宅退院を実現した。MSWをはじめ医療機関が在宅療養のイメージをもてないと、家族が自宅での介護は無理だと判断した時点で転院先を探すということになってしまう。

後遺障害を抱えることによる人生の変化は、本人のみならず家族の人生をも左右する。そのような人生の分岐点において、少なくとも、介護の点で悩むことがないよう、安心して相談できるケアチームがどの地域にも存在し、医療機関と連携できることが重要である。自治体の福祉事務所機能と医療機関のソーシャルワーク機能を再度見直し、ゆるやかな包括ケアを模索できないだろうか。さらに、第4節の事例2のように、医療や福祉にたどり着けないまま不適切な状態での生活を送っている認知症高齢者等が、より早い段階でしかるべきケアを受けられるように、公衆衛生の専門機関としての保健所・保健センターを、対象を限定しない相談機関に再編成し、実働部隊となるヘルパーや保健師等の看護職およびソーシャルワーカーを配置し、行政が住民のニーズを直接把握することからやり直すしかないのではないだろうか。介護保険法に規定され、「介護予防」に重点をおいた現行の地域包括支援センターでは、残念ながらその役割の発揮は期待できない。必要なのは「保険」ではなく「保健」である。

「自立支援」から「介護保障」へ、相談機能を発揮するためには、個別のケアニーズに応える社会資源が質量ともに充実している必要がある。市場化を前提としているため不安定さは否めず、地域ごとに偏在はあるものの、介護保険によってケアの基盤整備が爆発的に進んだことは事実である。今後は、それらの社会資源を生かしつつ、公的な責任で非営利の枠をはめる制度改正が急務であろう。政府が進める画一的かつ「自助・互助」のインフォーマル重視の「共生社会」をベースとした地域包括ケアシステムではなく、公的責任で個別のニーズを満たすローカルオプティマムを実現するために、その前提として、ケアのナショナルミニマムの確立は欠かせない。まずは、現行制度での可能性を追求する実践から始めたい。

（末永　睦子）

◉注

＊1　厚生労働省老健局「介護保険制度に関する国民の皆さまからのご意見募集（結果概要）」二〇一〇年五月。

＊2　社会保障審議会・第90回介護給付費分科会に提出された資料「特別養護老人ホームにおける待機者の実態に関する調査研究事業――待機者のニーズと入所決定のあり方等に関する研究～」二〇一二年。

＊3　三菱総合研究所「居宅介護支援事業所及び介護支援専門員の業務等の実態に関する調査報告書」二〇一四年三月 http://www.mri.co.jp/project_related/roujinhoken/uploadfiles/h25/h25_08.pdf（最終閲覧二〇一七年一〇月八日）。

第8章 高齢者ケアの財政論
介護保障のために

1 高齢者ケアと介護保険による制約

高齢者ケアは、これまでの各章の分析が示しているように、介護保険の給付範囲にとどまるものではなく、生活のケアを広く含むものとして位置づける必要がある。具体的には、介護保険給付にくわえて、医療、保健・予防、社会福祉としての生活ケア（生活支援サービス等）、さらには居住、生活環境にかかわるサービス等を含む。

介護保険は、介護を要する者への介護給付と介護を要する状態になる恐れのある者への予防給付の双方を制度の対象とし、さらには介護を要する状態にならないよう健康増進・健康づくり事業の促進を掲げて動き出した。この健康づくり事業は、従来は保健行政が担ってきたもので、財政的にも介護保険とは別枠で確保されてきた。しかし、保健・福祉の領域で介護保険を軸とする方向での再編が進むなかで、介護予防にかかわる事業は、介護保険に組み込まれるようになり、事業費も介護保険財政として扱われる部分が増大していった。二〇〇五年の介護保険制度の改正で、予防重視が打ち出されて以降、そうした方向が加速化した。

具体的には、介護予防を推進するために市町村が実施する「地域支援事業」が創設されるとともに、介護予防マネジメント等を担う地域包括支援センターが創設された。地域支援事業には、①介護予防事業、②包括的支援事業が含まれ、その実施のための財源は、介護予防事業については、現行の給付費の財源構成と同じ保険料五〇%、公費五〇%（公費は国二五%、都道府県一二・五%、市町村一二・五%）、包括的支援事業は一号保険料と公費（公費は国三九・五%、都道府県一九・七五%、市町村一九・七五%）とされた。つまり、介護予防事業が、介護保険とは切り離されて市町村の独自事業として実施されるが、その費用は介護保険特別会計、すなわち介護保険の財源を充てることとされた。その後、二〇一五年の制度改正によって、要支援者を対象とする介護予防給付のうち介護予防訪問介護と介護予防通所介護も、介護保険本体からはずされ、地域支援事業の対象とされるとともに、これらは他の予防事業と総合化された「介護予防・日常生活支援総合事業」として実施されることになった。この総合事業の内容は、市町村にゆだねられており、多様な形態をとることになるが、そのメニューのなかには、訪問介護、通所介護のほかに、①栄養改善を目的とした配食、②住民ボランティアが行なう見守り、訪問介護・通所介護に準じる自立支援に資する生活支援が「第一号介護予防支援事業」として位置づけられた。そして、その費用にはこれまでと同じく介護保険特別会計による資金を充てる。従来と違うのは、総合事業の事業費に「上限」が設けられたことである。つまり、その事業費は、事業開始の前年度の介護予防訪問介護と介護予防通所介護、介護予防支援の総額をベースとするが、伸び率は各市町村の「七五歳以上高齢者数の伸び以下」とされた。

こうした改編のねらいは次の点にある。すなわち、介護予防および日常生活支援事業を介護保険と不可分のものと位置づけながら、介護保険とは切り離して市町村の独自事業としたうえで、費用については介護保険の財源を用いるとともに「上限」を設けるという仕組みにすることで、介護予防の強化によって介護保険給付費の抑制をはかるように市町村に仕向けること。そして、同時に、事業費に「上限」を設けることでコスト意識をもたせて費用の抑制をはかることである。つまり、国は、介護予防や日常生活への支援に本気でとりくむつもりは毛頭なく、もっぱら介護保険の費用抑制に利用しているにすぎない。しかも、その責任を市町村に押しつけ、予算に枠をはめるという「安上がり」の方法で。[*1]

介護予防および日常生活の支援は、介護保険給付と同様に高齢者の生活には欠かせない。それゆえ、従来は、国が責任をもつ保健事業として、また生活支援は社会福祉事業として位置づけられ実施されてきた。介護保険は、これらの事業に対する国の責任を大幅に縮小するとともに、介護保険に半ば取り込むことでその事業の再編・縮小を進めてきた。こうした方法では、本来の役割は果たせないどころか、費用抑制の手段としてしか機能しない。

高齢者ケアは、冒頭でふれたように、介護保険給付にくわえて、保健・予防サービス、日常生活を支える社会福祉サービスを含む。そうした広がりをもつことによって、高齢者の生活を総合的・連続的に支え、高い質の生活を維持することができる。そこで、以下では、高齢者ケアとしての統合性を確保するための財政のあり方を、介護保険財政および介護保険財政と他の制度とのかかわりを中心に検討する。高齢者ケアの財政論としたのは、そのような意味である。ただし、医療については以下で紹介するように、すでに基本原則が整理されているので、必要最小限の言及にとどめたい。

2 前提とすべき高齢者ケアの財政原則の確認

まず高齢者ケア財政の前提としてふまえるべきケアの財政原則について整理しておきたい。福祉国家構想研究会は、すでに『福祉国家型財政への転換』で福祉国家型財政の基本原則について、また『誰でも安心できる医療保障へ』で「福祉国家型医療保障制度の原則」について、それぞれ提起してきた。[*2] 高齢者ケアの財政原則は、これらの内容をふまえて整理する必要がある。

まず、「福祉国家型財政の基本原則」について。『福祉国家型財政への転換』は、福祉国家型財政の基幹税とすべきは消費税ではなく「応能負担型の所得・資産課税」でなければならないとし、「個人・法人双方にまたがる所得・資産課税こそは、福祉国家のいわば背骨にあたる垂直的所得再分配を可能にするもの」とその意義を指摘している。そのうえで、福祉国家型財政には「社会保障・教育・雇用制度等の改革をつらぬく原則が必要となる」とし、それは「必要充足・応能負担原則」であるとしている。「必要充足」とは、「生存権の保障に必要な諸サービスを充たす」こととしたうえで、かかる必要充足原則に立てば、社会保険の保険料財源という限られた財源の枠ではそのことが保障されず、「応能負担型一般財源」でなければならないこと、このような必要充足が給付原則となるからこそ、教育・医療・福祉は現物給付方式によらなければならないとした。以上から、社会保障の財政原則の基本となる福祉国家型財政原則として、「必要充足・応能負担原則」、その原則とセットになった「現物給付方式」を確認できる。[*3]

次に、「福祉国家型医療保障の原則」について。『誰でも安心できる医療保障へ』が提起しているのは「医療保障制度の原則」であるが、ここには「社会保障としての社会保険」の原則を考えるうえでの指針が示されている。以下、財政原則を中心に整理する。ここでは、七つの原則が提起されている。すなわち、①全国民対象の統一保険（保障）制度であること、②財政責任は国がもつこと、③給付管理は基礎自治体が行なうこと、④利用にともなう一部負担金（窓口負担）制度を廃止すること、⑤保険料（→医療保険税→社会保険税→社会保障税）は、所得に対して累進的に比例する方法で計算し、かつ最低生活費にくいこまない水準にすること、⑥全国統一の現物給付とすること、⑦医療供給体制は、全国整備計画により整備すること、以上である。

このうち、財政原則にかかわるのは、②、④、⑤である。②については、「公平・平等な負担と分配のための民主的な徴税・徴収機構の確立」とそのもとでの直接支出としての「国庫からの支出」を前提に、さらに具体的な内容が示されている。要点を整理すると、(1)国税、地方税、社会保険料の一括管理、事務費の全額国庫負担、(2)全国一本の疾病金庫の設立とその金庫への国庫からの納入、(3)疾病金庫による診療報酬の支払い、(4)保険医療機関から疾病金庫あてに診療報酬請求、(5)投資的経費の公費（国と都道府県）による負担、以上である。

④は説明するまでもなく明らかである。最後に⑤については、具体的内容として、(1)同一所得には同一保険料、(2)応益負担の廃止、(3)保険料が最低生活費にくいこまないための、所得減少に対応する臨時減額制度などの仕組みの具体化、(4)企業負担を累進型総報酬（人件費）比例方式で算出することの四点をあげている。[*4]

以上から、国による財政責任原則、事務費・投資的経費の全額国庫負担原則、同一所得同一保険料原則（応益負担廃止を含む）、保険料の最低生活費保障原則、窓口負担ゼロ原則、企業負担の累進型総報酬比例方式、その前提としての民主的な徴税・徴収機構の確立とそのもとでの一括管理、全国単一の疾病金庫の設立などが提起されてきたことを確認できる。

3　介護保険財政の改革
——介護保険から介護保障へ

介護保険には構造的欠陥があり、それは介護保険の財政構造と一体不可分であることを第4章で指摘した。したがって、高齢者ケアを保障する介護保険財政の改革は、財政構造自体を転換させるものでなければならない。そこでまず明確にしておかなければならないのは、改革の検討は現行の介護保険を対象に行なうほかないが、介護保険の財政構造自体の転換をめざす改革は、介護保険制度を保険制度の枠内で議論することを必ずしも前提とするものではない、ということである。すなわち、出発点は介護保険制度ではあるが、その出口を介護保険という現行の制度的枠組みにとどめるものではないということである。

このことを確認しておく必要があるのは、これまでの各章で検討してきたように、また次章でより明確に示されるように、現在、介護保険は保険主義をさらに徹底する方向へと向かっているが、皮肉にもそうすればするほど自ら制度を壊し保険であることを否定する結果にならざるをえず、保険制度の枠にとどまることがもはやできなくなっている現状があるからである。[*5] では、介護保険財政の改革を通して介護保障へと向かうためには、どのような改革と段階を経なければならないのか。

まず第一段階としてとりくまなければならないのは、介護保険制度を前提としたうえでも可能で、かつそれが介護保障への一歩となる改革である。具体的には、次の点である。

第一は、費用負担構造を見直し、公費負担割合を大幅に引き上げることである。現行制度は、周知のように、利用者による利用料負担を差し引いた残りの費用を公費と保険料で半分ずつ負担する仕組みをとっている。公費負担割合の引き上げは、この負担割合の変更にすぎないが、財政構造を変える重要な第一歩でもある。というのは、ひとたび公費負担割合の引き上げが実現できれば、国の財政責任が明確になり、保険制度という枠組み自体にも無視できない変化をもたらし、それを突破口に財政構造の他の仕組みにも手を付けることができるようになるからである。当面の目標は、国庫負担四分の一を介護保険前の高齢者福祉に対する補助率二分の一に引き上げることである。そうすれば自治体負担を据え置いても、公費負担割合を四分の三まで高めることができる。この水準になれば、保険制度ではあっても公費負担方式（税方式）にかなり近づけることができ、次にみる保険料の負担軽減も可能になる。

第二は、保険料の見直しである。これも保険制度を前提とするが、改革の進め方によっては保険料の性格が変化し、別の制度への橋渡しが可能になる。改革が必要な内容は、保険料の賦課方式である。具体的には、(1)完全な応能負担方式への移行と市町村民税非課税世帯からの徴収の廃止、(2)保険料の年金からの天引きの廃止、そして、(3)第一号被保険者と第二号被保険者の被保険者数による按分方式の廃止である。最後の点は、保険料を同一所得に対して同一保険料を課す方式にすることで区分の必要はなくなる。

保険料の賦課は、第一の公費負担割合の引き上げと連動している。公費負担が四分の三まで引き上げられた場合、保険料でまかなわなければならない割合は、二分の一から四分の一に半減する。そのうえで、完全な応能負担方式、同一所得には同一保険料を賦課する方式、そして市町村民税非課税世帯からの徴収の廃止を同時に適用すれば、低所得層の保険料負担は大幅に軽減される。同時に、保険料自体の性格も、保険料と公費で折半する方式から公費負担中心の方式へと転換することで変化する。というのは、保険料が公費と並ぶ財源の柱として位置づけられているもとでは、文字どおり保険制度ゆえの保険料という性格を免れることはできないが、公費中心の費用負担に移行したもとでは、公費負担の補完的役割、あるいは公費以外のあれこれの負担の一つとしての存在でしかなくなるからである。この変化は重要な意味をもち、次の制度への橋渡しの役割を担うことになる。[*6]

第三は、財政運営体制の見直しである。現在、保険料（収入）は市町村単位と医療保険の保険者単位で徴収し、給付（支出）は市町村単位で行なう、いわば二元的な財政運営方式をとっている。これをどう変えていくかは、財政だけでなく文字どおり制度の根幹にかかわる。改革の出発点は、第一号被保険者の保険料と給付管理を市町村単位で行なうことで生じる「保険料と給付のジレンマ」からどう抜け出すかにある。この問題を考えるさいに重要なのは、財政単位と給付管理の単位は必ずしも一致する必要はなく、それぞれに最もふさわしい単位とすることで何ら問題はないということである。財政単位と給付管理の単位を一致させることに合理的な根拠がないわけではないが、反面で両者を一致させることでその単位に給付と負担の自律的調整の責任を負わせ、給付抑制を進めることになりかねないというリスクも有している

（たとえば、国保の都道府県化）。[*7]

この点をふまえ、かつ「社会保障としての社会保険」のあり方として提起された内容を手がかりに整理すると、次のような財政運営体制を構想できる。まず、給付管理は住民に最も身近な基礎自治体で行なうことが住民の利益にかなっている。したがって、給付管理は市町村とする。ただし、市町村が生活圏域をはるかに越える広域である場合には、支部的な単位もおくことができることとする。次に財政単位であるが、税と保険料を一元的に管理する徴収機構を設け、全国一本の財政単位とする。国庫負担が五割を占め、公費が四分の三である体制のもとでは、全国一本とすることに合理的な根拠がある。

では、給付管理と財政管理の単位がずれているもとで、どのような運営が構想できるか。まず必要なのは、新たな徴税・徴収機構の創設である。保険料の徴収事務はこの徴収機構の地方支部が担当し、徴収した保険料は徴収機構の本部に集中して、国庫・自治体から振り込まれる資金と一体化させて一元的に管理する（年金方式）。被用者の保険料は、当面は現行どおり労働保険として一体的に保険者が徴収し、徴収機構の地方支部に振り込む。このさいの使用者負担分をどうするかが問題となるが、保険料の労使折半方式はとらず、累進型総報酬（人件費）比例方式で計算し、被用者の保険料と合わせて徴収機構に振り込むかたちをとる。また、給付を提供する事業者は徴収機構に介護報酬を請求し支払いを受ける。給付管理を行なう市町村は、定められた期間ごと（一般的には月単位）に徴収機構に給付の利用状況を報告する。[*8]

この方式をとることで、給付と負担は市町村単位ではなく全国単位で調整することが可能となり、市町村での「給付と保険料のジレンマ」は克服できる。またそのことによって、「必要充足」原則の財政的な基盤を確立する道筋が示されることになる。

以上の改革が実施された段階では、形式的にはなお介護保険という姿は残されているものの、保険方式からは大きくはみ出した制度に変わり、公費中心の財源確保とすることで必要充足に対応できる基盤が確立する。保険料の支払いができなくて給付を受けることができないという事態も解消することができる。こうして介護保険は介護保障へと大きく踏み出すことになる。

4 生活ケアとしての統合性と他制度の改革

冒頭に指摘したように、高齢者ケアは介護保険給付のみならず、医療、保健・予防、生活支援サービス、居住、生活環境等を含む。これらの財政確立のためには、どのような改革を行なう必要があるだろうか。まず、二〇一五年改正までは介護給付にも含まれていた要支援者への予防給付および保健サービスをどうするか。介護保険の対象範囲を狭めることも問題だが、広げすぎて介護保険の枠内に取り込むことも問題がある。というのは、現行の介護保険が機能する段階では、保険制度としての限界がそのまま他の制度にも持ち込まれることになるからである。ただし、予防給付はこれまで介護保険給付として扱われてきた経緯もあり、実際にも要介護への移行が誰にでも起こりうることを考えれば、生活を支え健康を保持するための給付は介護保険給付として位置づけ、一定の水準を維持することが必要である。したがって、市町村の地域支援事業へ移行させた予防給付は介護保険へ戻すこととする。事業費に「上限」を設けて制限をくわえる方式では本来の役割が果たせないからである。この総合事業の「上限」方式には、介護保険と関連制度との関係における矛盾が表れている。介護保険からはずすが介護保険の財政を使い、介護保険の抑制的方式で縛ろうとするがゆえに、こうした理不尽な方法をとらざるをえなくなるわけである。

この反省をふまえるならば、予防給付を介護保険給付に戻したとしても、すべての事業を介護保険財政でまかなうことはせず、サービスの内容に即して地域保健事業との棲み分けと連携をはかり、地域保健の財源も合わせて活用する方式にする必要がある。地域保健は、地域保健法による保健所再編（保健所は二次医療圏に一か所とし、他は保健センターに転換）と一次予防重視（生活習慣病対策等）によって公衆衛生としての視点が後退したものの、住民全体を対象として地域の保健・予防、健康増進のための環境整備・基盤づくりにとりくむ枠組みを有している。生活全般を見据え、ライフサイクルの視点もふまえた予防のとりくみが介護予防にとっても重要な意味をもつことから、地域保健の拡充は欠かせない。ただし、地域保健事業は、一九九三年に保健所業務費のうち人件費相当分が一般財源化され、二〇〇七年にすべての保健所業務費が一般財源化されたことから、介護分野など業務の増大に対応したペースで保健師数は増大しておらず、人員不足と多忙化が一般化し、地域保健としての活動に制約が生まれている。したがって、保健事業の整備・拡充のためには、あらためて国庫による財政支援のあり方を見直す必要がある。[*9]

同様のことは、生活支援サービスについてもあてはまる。介護保険給付として元に戻すことを基本にしつつ、介護保険給付には含まれていない多くの生活支援サービスについては、社会福祉事業として位置づけ、社会福祉の財源を用いて実施すべきである。ただし、ここでも大部分が一般財源化しており、現状では、生活支援サービスの整備・拡充を自治体の裁量にゆだねるわけにはいかない現状にある。したがって、あらためて自治体事業に対する国の財政支援のあり方を見直す必要がある。あわせて、受益者負担方式をとる現行の負担方式のあり方などの見直しも求められる。

居住については、介護保険とは区分して実施すべきであるが、その前提として、近年の居住問題の深刻さをふまえ、居住保障を社会保障として明確に位置づける必要がある。日本は、住宅の確保について、戦後の一時期を除き、基本的には国民それぞれがマイホームを取得することを支援する、いわゆる「持ち家政策」をとってきた。持ち家は資産の形成を意味することから社会保障とは切り離して「関連制度」として公費支出は行なわず、国・自治体は国民金融公庫（現在は日本政策金融公庫）等による融資制度への支援に限定してきた。しかし、持ち家政策は非正規雇用の増大と賃金・所得の低下のもとで破綻しつつある。持ち家率が高い高齢者にあっても最低居住水準を満たしていないケースも少なくない。これらの現状をふまえ、何よりも、国・自治体の責任で公的な住宅供給の促進を行なう必要がある。とりわけ国の責任は重い。すべての国民に十分な住宅を保障することを明確にし、整備計画を立てる必要がある。

あわせて検討が急がれるのが住宅手当の制度化である。住宅ローンによる生活費の圧迫・家計の硬直化も深刻であるが、賃貸住宅に住む人々の家賃などの費用負担の問題も深刻である。とりわけ低所得の高齢者の場合、家賃を払い、医療・介護にかかる保険料・利用料・窓口負担等を支払った場合、手元に残る生活費に充てるべき部分が最低生活費以下になることも少なくない。したがって、生活権を保障するためには、医療・介護の負担軽減とあわせて、住宅手当を制度化して住宅費用の抜本的な軽減をはかる必要がある。現行の住宅扶助は、生活保護制度の一環であるため、生活保護受給者に限定される。対象範囲をどう設定するか検討が必要であるが、可能なかぎり広い範囲で住宅手当を適用し、住宅保障と最低生活保障を一体的に実現する仕組みを整える必要がある。その財源は、原則として全額公費負担とする。[*10]

5　高齢者ケアの財源確保

最後に、高齢者ケアの財源確保についてふれておきたい。現在、消費税収を社会保障財源（実際には特定四領域）に充てる政策がとられているが、財源の特定化はしない、つまり特定の財源と特定の歳出を結びつけることはせず、一般財源として確保し、そのうえで政策の優先度にそって歳出を選択・決定することが財政の基本原則である（ノンアフェクタシオンの原則）。消費税収を他の歳出にまわさず社会保障だけに限定する方式は、社会保障にとっては好ましい方式に映るが、財政の一般原則からは逸脱した方式である。したがって、この方式は改めなければならない。

高齢者ケアは、社会保障のさまざまな領域とかかわっていることから、その財源のあり方を問うことは、社会保障の財源のあり方そのものを問うことにほかならない。とはいえ、上述したように、社会保障だけを取り出して、そのための財源を特定して議論すること自体には問題がある。したがって、社会保障からみた望ましい財源の確保を考えるということになる。

社会保障の拡充のためには、社会保障に振り向けられる財源を増額することが必要である。社会保障財源の増額は、国家予算の歳入規模自体を拡大し社会保障に充当する予算を増額する、国家予算における各費目の支出を見直し他の費目の歳出を削減して社会保障へとまわす、その両方を同時に行なう、公費以外の収入、具体的には社会保険における保険料収入を増額する、これらが主要な選択肢である。

まず、第一の国家予算の歳入の規模自体を拡大する方法は、さらに、税率を引き上げる増税による方法、税制度の歪みを正し担税能力に適した税の徴収を行なう方法、借入金による方法、それらを組み合わせる方法がある。そのうち、まず最初に実施しなければならないのは、税制度の歪みを正すことによる増収の確保である。なぜなら、日本の税制は、一九九〇年代半ば以降の構造改革によって応能負担原則が大きく歪められ、そのことによって税収の低下が生じてきているからである。

税制度の歪みは、個人所得課税における最高税率の引き下げと税率区分の見直し、法人税率の段階的引き下げ、大企業に対するさまざまな優遇税制の実施、タックス・ヘイブン等を活用した所得隠しと租税回避などに端的に現れている。

個人所得課税は、一九八四年に七〇％であった最高税率が次第に引き下げられ、現在四五％の水準にとどまっている。税率区分も一五段階から八段階へと簡素化され区分の幅が大きくされて、全体として高所得者の税負担が大幅に軽減されてきた。他方、課税最低限は、この間にいったんは引き上げられたものの、二〇〇四年以降は引き下げに転じ、結果的に三一九・八万円から二八五・四万円へと低下し、低所得者への課税が強化された。その結果、応能負担原則が大きく歪められ、税収の低下を招くに至っている。

また法人税は、法人所得課税の基本税率が一九八四年から二〇一七年の間に、四三・三％から二三・四％まで引き下げられ、税収全体に占める比率が三〇・四％から二二・一％まで低下した。また、企業に対する租税特別措置も広範囲に実施され、一三年三月にはじめて公表された財務省「租税特別措置の適用実態調査の結果に関する報告書」をもとに集計・分析した立岡健二郎（日本総合研究所研究員）は、減税額は国と地方合わせて一兆九三〇〇億円にのぼり、このうち六割以上を資本金一億円超の企業が占めることを明らかにしている。[*11]

タックス・ヘイブンの活用による所得隠しと租税回避は、正確な実態はなお不明だが、「パナマ文書」によってその実態の一部が明らかにされた。日本の大企業・個人の名前もあがっている。タックス・ヘイブンによって失われた税額は全体で約五〇〇〇億ドル、日本は五〇〇億ドルといわれており、税収にも少なからず影響を及ぼしている。[*12]

こうした税制度の改正と並行して消費税の増税が行なわれてきた。その結果として、税収構造は大きく変化した。一九九〇年度と二〇一七年度を比較すると、個人所得課税四二・四%→二九・八%、法人所得課税二九・三%→二四・五%、消費課税二二・〇%→四〇・五%、資産課税七・三%→五・二%となり、個人所得課税と法人所得課税が大幅に比率を低下させている一方で消費課税の比率が大幅に高まり、所得課税を上回るに至っている。こうした変化は、まさしく応能負担原則からの大幅な逸脱を示している。

国家予算における歳入規模の拡大は、これらの歪みを正すことからはじめなければならない。具体的には、個人所得課税の最高税率の引き上げ、法人税率の引き上げ、租税特別措置の廃止、各国との連携によるタックス・ヘイブン等の所得隠し・租税回避に対する対策強化などの実施である。[*13]

第二の国家予算における各費目の支出の見直しによる社会保障財源の確保については、防衛費、公共事業費、対外経済協力費等を中心に、不要不急の歳出を洗い出し、見直し・削減を行なう必要がある。とりわけ、北東アジアにおける緊張関係の高まりと戦争法への対応、米軍との一体化による装備の高度化等を背景に膨張を続ける防衛費については、外交・防衛政策の見直しとセットで抜本的な見直しをはかる必要がある。また、公共事業費については、地震対策等に名を借りた「国土強靭化」等、公共事業の新たな拡大がみられることから、あらためて見直しをはかる必要がある。

最後に、社会保険における保険料収入の増額についてとりあげる。この点については、社会保障に対する企業負担の強化の一環として検討される必要がある。社会保険の保険料については、これまで労使折半が当然のこととして実施されてきたが、合理的な根拠はない。企業は労働者を雇うことではじめて経営を維持し利益を確保することができる。それゆえに労働にかかわる費用は当然ながら企業が負担する責任を負う。社会保険もそのための費用の一部である。

企業の負担は、社会保障としての社会保険制度に対して、企業としての社会的責任を果たすために求められている負担である。したがって、この面から考えても労使折半に積極的な根拠はない。企業負担は、企業の社会的責任を、社会的資源を利用することで得た成果を社会に還元する責任であると位置づけたうえで、そのあり方を考える必要がある。社会保険の保険料については、労使折半ではなく、すでにふれた「累進型総報酬（人件費）比例方式」による保険料の設定が、雇用している人に対する社会的責任という内容に最もふさわしい方式である。

以上の税制度および社会保険の改革を確実に実施できれば、消費税に依存する現在の仕組みから脱却できる見通しを立てることができる。消費税は、どのような改善措置を施しても逆進的性格を取り除くことはできない。逆進的な消費税への依存は、所得の再分配を通じて平等化をはかることを役割とする社会保障に最もふさわしくない税である。応能負担の徹底こそ、社会保障にとって望ましい財政・財源の確保への確かな道である。

●注

＊1　総合事業の詳細については、本書第3章2を参照。

＊2　二宮厚美・福祉国家構想研究会編『福祉国家型財政への転換――危機を打開する真の道筋』（大月書店、二〇一三年）、二宮厚美・福祉国家構想研究会編『誰でも安心できる医療保障へ――皆保険50年目の岐路』（大月書店、二〇一一年）。

＊3　前掲、二宮・福祉国家構想研究会編『福祉国家型財政への転換』第1章。

＊4　前掲、二宮・福祉国家構想研究会編『誰でも安心できる医療保障へ』第3章。

＊5　保険主義の徹底は、公費を排除した保険料のみでの収支相当の原則へと向かい、保険料未納者の排除、給付と負担の直接的リンク、リスク別保険料への傾斜、つまりは民間保険化へと突き進む。介護保険は同時に、収支相当の原則のために、保険料を徴収しながら給付を認めない対象を広げており、保険自体を否定するに至っている。

＊6　日下部雅喜は、介護保険制度の改革を、「部分的改善」と「根本改善」の二段階で提起しているが、「部分的改善」の一つに「介護保険料と財源問題の根本的な見直し」をあげ、国庫からの投入で保険料抑制・軽減、サービス充実・改善をはかり、「給付と保険料のジレンマ」から解放することを提起している。伊藤周平・日下部雅喜『新版　改定介護保険法と自治体の役割――新総合事業と地域包括ケアシステムへの課題』（自治体研究社、二〇一六年）第6章。

＊7　国保の都道府県化は、地域医療構想で医療供給を、標準保険料の設定で医療需要をそれぞれコントロールする権限と責任を都道府県に与え、自らの責任で医療費を自律的に調整させる仕組みにほかならない。国保の都道府県化の詳細については、神田敏史・長友薫輝『新しい国保のしくみと財政――都道府県単位化で何が変わるか』（自治体研究社、二〇一七年）参照。

＊8　前掲『誰でも安心できる医療保障へ』では、社会保険料を社会保険税あるいは社会保障税とすることを展望しつつ、国が国税・地方税とともに一括管理し、新たに設立される「全国一本の疾病金庫」へ国庫から納入して、診療報酬の支払い・請求もこの「疾病金庫」が行なうとし、新たな徴税・徴収機構を「全国一本の疾病金庫」として構想している。ここでの提起も同じ枠組みであるが、「疾病金庫」とは別に「介護金庫」を設けるか、統合した組織とするかはなお検

討が必要であるため、具体的な組織の提起は行なっていない。

＊9 常勤保健師数の二〇一三〜一五年の推移は、二万五〇八七人、二万五〇四三人、二万五三七七人である。地域差も著しく、二〇一五年度の人口一〇万人対では最高の島根（四一・一）と最低の東京（一一・四）とでは四倍の開きがある。厚生労働省「地域保健・健康増進事業報告」各年版。

＊10 住宅手当と高齢者・障害者ケアの費用負担のあり方については、スウェーデンの方式が参考になる。年金等収入が十分でない人でも良質の住宅が得られるよう住宅手当が支給され、同時に、費用負担のさいには、手元に残らなければならない最低額が法律で定められている。この額と住居費の合計が最低保障額となる。奥村芳孝「スウェーデンの社会保障における最低保障」（『医療・福祉研究』第二六号、二〇一七年）参照。

＊11 立岡健二郎「租税特別措置の実態と分析」（『ＪＲＩレビュー』Vol.４・No.14、二〇一四年 https://www.jri.co.jp/MediaLibrary/file/report/jrireview/pdf/7303.pdf 最終閲覧日二〇一七年八月三〇日）。ただし、立岡は、すべてが純粋の減税ではなく、のちに課税するものも含んでいるとして、それをふまえると正味の減税額は一兆二〇〇〇億円程度としている。

＊12 合田寛「パナマ文書後のタックスヘイブン問題」（『大阪保険医雑誌』第六一〇号、二〇一七年七月号）。あわせて、バスティアン・オーバーマイヤー／フレデリック・オーバーマイヤー『パナマ文書』（姫田多佳子訳、角川書店、二〇一六年）参照。

＊13 横山壽一「社会保障・税一体改革をめぐる攻防」（『医療・福祉研究』第二六号、二〇一七年）、同「社会的不公正の是正で社会保障の財源確保を」（『大阪保険医雑誌』第六一〇号、二〇一七年七月号）参照。

（横山 壽一）

第9章 介護保障につなぐ制度改革

1 本章の課題

第1章では、現行介護保険制度の成り立ちと施行後の経過、およびその帰結としてとらえられる介護をめぐる深刻な現状について概括し、介護保険自体が制度的危機に瀕していること、続く第2章では、政府が掲げている給付抑制と負担増を遮二無二先行させる改革の方向では、事態を根本的に悪化させかねないことを明らかにした。本章では、それらをふまえ、政府の介護制度改革に対する対抗構想を検討する。

最初に、現在の介護保険が直面している危機的な事態と、それを座視したまま新たに政府が推し進めようとしている制度改革の問題点をあらためて整理する（第2節）。そのうえで、これらをふまえながら、現状の困難の解決と事態の改善に向けた現行介護保険制度の「再設計」、いわば「名ばかり」社会保険から「真っ当な」社会保険への接近もしくは転換に向けた政策課題について、「必要充足」保障の観点から検討する（第3節）。あわせて、前回二〇一四年「改正」の影響、新たな「二〇一七年改革」の内容から求められる、当面かつ緊急に改善を要する政策課題について考えたい（第4節）。

しかし、介護制度改革はそれで完了するわけではない。「人権としての介護保障」を真に実現するうえで、保険方式では乗り越えられない限界があるからだ。すでに本書のこれまでの論考において、全額公費を財源とする新たな制度の構想が検討、提言されている。この新たな高齢者介護保障制度は現在の介護保険の改善・「再設計」を通して給付実績を積み上げ、具体的な介護困難を解決していく過程で展望されていくものと考える（第5節）。

次から次へと繰り出される制度改悪のなかで、利用者と家族は見直しのたびに翻弄され、介護現場は息つく間もなく目の前の対応に追われている現実がある。しかし、そのような厳しい状況におかれているからこそ、個々の改悪に抵抗することとあわせ、介護保険制度の根本的な問題点や求められる改善の方向、さらに本来あるべき介護（ケア）の姿やその制度的保障のあり方について、多くの人たちと議論し共有しあうことがあらためて大切になっているのではないかと思う。

本稿の内容の多くは、医療・介護保険部会（福祉国家構想研究会）での議論によった。その基底となっているのは、「福祉国家と基本法研究会」が二〇一一年にとりまとめた「社会保障基本法・社会保障憲章」構想である。[*1]

2 現行介護保険の現状と、政府による制度改革の基本方向

介護保険制度は、「介護の社会化」を求める世論を背景にしながらも、実際は当時の自民党・第二次橋本内閣による社会保障構造改革のもと、高齢者福祉・医療費の削減、介護の市場化・営利化を目的に創設され、社会サービス制度に本来求められる「必要充足の原則」からは大きく乖離した「構造的欠陥」を最初から組み込んだ制度として設計された。

二〇〇〇年の制度施行後は、歴代政府の社会保障構造改革のもとで、給付抑制・負担増を先行させた制度改革が次々と断行される。世論と運動がこれらを部分的に押しとどめ、制度内容・運営の一部改善を実現させてきたものの、全体として見れば「構造的欠陥」は増幅しつづけ、その結果、介護保険制度自体がいまや危機的な事態に直面するに至っている。

一つは、介護困難の深刻化と、それに応えられない制度に対する「信頼失墜」である。制度のそもそもの設計と施行後の給付抑制を先行させた見直しは、在宅でのサービス利用や施設入所を困難にし、家族の

介護負担を増大させ、制度への信頼を大きく突き崩してきた。厚生労働省（厚労省）の元老健局長が「団塊の世代にとって、介護保険はもはや国家的詐欺に近い」と言及したことは、その一つの象徴といっていいだろう。制度への信頼なくしてその持続ははかれない。

第二に、現在・将来にわたる「担い手不足」である。低く据え置かれた介護報酬が安定的な事業所経営と、大幅な処遇改善や職員の確保を困難にし、多くの事業所・職場では、慢性的な人手不足が続き、募集をしても長期間応募がない事態が常態化している。介護福祉士養成校の大幅な入学定員割れや廃校が相次いでいることも深刻だ。このことは人手不足が単に現在の問題にとどまらないことを示している。このままでは必要な専門職の養成・確保が立ちゆかなくなり、介護保険制度自体を維持できなくなる事態が生じかねない。

第三に、介護給付費と保険料が直接連動する財政構造のもとで、このままでは「財政破綻」を招来しかねない点だ。すでに第六期の介護保険料（第一号被基準額）は五〇〇〇円を突破し、二〇二五年には八〇〇〇円を超えると推計されている。高齢者にとって、介護保険料の支払いがいっそう厳しくなることは想像に難くない。このままの状態で推移していけば、増大する介護給付費に見合う介護保険料の確保が困難になることは必至だ。構造的な財政破綻が早晩到来することになる。

こうした事態を一顧だにしないまま、安倍政権はさらなる給付削減・負担増をもたらす「二〇一七年改革」に踏み出した。同時に営利企業のビジネスチャンスを拡大するために、保険外サービスの開発・普及と、規制緩和による「混合介護の弾力化」に本格的に乗り出している。

給付削減一辺倒の制度改革、営利化・市場化（産業化）路線では、「持続可能性の確保」どころか、先に述べた危機的事態をいっそう拡大・深化させていくことは明らかだ。このままでは介護保険は、「持続〝不可能〟な制度」として早晩破綻を余儀なくされるか、もしくは、持続しうる許容範囲まで給付水準を切り詰めることで「制度残って介護なし」という暗澹たる事態をつくりだすに至るかのどちらかだろう。その結果、制度から排除される、いわゆる「介護難民」が大量に出現し、「介護心中・介護殺人」と称される悲惨な事件がいっそう増大することになりかねない。いったい誰のための「持続可能性」なのか、何のための介護保険制度なのか、あらためて正面から問わなければならない。

3 「名ばかり」社会保険から「真っ当な」社会保険へ
——現行制度の「再設計」の課題

(1) 改革の基本な視点と課題

必要「不」充足の事態を生み出しつづける制度の問題点

何よりも求められているのは、現在の介護保険制度のもとで、利用者や家族、介護現場に広範に生じている「いま、ここ」の困難・苦悩を一刻も早く軽減し、解決することである。

しかし、第1章で検討したように、社会保障構造改革に促迫されて創設された介護保険制度は、最初から構造的欠陥を組み込んで設計され、さらに制度施行後に次々と実施された制度改革によって、その欠陥を増幅させてきた。

設計上の問題点の第一は、「保険原理」（収支均等原則）を前面化・肥大化させるさまざまな仕組みを組み込んだ点にある。[*2] 社会保険は「強制加入」であるため、経済的事情にもとづく不利益などが生じないよう「保険原理」を大幅に修正して制度設計することが要請される。しかし介護保険は、収支均等原則にもとづき、収入（保険料）と支出（給付）の均衡をはかる財政規律を徹底させた（保険主義）。保険料については、六五歳以上の全高齢者を被保険者としたうえで、年金天引き（特別徴収）を採り入れた。さらに一般的な低所得を理由とする減免制度は法定化せず、逆に保険料未納・滞納者を対象に、給付制限を課す制裁措置を組み入れた。給付については、あらかじめ保険給付の上限を設定し（区分支給限度額）、給付の資格と上限額を判定するために要介護認定システムを導入するなど、利用に至るまでさまざまなハードルを設けた。さらに、身体機能を偏重した「自立」を一面的に強調し、サービスを打ち切る仕組みも導入した。

第二に、必要な介護サービスを一括して給付する現物給付ではなく、利用者・事業者の利用契約にもとづき、サービス費用の一部を補償する方式（現金給付）とした。保険者である市町村は利用者にサービス費用を支給することが中心となり、そのサービス費の水準やサービス利用の可否について直接かかわらない仕組みとなった。

第三に、サービスの利用に応じて利用料が決定する応益負担が導入された。そのため、介護内容を充実させるために介護報酬を引き上げると利用料に直接反映されるという財政上のジレンマが持ち込まれた。低所得者にとっては、サービス利用の最大の足かせとして機能することになった。

第四に、営利・市場化がはかられた。居宅サービスの提供主体として、営利を目的とする法人の参入が容認された。介護報酬という公定価格が定められ、事業参入に一定の要件を課す指定方式をとっているものの、サービス費補償（現金給付）の仕組み、応益負担制など、一般市場における商品取引に近い環境がつくられた。給付の上限を超えた部分を保険外サービスとして提供する「混合介護」が可能とされた。

第五に、介護保険以前の措置制度とくらべて国の財政負担が大幅に削減された。同時に、介護給付費と保険料が直接連動する仕組みとなったため、「給付を増やすか、保険料を上げるか」の二者択一がつねに強制され、提供される介護サービスの水準が負担可能な保険料の範囲内に押し込められることになった。

「再設計」の課題は何か

介護保険の「再設計」とは、現行の保険方式のもとで、憲法第二五条に裏打ちされた「必要充足」保障を全面につらぬく制度につくりかえることを意味する。一人暮らしでも、家族が同居していても、認知症になっても、経済的な事情にかかわらず、必要な介護サービスが適切に受けられる制度、つづめていえば、介護で困ったときに本当に役に立つ保険制度に転換させるということだ。仮に「自立」の理念を掲げるのであれば、それは公的制度からの「離脱」ではなく、公的サービスを利用しながら、その人らしい、あたりまえの生活が保障されるという意味での「自立」として定立されなければならない。介護保険の「再設計」とは制度の根幹部分の大幅な見直しをともなう、「名ばかり社会保険」から「真っ当な社会保険」への接近もしくは転換と表現できるだろう。[*3]

検討すべき論点・課題として以下の内容があげられる。

給付と負担のあり方の見直し

●過度な保険主義の是正

・区分支給限度額、要介護認定制度の廃止、公的責任による新たなマネジメントシステムの確立

・介護保険料の定率化・応能負担化、年金天引きの廃止、未納者・滞納者に対する制裁措置の撤廃、法定減免制度の創設

●保険者と利用者の介護保障契約にもとづく現物給付方式への転換

●給付体系の再編

・医療系サービスの医療保険への移行、マネジメント機能・生活支援・予防事業の一般財源化

●応能負担への転換

・利用料の廃止、少なくとも低所得層（市町村民税非課税者）の利用料を廃止

●事後規制の是正、介護給付費の削減を目的にした「適正化」事業の廃止

提供体制のあり方の見直し

●介護報酬（基本報酬）の底上げ、人件費などの必要経費の補償

●基盤整備に対する公的責任の明確化・財政支援の強化、地域の実状に応じた自治体直営事業の実施

●緊急、抜本的な介護職員の処遇改善・労働環境の改善、専門的裁量の発揮・強化

●提供主体の非営利性の担保

財政対応のあり方の見直し

●公費負担（財政調整交付金部分を除く国庫負担）割合の引き上げ

●別枠での公費投入——介護従事者の処遇改善、介護保険料の軽減、マネジメント・福祉・予防事業などの一般財源化、基盤整備に対する財政的支援の強化

なお、これらの内容はそれぞれ一足跳びに実現に至るものではなく、段階的・部分的な改善・改革を当然含むことになる。たとえば、区分支給限度額の撤廃、利用料の廃止に至らなくても、区分支給限度額の大幅な引き上げや、収入に応じた利用料の免除・減額が実施されれば、低所得、重度の要介護状態であっても介護保険を利用しながら在宅での生活を継続できる条件が広がるだろう。

現行介護保険制度の「再設計」（＝「真っ当な社会保険」への転換）とは、こうした改革を積み重ねながら、

利用を制限する仕組みを徐々に改善し、必要時に必要な介護が保障される制度につくりかえていく一連の過程といえる。

以下、「給付と負担」「提供体制」「財政対応」の柱ごとに、「必要充足」保障をはかるための現行介護保険の「再設計」に向けた具体的課題について検討する。

(2)「必要充足」保障①――給付と負担のあり方の見直し

過度な保険主義の是正

介護保険制度を設計するさい、「保険原理」(収支均等原則)に重心をかけた給付・負担の仕組みが組み込まれたことは先に述べた。保険給付の上限設定とその振り分けのための要介護認定システム、介護保険料の設定や徴収方法の全面的な見直しなど、過度な保険主義を低減・是正させることは、「再設計」の重要なテーマとなる。

保険給付の上限(区分支給限度額)の撤廃

現在の介護保険には七段階に区分された保険給付の上限額(区分支給限度額)が設定されており、この額をオーバーした分は一〇〇%自己負担(保険外サービス)になるため、利用者にとってサービス利用の障壁となっている。

現行の区分支給限度額は廃止する。保険給付の基準として、国は「上限」ではなく、標準的な状態像を勘案した「目安」を示すにとどめる。この場合、給付量が仮に「目安」を超えても保険給付の対象として取り扱うことが必要だ。

廃止に至るまでの方策として、区分支給限度額全体を引き上げる。少なくとも認知症、独居世帯など現在の認定システムで軽度に判定されやすい層については、その矛盾が根本的に解消されないかぎり、必要なサービスを保険内で利用できるよう限度額の上積みをはかる。とくに重度要介護者への対応として、要介護5の区分支給限度額を撤廃もしくは大幅に引き上げることが必要である。[*4]

現行要介護認定制度の廃止と新たなマネジメントシステムの確立

要介護認定は、受給資格の有無と保険給付の上限（区分支給限度額）を決定する、介護保険のいわば根幹に位置するシステムだ。しかし、制度施行当初から、実際の状態と認定結果との間に乖離が生じるケースが後を絶たない。二〇〇九年に実施された見直しは、認定調査、一次判定、二次判定を含む全面的なものだったが、逆に軽度判定化、「非該当」判定化を加速させており、矛盾をいっそう深めている。

現在の七段階の認定区分、コンピュータ判定などを含め現行の認定方式は廃止する。[*5]国は、状態や介護の必要性に関する大枠のガイドラインを示すにとどめ、介護の必要性の判定、給付量の「目安」の振り分けは自治体職員、もしくはそれに準じる立場のコーディネーター（ソーシャルワーカー）が利用者、家族との協議を経て決定する。具体的な介護サービスの種類、内容については、利用者とケアマネジャーの協議にもとづき、サービス担当者会議などで決定する仕組みに改める。[*6]

なお、廃止に至らない段階でも、認定基準のなかに世帯や地域の状況など社会的要素をできるだけ組み入れ、個別性がより反映される仕組みに改めることが必要である。たとえば、認知症状が認められれば要介護1以上に判定する、がん終末期の場合は要介護5とする基準を設けるなど、認定結果と状態像にできるだけ乖離を生じさせない対策を即刻講じることが求められる。

介護保険料の見直し――「拠出原則」の是正・緩和

現行の保険方式を維持しようと思えば、高齢者が支払う介護保険料の高額化を抑え、所得の状況に合わせた支払い可能な額に設定することが不可欠だ。そのためには、現行の定額制から所得に応じた定率制に切り換え、そのうえで市町村民税非課税者は保険料の支払いを免除する。

さらに、家計の事情にかかわらず強制的に保険料を天引きする特別徴収は廃止し、保険料の未納・滞納者に対する制裁措置も撤廃する。[*7] 一般的な低所得状況を要件とする減免制度を法定化することも必要だろう。全高齢者に加入を強制する「社会保険」にふさわしく、低所得者に対する負担軽減措置が十分講じられなければならない。

また、政府が自治体に課している「保険料減免三原則」は撤廃し、自治体独自の保険料軽減措置に対する一般財源からの繰り入れを認めるべきである。[*8]

図1　「利用契約」にもとづくサービス費補償方式（現行イメージ）

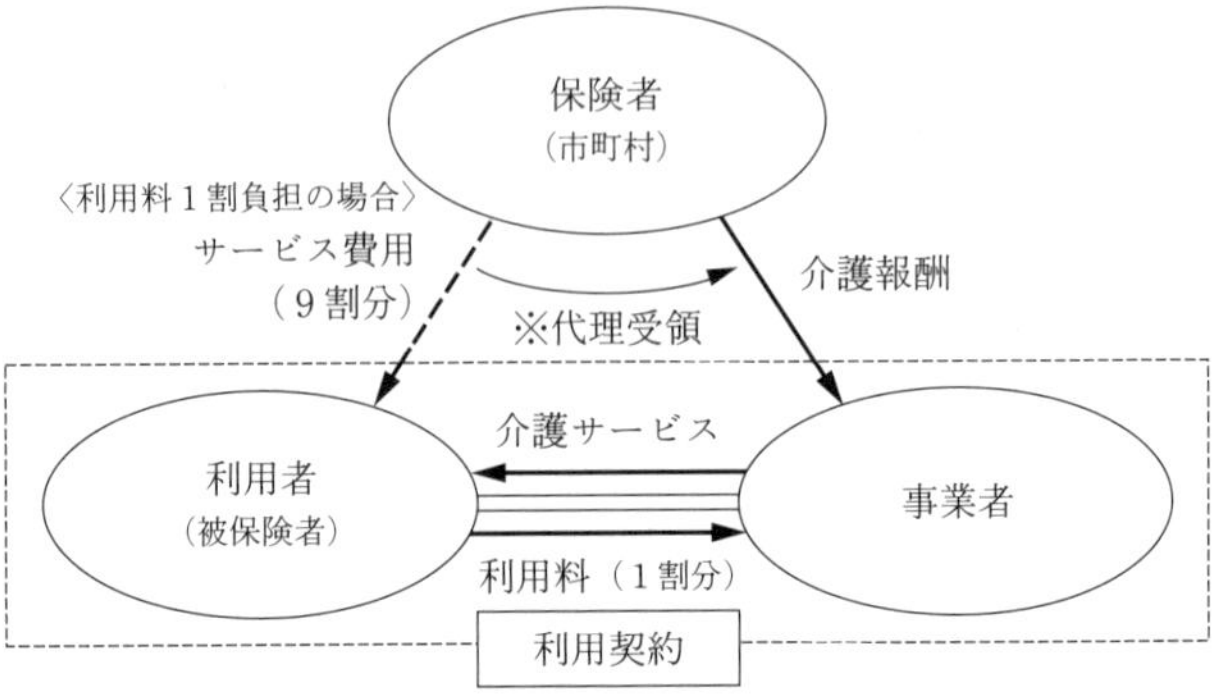

出所）筆者作成。

現物給付への転換と給付体系の再編

現金給付（サービス費補償）方式から、現物給付方式へ

現在の介護保険は、利用者と事業所の契約にもとづく現金給付（介護サービス費補償）方式をとっている。サービスの現物ではなく、費用全体の九割分（利用料負担が一割の場合）を保険者（市町村）が利用者に支給する。ただし、手続き上の煩雑さを回避するため、サービス費用を介護報酬として事業者が代わって受領する（「代理受領」）。利用者は費用の残り一割分を利用料として事業者に支払い、サービスの提供を受ける。

そのため事業所と利用者との関係からとらえると、たとえばヘルパーによる生活援助などのサービスが「現物」として提供されている外観をとるが、保険制度における最も基本的な関係となる、保険者（市町村）と被保険者（利用者）との間では、前者から後者へ介護サービス費が「現金」として支払われる関係となる（図1）。

それゆえ、前述したように、保険者（市町村）は、介護サービス費用を支給する責任は負うが、サービス費そのものが必要十分な水準のものか、支給されたサービス費によって必要と判断されたサービスの利用が実際に行なわれているのかまで直接関与しない仕組みとなった。また、制度に起因するさまざまな問題が当事者間の契約問題に押し込められ、社会問題化しにくい構造がつくられた。ここに現在の介護保険が公的責任の度合いが薄く、「必要充足」保障から遠い制度となっている一因がある。

図2　「保障契約」（公契約）にもとづく現物給付方式（イメージ）

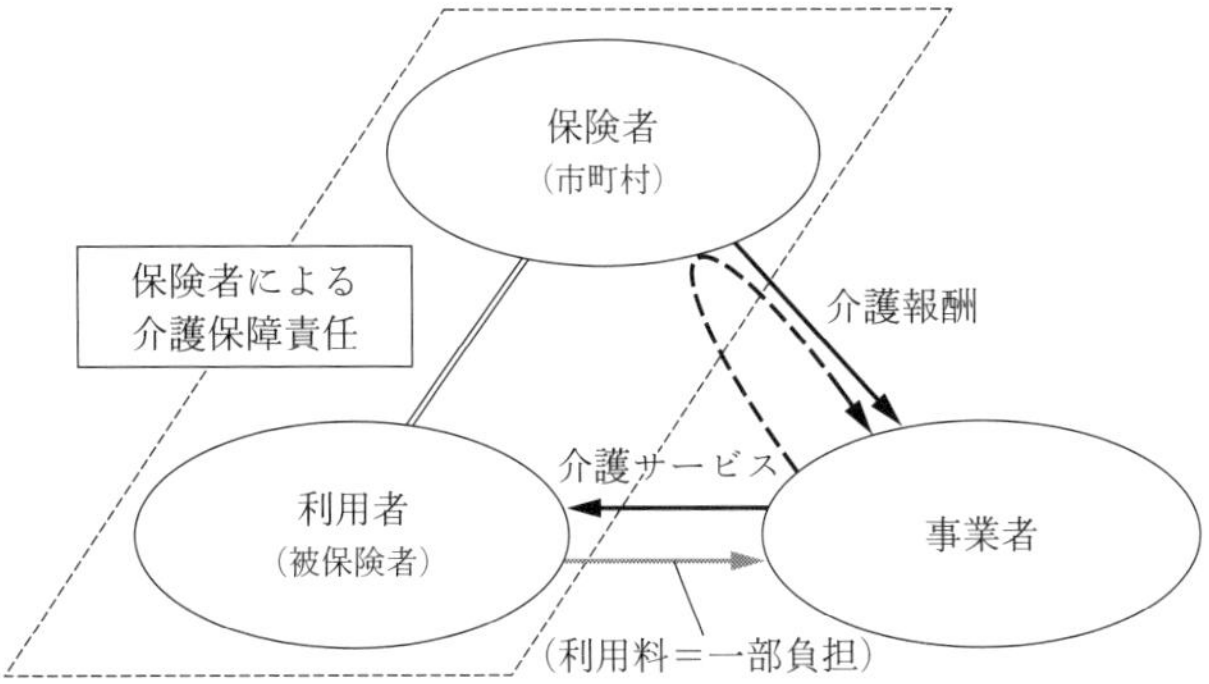

出所）筆者作成。

「必要充足」保障のためには、利用者と事業者の直接利用契約にもとづく現金給付（サービス費補償）方式から、保険者（市町村）が介護サービスの提供に責任をもつ現物給付に切り替えることが必要だ。これは介護保険を「真っ当な社会保険」に転換させるうえでの重要なポイントとなる。

現在の医療保険は現物給付が原則だ。保険者（医療保険組合など）が医療機関から必要な医療サービスを「現物」（療養の給付）として調達し、被保険者（患者）に提供する仕組みとなっている。

社会保険の「先輩格」である医療保険に準じ、保険者（市町村）の介護保障責任（制度運営責任、財政責任、基礎整備に対する責任）を介護保険法上明記したうえで、保険者は、事業者から介護サービスを「現物」（一〇割給付）として調達し、事業者を通して利用者（被保険者）に提供する。利用料は、医療保険と同様「一部」負担という取り扱いとなる（利用料の最終的な徴収責任は保険者が負う）。こうした仕組みに改めることは可能と考える（図2）。

給付体系の再編

介護保険の創設にともない、それまで医療保険で提供されていた医療の一部が介護保険に組み込まれたり（医療の介護保険化）、他の制度でカバーされていた保健事業、相談・生活支援事業などが地域支援事業（二〇〇五年法「改正」で創設）に包含され、介護保険財政の枠内で対応されることになった。現在の給付体系を見直すことは、介護保険「再設計」上の重要なテーマとなる。

具体的には、第一に、訪問看護や訪問リハ、通所リハなどのリハビリテーション、居宅療養管理指導、施設で提供される医療は医療保険に戻す。それらが必要であっても区分支給限度額との関係で利用を躊躇するケースも多いからだ。訪問看護は医療保険に一本化し、リハビリテーションは慢性期（維持期）リハビリも含めて医療保険で対応する。そうすれば現状の医療保険・介護保険制度間で利用の制約をもたらしている「給付調整」の仕組みは不要となる。介護保険施設では、たとえば老健施設において使用する高額な治療薬（抗がん剤など）の費用が当該施設の持ち出しになるなど、施設で提供される医療に制限がくわえられているため入所が敬遠される事態が生じている。施設での医療は医療保険で提供すべきである。

医療系サービスの医療保険への移行は、「現金給付」化された一部の医療を、現物給付に戻し、再生させることを意味する。医療保険の側では、内容の充実、窓口負担の軽減などの制度改善が必要となる。

第二に、マネジメントを担う事業については市町村が直営で実施するか委託事業とし、財政は一般財源で対応する。具体的には、地域包括支援センターの運営費は介護保険財政から切り離し一般財源とする。居宅介護支援事業も自治体の委託事業（一般財源による）に移行する。実際、ケアマネジャーは給付管理の枠を越えた幅広い相談支援を行なっており、公費による委託事業としたほうが「公正・中立の確保」という政策目的にも適うと考える。

第三に、身のまわりの困りごとなどに対する多様な支援の多くは、地域支援事業として介護保険財政の枠内で実施されているが、これらを介護保険から切り離し一般財源で対応する。当初、老人福祉法のもとで実施されてきたさまざまな支援が介護保険創設以降、介護保険に吸収され、その過程のなかで支援の内容や規模が次第に縮小されてきた。[*9] これらを現在の老人福祉法を活用することで再生・拡充する。介護予防事業は介護保険から切り離し、高齢者保健（公衆衛生）事業として一般財源化すべきである。あらかじめ「介護事故」を設定したうえで事後的に給付を行なう保険方式は、「予防」にはそもそも適合的ではないと考えるからである。

この点で、二〇一四年「改正」で全市町村に実施が義務づけられた総合事業（介護予防・日常生活支援総合事業）は生活支援や介護予防事業を包含しており、軽度者支援のあり方との関係で「再設計」のうえでも大きなテーマとなる。総合事業については次節で検討したい。

なお、介護保険と障害者施策の関係では、障害者福祉サービスを利用してきた障害者が六五歳になったとたん、介護保険サービスに移行させられる、いわゆる「介護保険優先原則」の問題がある。これによって、住民税非課税世帯であっても利用料が徴収されたり、利用していたサービスが切り下げられることで深刻な事態が生じている。障害者総合支援法第七条を廃止し、障害者本人が介護保険、自立支援給付を選択することを可能にすべきである。

生活援助の強化

個別サービスでは、とくに生活援助（訪問介護）の強化・拡充を課題にあげたい。

利用者の暮らしの場で日々の生活を支える生活援助は、在宅生活を続けていくうえで欠かせないサービスとなっている。しかし、法「改正」や介護報酬改定のたびごとに、軽度者支援の見直しと抱き合わせるかたちで給付が縮小されてきた。この背景に、「ヘルパーの過度な援助が利用者の自立を阻害する」「生活援助には個別性はあるが専門性は認められない」などの言及に象徴される、生活援助の専門性を否定する政府の一貫した姿勢、貧困な介護観がある。

独居、老々世帯が増加するなか、定期的に生活援助を受けることで在宅生活を続けられている利用者はたいへん多い。認知症高齢者の対応はボランティアでは困難であり、初期段階から専門職のかかわりが重要であることは政府の「新オレンジプラン（認知症施策推進総合戦略）」でも指摘されている。生活援助は、個々の家事行為を通して、利用者本人の状態を把握し、その生活全体を支援する点に本来の役割がある。

政府として生活援助の専門性を認め、それにふさわしい制度的な保障を行なうべきだ。

応能負担への転換――利用料負担の見直し

現在の介護保険は、サービスの利用に応じて定率の利用料を負担する応益負担制をとる。そのためサービス利用は必要性というよりも、負担可能な利用料の額によって事実上決定されることになり、とくに低所得層にとって、利用料は必要なサービス利用を阻む最大の足かせとなっている。

図3　所得階層別の要介護出現率

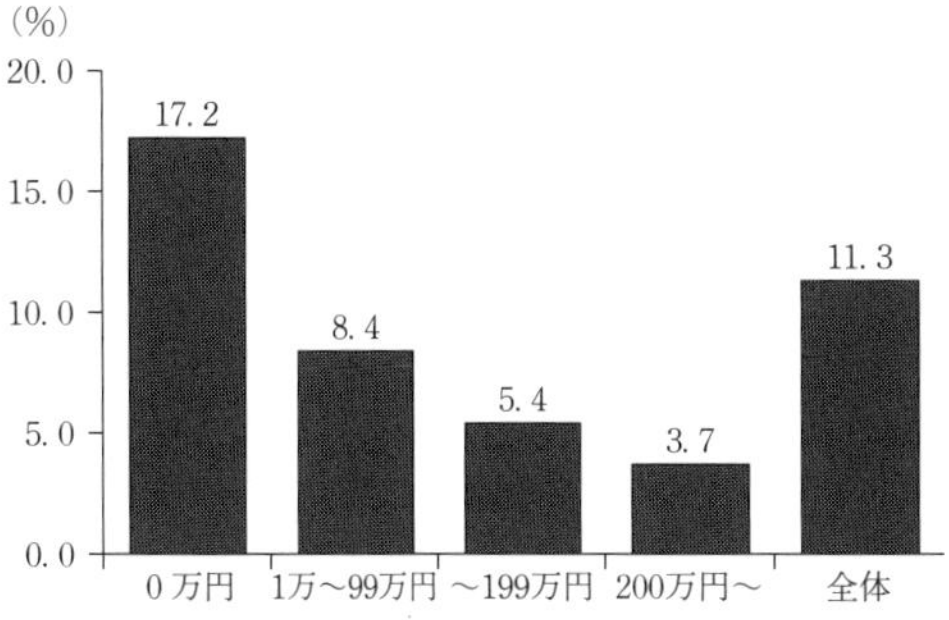

出所）近藤克則『健康格差社会』より。

疾病と貧困の間に相関があるように、要介護状態になることと経済的状況との間にも密接な関係があることが指摘されている。図3が示すように、所得が低い層ほど、要介護・要支援の出現率が高くなっており、最高所得層（三・七%）と最低所得層（一七・二%）の間で実に五倍もの差が生じている。[*10]

低所得層ほど要介護（要支援）状態を生じやすいとすれば、それだけ介護保険サービスを利用することが必要とされるわけだが、実際は利用料負担が困難で、必要なサービスの利用を断念したり、手控えざるをえない事態を生み出している。このことは、サービスを最も必要としている層に、じつは必要なサービスが届いていないという、現行介護保険制度の根本的な矛盾を浮き彫りにしている。重い費用負担のため必要なサービスを利用できず、過剰な介護負担を家族に課している状態は「貧困」と呼ぶべきだろう（補論2参照）。

利用料は廃止する。そもそも保険制度のもとでは、保険料を納めてさえいれば、さらにいえば、社会保険であるかぎりは、仮にさまざまな事情で保険料の支払いが困難であっても、介護サービスの受給権は当然に発生するはずであり、別途「追加料金」を支払わなければサービスを利用できないのはとうてい納得できない（医療における窓口負担についても同様である）。ちなみに、政府が引き合いに出すドイツの介護保険では日本の利用料のような負担は存在しない。

利用料廃止までのステップとして、少なくとも制度スタート時の一割負担（＝九割給付）に戻す。そのうえで、たとえば市町村民税非課税の場合は利用料の支払いを免除ないしは大幅に減額するなど、低所得層に利用料負担に起因する利用控えが生じないよう、必要な対策を早急に講じるべきだ。

事後的規制の是正・改善

個々の事業者に対する行政による事後的な規制が強化されてきたことも見逃せない。「適正化システム」が稼働し、介護報酬の請求データから地域で特異な傾向を示している事業所（たとえば、区分支給限度額に対する利用割合が高い利用者が多い、一種類のサービスしか利用していない単品プランが多いなど）を抽出して、集中的に給付内容（レセプト）の調査を行なうなど、給付費の事後的な削減を目的とする「適正化」対策が通常の実地指導とも連動させて実施されるようになっている。現在は、ケアプラン点検などの主要五事業（第1章注4）を「介護給付費適正化計画」に組み入れ、実施することを全市町村に義務づけている。

こうしたなかで、市町村による「重箱の隅をつつく」ような過剰な行政指導も少なくなく、このことがケアマネジャーを疲弊させ、必要なサービスをプラン化することを萎縮させる事態を生み出している。

介護サービス事業が適切な内容で実施されているかどうかを保険者である市町村がチェックすることは当然必要だが、給付費の削減を目的とした「適正化」事業は中止すべきであり、実地指導は「取り締まり」ではなく、介護の質の向上や事業者の育成など本来の意義にそった内容として行なうべきである。

(3)「必要充足」保障②――提供体制の見直し

介護報酬のあり方・内容の見直し

介護報酬は、事業経営、職員の人件費などの原資であり、同時に個々の介護サービスの内容や提供方法を実質的に規定する。

制度スタート時点では、もともと低かった介護保険以前の措置費を基準に設定され、その後の数次にわたる改定は、人件費など必要な経費を反映させるというよりは、むしろ時どきの制度の見直しや財政方針

表1　改定率と老人福祉事業者の年間倒産件数の推移

	2000	2001	2002	2003	2004	2005	2006	2007	2008
改定率				▲2.3%→			▲2.4%→		
年間倒産数	3	3	8	4	11	15	23	35	46
	2009	2010	2011	2012	2013	2014	2015	2016	2017
改定率	＋3.0%→			＋1.2%（▲0.8%）→			▲2.27%（▲4.48%）→		
年間倒産数	38	27	19	33	54	54	76	108	？

出所）改定率は，厚労省資料，老人福祉事業者の倒産件数は東京商工リサーチ調査より。

を具体的に実施に移す政策誘導の手段として機能してきた側面が強い。

実際、現在まで実施されてきた五回の改定のうち、四回はマイナス改定（もしくは実質マイナス改定）だった（表1）。表中の「年間倒産数」は、東京商工リサーチが毎年公表している老人福祉事業者の一年間に発生した倒産件数だが、その増減は報酬改定の動向とパラレルに推移していることがわかる（たとえば、プラス改定が実施された二〇〇九年度を含む三年間では倒産件数が減少している）。

改定の経過をたどると、二〇〇三年、〇六年の改定は、いずれも二%を超える大幅な引き下げとなり、施設から在宅へ、軽度から中重度へと給付費の配分を大きくシフトさせる改定だった。〇九年改定では、「介護崩壊」と報じられた深刻な事態の打開を求める世論と運動を背景に三%引き上げられたものの、二度のマイナス改定の後では「焼け石に水」といってよく、また従来以上に加算が偏重されることで、政策誘導としての側面がいっそう強められた。

二〇一二年改定は公称一・二%のプラス改定とされた。しかし一般財源による介護職員処遇改善交付金が介護報酬（介護報酬ベースで二・〇%）に組み込まれたことにより、実際は差し引き〇・八％の実質マイナス改定だった。この改定では、収支差率（利益率）の引き下げが目標とされ、その主要なターゲットとなった通所介護では「時間区分」と報酬が大幅に見直された。そのため、それまで相対的に利益率が高かった通所介護によってその他の事業の赤字分をカバーする経営手法が通用しなくなり、居宅サービスを中心に展開している法人の経営構造を大きく変えるものとなった。

続く二〇一五年改定は事業経営に甚大な影響をもたらす過去最大級の引き下げとなった。二・二七％のマイナス改定とされたが、処遇改善加算など一部加算の拡充によって全体の引き下げ幅が二・二七％に圧縮された結果にすぎず、実態は基本報酬の軒並み引き下げをともなう四・四八％のマイナス改定といってよい。改定実施後の一六年における老人福祉事業者の倒産件数は過去最高の一〇八件にのぼり（表1）、さらに「倒産」として把握されない「廃業」は、小規模の訪問介護、通所介護事業所などを中心に現在も続いている。政府の改革路線にそった大規模化・多角経営化への誘導をはかる事業所のスクラップ＆ビルドが、かつてない規模と勢いで進行していることを示している。

介護報酬算定のあり方の抜本的見直しが求められる。「介護の質の維持・向上」「経営の安定性・継続性の担保」「働きつづけられる労働環境の確保・維持」を改定の基本的な方針として確立し、人件費を中心とする必要経費を確実に補償する設計に切り換えるべきである。そのためには土台となる基本報酬の底上げが不可欠であり、加算はあくまでも特別な機能に対するオプションとして設定する。

介護報酬の算定は、現在の「サービス利用に対する対価」として支払う方式（〝利用対価方式〟）を改め、診療報酬の「看護料」などを参考に、「人員配置に対する対価」として支払う方式（〝施設事業所補助方式〟）に切り替える。利用者の要介護度や利用実態に応じて報酬が規定されている現在の仕組みでは、月々の収益の変動幅が大きくなり、経営の安定性を確保することが困難であるし、結果として人件費を含めた必要経費を適切にカバーすることは難しいと考えるからだ。この場合、支払われる基本報酬はあらかじめ事業種ごとに定められた人員配置基準にもとづくものとなる。しかし、それは「最低基準」ではなく、現場の実状を十分反映させ、必要な介護の提供が可能となる水準で設定されなければならない。改定がサービス利用に支障を来さないよう、利用料の軽減措置などの対策を講じることも当然必要となる。

介護従事者の処遇改善策、専門的裁量権の確立

介護を担う専門職の確保・養成の減少、先細りは、利用者・家族の生活はもちろん、介護保険制度そのものの存続を大きく揺るがす問題である。それに対して、専門性を低下させ、徹底して「安上がり」に対処することで深刻な人手不足を乗り切ろうという政府の介護人材確保政策（第2章3節）では、高齢化の進展、多様化する介護ニーズにとうてい対応できないどころか、取り返しのつかない事態を招く公算が高い。すでに学生が集まらずに課程を縮小したり、廃校に至った介護福祉士養成校があり、いったん専門職の養成の基盤が毀損されるとその回復はきわめて困難だからだ。

介護従事者の確保に向けた抜本的な対策を一刻も早く講じることが必要である。

賃金、労働環境の改善に向けて

一つは、現在介護に従事している職員の大幅な処遇改善である。介護の道を選択しようと考えている「未来の介護職」の背中を後押しするうえでも重要だ。以下の改革が課題となるだろう。

第一に、給与は公務員並みの水準を保障する。それは、介護という職能が公共性・公益性を本来的に備え、「必要充足」を職務上の原則とすることから、その給与の水準は公務労働に準拠すべきと考えるからだ。政府はその実現に向けた「工程表」を作成し、計画的・段階的な対策を講じていかなくてはならない。これは介護従事者の社会的評価を引き上げることに直結する。

第二に、その中心的な原資は介護報酬となる。前述したように、介護報酬は利用に対する対価ではなく、人員配置に対する対価という考え方・内容に切り替え、基本報酬部分について人件費等の必要経費をカバーしうる水準を計画的に確保していく。

当面、基本報酬が求められる水準に到達するまでの間は、現在の介護職員処遇改善加算によるのではなく、一般財源から公費を投入することで処遇改善のための財源を補塡・確保する。さしあたり二〇〇九〜一一年度に実施された「介護職員処遇改善交付金」を、看護師やケアマネジャーなどの職種も対象に含め、交付率を引き上げるかたちで復活させ、必要な期間継続させることが考えられる。仮に処遇処遇改善加算を存続させる場合は、加算率の引き上げや対象事業・職種の拡大、申請事務の簡素化などの改善をはかるとともに、当該加算分については利用料の算定根拠から除外する（たとえば現行の居宅介護支援費と同様の取り扱いとする）などの措置が必要だ。

第三に、職員体制は常勤雇用を基本とする。介護の質の維持・向上をはかるうえでも、二四時間対応をはじめとする地域の多様な介護ニーズに応えていくうえでも、常勤職員を中心とする体制の確立・強化は不可欠だ。現行の常勤換算方式は廃止する。ヘルパーについては現状の「登録型」という雇用形態、「直行直帰」という勤務形態は廃止したうえで、個々の事情に応じた就業も可能とする仕組みを設ける。

第四に、現場の実態と整合しなくなっている人員配置基準を大幅に見直す。この基準は、先に述べたように介護報酬の算定基礎となる。施設等での夜勤体制の改善も必要である。

専門性・裁量権の確保

介護保険の構造的欠陥は介護労働そのものをも変質させてきた。区分支給限度額や要介護認定システム、介護報酬・法令基準は、介護従事者に介護の「限定化、規格化、効率化」（＝「駆け足介護」「コマ切れ介護」「マニュアル介護」）を強制し、介護に本来求められる柔軟性、創造性の発揮を著しく困難にしている。「必要充足」保障に向けて、先に提案した「現物給付」を機能させるためには、介護従事者の側に、利用者が求める日々の介護ニーズを現場で把握し、必要と考えられる介護を判断し実際に提供するという専門的裁量権が与えられていることが不可欠となる。これは介護労働の本質がコミュニケーション労働であることに由来する。介護従事者にとっては、日常の介護実践を通した自己実現、自身の発達保障に直結する課題である。[*11]

介護職の医行為について

介護の専門性との関係で、医療行為についてもふれておきたい。

二〇一一年、社会福祉士及び介護福祉士法が「改正」され、介護職による一部の医療行為（喀痰吸引、経管栄養）の実施が法律上容認された（第1章3節）。現在、さまざまな矛盾を抱えながら、介護現場で対応がなされている。しかし、医療行為は専門的な訓練・教育を受けた医療職（看護職）が行なうべきである。介護・福祉領域に必要な医療職が配置できるよう、看護師等の大幅な増員をはかるとともに、人配置基準や介護報酬を見直すことを求める。介護の法的定義（同法第一条）も元に戻すべきだ。

特養ホームをはじめとする介護サービス基盤の整備

毎日新聞の調査によれば、家族の介護負担が増大するなかで、家族介護者の約七割が精神的・肉体的に限界を感じており、二割が暴力をふるった経験をもっている。[*12] こうした介護疲れが介護殺人・介護心中と称される痛ましい事件につながっている。負担と孤立に悩みながら、ぎりぎりの状態で介護を続けている家族が、必要なときにいつでも入所を選択できる特養ホームの整備が求められる。

特養ホームをはじめとする施設の増設が進まない理由として、国が施設整備のための補助金を縮小・廃止し、目的を特定しない交付金制度に切り替えたこと（三位一体改革）、自治体の介護保険事業計画において施設整備に対する参酌標準が設定され総量規制がはかられたこと、施設給付費に対する都道府県の負担割合が引き上げられたことなどがあげられる。また、自治体が直接整備に責任を負うものとなっていない現行の事業計画方式の問題もある。自治体が施設整備の目標数を掲げても、民間の事業者が「手上げ」（受託）しないかぎり一歩も進まないからだ。

国は、基盤整備に対する自治体への財政支援を強め、自治体が地域の実状に見合った整備計画を策定し、その達成に責任をもってとりくむ仕組みをつくることが必要である。施設系サービスだけではなく、重度、認知症高齢者の在宅療養・生活を支える、二四時間訪問サービスを含む総合的なサービス拠点整備も求められる。民間事業者の参入が難しい地域や事業領域では、自治体直営の事業所の整備も必要だ。

政府は二〇二三年度末までに介護療養病床を全廃することを決定した（二〇一七年法「改正」）。しかし一方で、高齢化にともない、医療・介護ニーズに対応し、長期療養・看取りを担う施設は今後いっそう必要とされていく。廃止の受け皿（転換先）として、「介護医療院」という新たなタイプの介護保険施設が創設されることになるが（二〇一七年法「改正」）、現在の介護療養病床と同等の機能が確保されるのか、また想定されているような「生活施設」となりうるのか、現時点では不透明である。

非営利原則――介護（ケア）の公共性の担保

介護保険制度は、多様な提供主体によってサービス基盤を構成することを前提に、居住サービス事業（居住系地域密着型サービス含む）への株式会社の参入を容認している。このなかには、株主配当を追求する事業者も存在する。法令基準違反による指定取り消しが多いのも株式会社が運営する事業所であり[*13]、過去にはいわゆる「コムスン事件」の例もあった。

本来、介護に求められる公共性と利益の追求を目的とする営利性とは相容れないものであり、介護保険事業は、非営利事業体によって運営されることが適切だと考える。先に述べた、公的責任による給付決定システム、現物給付方式、介護報酬のあり方の転換などが実現していけば、提供主体としての営利事業体は排除されていくことになるだろう。しかし、事業の種類によっては、全事業所の九割近くを株式会社が運営する事業所が占めており、それを抜きにサービス基盤を構成することが困難な現実もある。また、株式会社といっても、実態は非営利法人とほとんど変わらない事業所も数多く存在する。事業指定を受ける際、何らかの法人格を取得していることが必要なためだ。

これらの事情をふまえながら、公共性をできるだけ担保していく対策を講じる必要がある。

第一に、提供主体は、基盤整備に直接責任を負う都道府県、市町村が担うことを基本とする。

第二に、民間の事業体が担う場合は、非営利性・公共性を備えた事業者とする。しかし、前述したように事業の種類によっては株式会社の存在抜きにサービス基盤を構成しえない状況もあり、こうした事情を勘案したうえで、民間事業体において非営利性・公共性を担保する仕組みとして、さしあたり以下の内容が考えられる。

一つは、「入り口」にあたる事業指定のあり方の見直しである。参入の間口を広げ、一定の要件を備えて届け出れば「指定」が受けられるという現在の方式から、株主配当（剰余金の分配）にかかわる規定等をおき、それにもとづいて一定の審査を行ない、営利を目的とする事業者の参入を制限・排除する方式に切り替えることが考えられる。

くわえて、現行の「指定更新制」を見直し、公共性・公益性を評価する審査基準を設ける。審査のさいには住民の参画を求める仕組みをつくる。事業者にとっては介護の質を向上させる契機にもなる。さらに、株式会社に対して一般社団法人への転換を促したり、公共性の確保を義務づけ、介護保険事業に特化した新たな法人格を設立するなども検討テーマとしてあげられるだろう。

これらの対応によって、非営利原則を実質化させることは可能と考える。[*14]

(4)「必要充足」保障③——財源のあり方の見直し

保険財政の見直し

繰り返し述べてきたが、現在の介護保険は「保険原理」を突出・肥大化させた制度となっており、サービスの充実をはかったり、処遇改善に向けて介護報酬を引き上げると給付費が増え、それに連動して介護保険料が増大する。そのため「サービスの切り下げか」、それとも「保険料の引き上げか」の選択がつねに強いられ、支払い可能な保険料の範囲に給付の水準が抑えられることになる。

現在の保険制度の枠内で、介護保険料の高騰を回避し、かつ増大する介護需要に対応して「必要充足」

保障を実現していくためには、保険財政に占める公費部分、とくに国庫負担の割合を大幅に引き上げ、高齢者の保険料部分を圧縮していくことが不可欠である。これは介護保険制度における「保険原理」の突出・肥大化を封じ込めることを意味する。

当面、少なくとも調整交付金を除いた国庫負担の一〇%上積みをはかり、さらに自治体関係者が要求している「国庫負担五割化」を早急に実現させることが必要だ。同時に、低所得者を対象とした介護保険料の軽減・免除や介護報酬引き上げに対応した介護保険料増大分への軽減策など、介護保険財政とは別枠で一般財源から公費を充当し、給付の増大が介護保険料の引き上げに直接連動しないような対策を講じる必要もある[*15]（財源問題について第4章および第8章参照）。

一般財源で対応すべき課題

先に述べたように、介護保険財政から切り離し、一般財源によって柔軟かつ確実に対応すべき領域として、生活支援事業（老人福祉）、介護予防事業（保健・公衆衛生事業）、マネジメント・相談事業（老人福祉）などがあげられる。また、介護従事者の処遇改善についても、同様に介護報酬（処遇改善加算）による対応ではなく、一般財源を充当し、実効ある対策を講じるべきである。

4 「再設計」に連動する当面の政策課題

本節では、当面かつ緊急に求められる制度改善の課題を検討する。二〇一四年法「改正」による新たな介護困難の打開のほか、第2章で検討した「二〇一七年改革」との関係で、とくに、介護報酬一八年改定、介護従事者の処遇改善、自治体において対応が求められる第七期に向けた課題についてとりあげる。これらは、前節で述べた現行介護保険制度の「再設計」に直接連動する内容である。

(1) 二〇一四年法「改正」後の検証と改善課題

二〇一四年の法「改正」によって、経済事情による利用控え、要支援者の生活困難や状態悪化、家族の介護負担の増大などの新たな困難が発生し、深刻化している。

一部利用者の利用料「二割化」について

高齢者の上位所得者の二〇%を対象に利用料が二割に引き上げられた。その結果、基準ラインのボーダー層に深刻な影響が集中しており、なかには基準収入額を二〇〇〇円オーバーしたために利用料が二割（二倍）になり、かといって高額介護サービス費の対象にもならず、やむなく通所リハビリや訪問介護の利用を断念した事例などが報告されている。[*16]

二〇一八年八月から新たに利用料「三割化」が開始されることになるが、利用料の「原則二割化」に向けた「地ならし」であることは明らかであり、実施を中止すべきだ。

補足給付（施設等の居住費・食費の負担軽減制度）の要件厳格化について

補足給付の見直しは、その影響がきわめて大きい。特養ホームでは、居住費負担が基準額に変わることで、多床室で年額八〇万円、ユニット型個室で一〇〇万円近い負担増になった事例もある。また、資産要件が新設され、申請時に預貯金通帳のコピーの提出を求められるようになったことから、補足給付の対象であるにもかかわらず、プライバシーの侵害を理由に申請を拒否するケースも少なくない。さらに深刻なのは、「改正」によって世帯分離を行なっても配偶者が課税者であれば補足給付の対象外となったため、施設入所を継続するために離婚を余儀なくされた事例が発生していることだ。二〇一六年八月からは収入の範囲に遺族年金、障害年金などの非課税年金がくわえられ、新たな入所継続困難が広がっている。

補足給付の要件は二〇一四年「改正」以前に戻すべきだ。また、補足給付の対象外となり入所継続に支障を来している利用者に対して、公的責任による手立てを早急に講じることが必要である。

特養ホーム入所対象の限定（原則要介護3以上）について

厚労省の調査では、二〇一四年三月時に五二・四万人だった特養ホームの待機者数（申込者数）が一六年四月時点では三六・六万人となり、全体で一五・八万人（三〇・二%）減少した。このうち要介護1・

2の待機者は一七・一万人から七・一万人へと六〇・六%減っている。[*17] この背景には、二〇一四年法「改正」で入所対象が原則要介護3以上に限定されたことにくわえ、前述した補足給付の見直しにより居住費等の工面ができなくなり、申し込みを取り下げざるをえない事態が生じている事情がある。この調査結果をもっていわゆる「介護難民」が減ったとはとうていいえない。さらに一五年の介護報酬改定で、特養が算定する日常生活継続支援加算に「要介護4、5の入所七〇%」という要件がくわえられたことにより、要介護3であっても実際は入所が難しくなっている。[*18] 特養ホームの入所対象は「要介護1以上」に戻し、現在の日常生活継続支援加算の重度者要件は見直すべきだ。

政府は「ニッポン一億総活躍プラン」（二〇一六年六月発表）において、「介護離職ゼロ」に向けて、特養ホームを含む新たな基盤整備方針を打ち出した。しかし、当初から掲げていた整備目標を前倒しで実施する内容にすぎず、整備自体が大幅に拡大されたわけではない。さらに、施設・在宅サービスで一二万人分を整備する目標のうち二万人分は民間企業の参入を前提としたサ高住で対応するとしている。[*19] しかし月々一〇万円台後半の費用を要するサ高住は、国民年金しか収入のない高齢者の選択肢にはなりえない。特養ホームなどの公的施設や家賃負担軽減の助成を行なう賃貸住宅等の整備を優先すべきである。

総合事業（要支援者の訪問介護・通所介護の移行）の実施について

二〇一七年四月から、総合事業（介護予防・日常生活支援総合事業）が全市町村において実施に移された。多くの市町村では、当面は、現在の予防給付の介護報酬が基本的に維持される「現行相当サービス」から開始し、順次多様なサービス（人員基準・単価を切り下げた「基準緩和サービス」、ボランティアによる「住民主体の支援」）をくわえていくとしている。

「基準緩和サービス」に関する毎日新聞の調査では、同サービス事業をすでに実施している一五七市町村において、実際にこの事業を受託している事業所は訪問介護で約五〇％、通所介護で三〇％にとどまっている。市町村が示している事業単価が低く、経営的な理由から受託できないというのが理由だ[*20]。そのため事業所が撤退、もしくは仮に受託しても利用者を受け入れない事態が生じている。なかには、「現行相当サービス」の単価を予防給付の水準以下に切り下げて実施している市町村もある。より重大なのは給付費の抑制や認定率の引き下げを目標として掲げ、基本チェックリストを活用した「水際作戦」（要介護認定にまわさない）、サービスの無理な打ち切りやボランティアへの移行（「卒業」という名の強制退学）によって、生活困難、病態の悪化や重度化など一部の利用者に深刻な実害が生じている市町村があることだ[*21]。

各市町村ごとに総合事業の内容を把握・分析し、受給権の侵害、地域のサービス基盤の後退をもたらさない内容で実施させることが焦点となる。国に対しては、「現行相当サービス」（予防給付水準の報酬・基準）の存続、予算上限の撤廃、市町村に対する財政支援の実施などガイドラインの見直しを含めた改善を求めることが当面必要だろう。

根本的には、軽度給付切り捨ての受け皿として想定されている現在の総合事業は廃止すべきと考える。要支援者の訪問介護、通所介護は予防給付（本体給付）に戻し、ボランティア活動を含めた多様な生活支援や一般介護予防事業は、地域支援事業を拡充して対応するか、最終的には一般財源で実施すべきである。

(2) 介護報酬の引き上げを必ず

介護報酬が低く抑えられたまま推移しているなかで、すでに述べたように老人福祉事業者の倒産件数は過去最高となり、小規模事業所を中心に廃業が相次いでいる。こうした現状をみても今後の改定においてこれ以上の引き下げを断行することは許されない。介護報酬全体の大幅な引き上げ、とりわけ基本報酬の〝底上げ〟をはかり、人件費をはじめとする必要経費を補償する水準を確保する必要がある。改定の検討にさいしては、経営困難を抱える小規模事業所の実状を適切に反映させるとともに、介護報酬改定によって介護サービスの利用に支障が生じないよう、利用料負担に対する手立てを講じることも必要だ。

二〇一八年改定での個別の課題としては、会計検査院が「公正・中立の確保」の効果を疑問視している「特定事業所集中減算」(居宅介護支援事業所)の廃止など、前回改定以降明らかになった報酬上の矛盾の解消をはかることが必要だ。介護職員処遇改善加算の問題点と改善課題は前述したとおりだが、何よりも介護報酬全体が引き上げられてこそ機能することをあらためて強調しておきたい。さらに、「骨太方針二〇一七」が示している「生活援助の人員基準緩和、それに対応した介護報酬の設定」「通所介護などその他の給付の『適正化』」「自立支援に向けたインセンティブ付与のためのアウトカム等に応じた報酬のメリハリ付け」などを実施させないことなども課題となる。

介護報酬の大幅な引き上げ、改善のためには社会保障費自然増分の削減方針の撤回と、社会保障費全体の増額を求めることがどうしても必要だ。

(3) 職員の処遇改善は急務

介護従事者の確保のうえで、現在の就業者の処遇を大幅に改善することが何にも増して重要である。資格者がいないわけではない。一九九一年から二〇一二年までにヘルパーの養成研修で一級、二級を取得した人は三八三万人を数える。しかし、実際にヘルパーとして就労しているのは、約二八万人で一割に満たない。介護福祉士の就労も一四〇・八万人の資格取得者に対して、就業者は六三・四万人にとどまる(二〇一二年)。介護労働安定センター調査(各年度「介護労働実態調査」)によれば、事業所側での「採用が困難な理由」として、「賃金が低い」「仕事がきつい(身体的・精神的)」「社会的評価が低い」「休みが取りにくい」などがあげられており、就労率の低さは労働環境が影響している。

結婚して家庭をもち、長く働きつづけることを可能とする環境を整えることは、現業者の離職を減らし、再就業を促すとともに、若い世代を中心とする新たな介護の担い手を増やすことにもつながるだろう。そのためには給与の改善が不可欠だ。全産業平均と比べて月一〇万円も低い現状を早急に改善していく必要がある。政府は「ニッポン一億総活プラン」に盛り込んだ「介護離職ゼロ」方策の一環として、二〇一七年度から二〇年度までの四年間、毎年一万円相当の給与の引き上げを行なう「工程表」を示したが、現状を抜本的に改善する水準には遠く及ばない。一七年度分については、すでに今年四月に介護報酬の一部改定が実施され、介護職員処遇改善加算の「拡充」がはかられたが、現状の加算で対応するかぎり効果は限定的なものにとどまることは確実であり、十分な実効性をともなう対応策とはいえない。

政府は、全産業平均との乖離を縮小していく方策と道筋を示し、実行に移すべきである。「介護離職ゼロ」と「介護職の離職ゼロ」は車の両輪だ。

(4)「軽度斬り」阻止の運動をいまから

第2章で政府が描く介護保険の将来像について検討した。「給付」は要介護3以上に限定し、要介護2以下は、保険者である市町村がそれぞれの実状をふまえて実施する「事業」(地域支援事業)で対応する。この受け皿として想定されているのが現在の総合事業だ(第1章図1)。

全日本民医連の調査では、第一に、「軽度」と称される要介護1・2の利用者の多くが病気や障害を抱え、経済的な事情や増大する家族の介護負担のもとで、介護保険サービスを利用しながらさまざまに苦心し在宅での生活を続けていること、第二に、生活援助、福祉用具、通所介護などの削減や利用料の引き上げが実施されると、家事の支障による基本的生活の破綻、病状・状態の悪化や認知症の進行、閉じこもり、生きる意欲の低下、経済困難、家族の介護負担の増大や離職による世帯の生活の後退といった深刻な事態を招き、在宅での生活を続けられなくなる重大な事態が生じる恐れがあることを明らかにした。[*22]

こうした「軽度斬り」政策は、短期的にみればある程度の給付費の削減効果は認められるだろうが、中長期的にみればサービス利用を制限することで重度化を加速することになり、政府の思惑に反し、結果として給付費の増額をもたらすことになるだろう。認知症初期段階での専門職のかかわりの重要性・必要性を強調した「新オレンジプラン」にも逆行する。介護サービスの縮小で家族の介護負担を増やすことになれば、政府が掲げている「介護離職ゼロ」政策（ニッポン一億総活躍プラン）にも反することになる。

二〇一六年一二月の大臣折衝事項では、「軽度」のすべてのサービスの地域支援事業への移行について「二〇一九年度末まで」という検討期限を明記しており（二〇年通常国会に法案提出、二一年度［第八期］施行というスケジュールが含意されていると考えられる）、早晩具体的な作業が開始されていくだろう。また、「自立支援」に成果をあげた市町村への財政的支援の制度化（一七年法「改正」）や要介護度を改善させた事業所に対する成功報酬の導入（一八年介護報酬改定）によって、介護保険制度からの「卒業」（強制退学）をいっそう推進する流れ（インセンティブ改革）もつくられようとしている。政府の「軽度斬り」に対抗する世論と運動を、時機を逸せず広げていくことが求められる。

(5) 改革の実行部隊は地方自治体

二〇一八年度は、二五年度に向けた介護・医療制度改革の重要な節目の時期として位置づけられている。介護報酬・診療報酬の同時改定のほか、地域医療構想にもとづく医療計画と国民健康保険運営の都道府県一元化、それらをふまえた医療費適正化計画、介護保険事業（支援）計画など、介護・医療に関係する主要計画が一斉にスタートするからだ。[*23] ある厚労省の幹部はこれを「惑星直列」と表現したが、その主要な実行部隊となるのは地方自治体である。

とくに、第七期（二〇一八〜二〇年）の介護保険事業（支援）計画では、すでに策定されている地域医療構想（病床再編＝削減）をふまえて、二五年を見据えた在宅医療や介護事業所・施設の基盤整備計画が具体化されることになる。さらに一七年「改正」にもとづき、保険者機能の強化による「自立支援・重度化防止」のとりくみや、『我が事・丸ごと』地域共生社会」構想にそった地域福祉計画の策定も焦点になる。それぞれの自治体が、地域を単位に、どのような医療・介護・福祉をめざすのか、実態や要求をふまえた具体的な提案を行なうなど、地方議員や自治体関係者、医療機関、介護・福祉事業所、関係団体、住民との共同したとりくみが、これからいっそう重要になっていくだろう。

5 現行介護保険の「再設計」から、新たな高齢者介護保障制度の「構築」へ

ここまで現在の介護保険制度のもとでの利用者・家族、介護現場の困難を打開するために、「必要充足」原則を土台に据えた、いわば「名ばかり社会保険」から「真っ当な社会保険」への転換をはかる「再

設計」構想と、それにつながる当面の緊急改善の必要性、政策課題について検討した。

しかし、高齢者介護の充実をめざす制度改革はこれにとどまらない。介護保険制度の改善・「再設計」の過程を通して給付実績を積み上げ、「必要充足」保障を追求していけばいくほど、給付費の増大に対する財政的対応の側面で、さらには必要とされる介護（ケア）の内容の面で、現行の保険方式自体がそもそも有している限界にぶつからざるをえないからである。

その限界を突き抜け「人権としての介護保障」を確立するためには、すでにこれまで各章で検討、提言されているように、現在の保険方式とは異なる、全額公費を財源とする新たな高齢者介護保障制度の構築に向かわなければならない。

(1) 新たな高齢者介護保障制度の構想

保険方式の限界

保険料が財源に組み込まれているかぎり、収支均等原則にもとづく「収入」（保険料）と「支出」（給付費）の「均衡」が要請され、給付の水準はつねに「支払い可能な」保険料水準に押しとどめられる。制度施行以来、介護給付費が増大し、その都度保険料が引き上げられてきたが、国民年金の水準等をみても、すでに高齢者の保険料の支払いは限界に達しているといってよい。

制度の「再設計」によって現物給付への接近もしくは転換がはかられていくことになれば、介護給付費がさらに増え、毎期の保険料も高騰していく。そのもとで保険方式を維持しようとすれば、高齢者の保険料負担分を圧縮するために、保険財政に対する公費の割合を高めていかざるをえず、結果として、財政の大部を公費が占め、保険方式としての実質が大幅に縮小されていくことになるだろう。さらに、現役世代のなかでの非正規雇用が増加し、低所得層がそのまま高齢期をむかえていくなかで、今後保険料収入を確保することが自体が困難になることも予想される。「必要充足」保障を徹底しようとすれば、保険方式では財政上の制約に直面せざるをえない。

くわえて、より本質的には、本来の高齢者の介護（ケア）のあり方にかかわる問題がある。「保険事故」としての高齢者の要介護リスクは、そもそも「非定型的で多様性に富み、日常的でありながら非日常化（激変、重度化）しやすい」[*24]。一方で、本来求められる介護（ケア）は、生活の一部として、対象となる一人ひとりの価値観をふまえた、生活の質の維持・向上に向けた個別性・柔軟性に富んだ営みである。しかし、あらかじめ想定した「保険事故」に合わせて給付内容を定め、その範囲に限って給付を行なう方式では、あたかも大きな布地を型紙に合わせて細かく裁断するように、給付内容・対象を「定型化」することが要請されるため、利用当事者個々の状態に合わせた柔軟な給付が難しい。介護（ケア）の担い手の側からみれば、「定型化」された給付に合わせるかたちで、専門職としての裁量権の発揮が制約されることを意味する。

こうした限界を超えるためには、全額公費負担による制度への転換が必要とされる。それによって高齢者の介護（ケア）保障に対する国、地方自治体の財政的責任も最終的に担保されることになり、一人ひとりに適した介護（ケア）が平等かつ「現物」として提供される制度的保障が可能となるだろう。もちろんそのためには、必要十分な財政的措置が講じられることが前提となる。

新たな高齢者介護保障制度の基本設計

新たな高齢者介護保障制度は、国が憲法第二五条・第一三条にもとづく介護（ケア）のナショナルミニマム（国による標準保障）を明確にし、市町村はそれを最低基準として、地域の実状、高齢者の個別事情を勘案した独自の「上乗せ」「横出し」サービスを実施するローカルオプティマム（地域最適保障）を確立するものでなければならない。軽度であれ、重度であれ、また在宅であれ、施設であれ、一人ひとりが自分に最もふさわしい療養、生活の場を自由に選択できる。そして、変化するニーズに応じて「住まい」を変えるのではなく、ニーズに合わせて「ケア」を変えていくことにより、住み慣れた地域で自ら望む生活を継続できる環境をめざす。新たな高齢者介護保障制度はその基盤となるものである。

なお、この新たな制度は、従前の措置制度に単純に引き戻すことを意味しない。措置制度は、職員を国基準で雇用し、人件費・管理費を委託費として全額補助することで社会福祉のナショナルミニマムを形成する機能を果たしていた。しかし、行政処分ゆえの権利性の乏しさや画一的なサービスなどの問題が指摘されていたこととあわせ、人件費についても実際の職員配置に見合う財源が確保されず低賃金構造をつくりだしていた。新たな制度は、介護保障に対する公的責任を明確にした措置制度の積極性を取り込みながら、その本来の意義を発揮しきれない要因となっていた制度運営や基盤整備、財源確保の新たなあり方を追求することによって、高齢化の進展や高齢者・世帯の生活実態にふさわしい、「人権としての介護保障」の実現に向かっていく制度として構想される。[*25]

現行介護保険制度の「再設計」による「必要充足」保障の到達点を土台にしながら、新たな制度の骨格として以下の内容が考えられる。それぞれ詳細については、本書第Ⅱ部に収載されている各論考を参照されたい。

●介護（ケア）保障に対する国・自治体責任（制度運営責任、財政責任、基盤整備に対する責任など）の明確化
●個別性、選択権を尊重した介護（ケア）の現物保障
●公務としてのマネジメント（ソーシャルワーク）機能の確立
●応能負担（応分の負担）による費用負担の設定
●利用対価方式から、施設事業所補助方式への転換（必要経費の補助）
●施設等の人員配置基準の引き上げ、現行の常勤換算方式の廃止、常勤職員を基本とする体制に
●非営利事業体を中心としたサービス基盤の確立

●全額公費負担による財政運営

(2) 新たな制度への道筋——社会保障理念の再構築、社会保障制度の転換のなかで

これまで述べてきたように本稿の基本スタンスは、「人権としての介護保障」の実現に向けて、現在の介護保険の改善・「再設計」を通して具体的な介護困難を打開していくなかで、保険方式が有する限界を実践的に明らかにし、全額公費を財源とした新たな高齢者介護保障制度への転換をめざしていく点にある。その際、この新たな制度において想定されるべき内容が、介護保険「再設計」の過程で先取り的に実現しうる場合もあれば、逆に「再設計」で構想されている課題のなかには、新たな高齢者介護保障制度を構築する段階で本格的に実施に移されるものもあるだろう。

現行介護保険制度の改善・「再設計」とそこから展望される新たな介護保障制度をつくりあげる過程が、いかなる段階をへて、どのような内容、スピードで進んでいくかは、社会保障制度改革全体の動向、世論や運動によって規定されることはいうまでもない。介護保険制度の「再設計」にしても、新たな制度の確立にしても、高齢者介護の領域だけが突出して改善・改革が進んでいくことはありえない。介護保険・介護保障をめぐる一連の改革は、医療、福祉の領域を含めた社会保障制度全体を高齢者・国民本位の内容に転換していく過程のなかでこそ実現していくことになるだろう。そのさい、「社会保障・税一体改革」「経済・財政一体改革」の中止・撤回や、「我が事・丸ごと」の名による新たな公的福祉・社会保障解体構想

を実施に移させないこと、さらに根本的には、社会保障の本質を「国民相互の助け合い」とみなし、国家責任を形骸化させ、憲法第二五条の「立法改憲」をはかった社会保障制度改革推進法（二〇一二年八月成立）を廃止し、国が国民の生活と生存の保障に責任を負うという本来の社会保障理念に再転換させることが不可欠となる。

最後に、財源問題にふれておきたい。政府は、多くの国民の反対の声を無視し、「社会保障・税一体改革」の一環として消費税増税を断行した。「社会保障の充実」を理由に掲げていたが、八％増税以後の介護保険を含めた一連の社会保障制度の改悪の経過をみれば、これが消費増税のための単なる口実にすぎないことは明らかになっている。当面は、八％から一〇％への引き上げが焦点となるが、すでに財界は二〇％を超える消費税の引き上げと社会保障目的税化を提言している。

そもそも現行の消費税は、低所得層ほど負担が重くなる逆進的性格がきわめて強く、貧困を拡大・再生産する税制である。貧困の防止・解消を目的とする社会保障制度の財源としては最もふさわしくないといえよう。新たな高齢者介護保障制度の財源は、応能負担による所得税、法人税（直接税）を充てるべきであり[*26]、それによって社会保障の財政規模を拡大することが求められる。

さらに財政の使い方の問題もある。第二次安倍政権以降、軍事費が五年連続で増大しつづける一方、社会保障費自然増分は五年連続でカットされてきた。政府が二〇一七年度予算で削減を見込む社会保障費自然増分一四〇〇億円は、オスプレイ四機（三九一億円）、無人偵察機グローバルホーク一機（一六八億円）、

F35戦闘機六機（八八〇億円）の新規購入費の合計額一四三九億円にほぼ匹敵する。社会保障の縮小・解体と「戦争ができる国づくり」は、まさに表裏一体で進められている。

介護保険の改悪阻止と「再設計」、さらに新たな高齢者介護保障制度の構築を求める運動を、憲法九条を守る運動と一体のものとして推進する重要性をあらためて強調したい。憲法施行七〇年を迎えた二〇一七年五月三日、安倍首相は憲法九条に自衛隊を明記する「改憲」をめざすことを公言した。しかし、いま、政府が行なうべきことは憲法九条を変えることではない。二五条を実質化させることである。

◉注

＊1　福祉国家と基本法研究会・井上英夫・後藤道夫・渡辺治編著『新たな福祉国家を展望する――社会保障基本法・社会保障憲章の提言』（旬報社、二〇一一年）。

＊2　社会保険における「保険原理」について、二宮厚美「医療保障をめぐる現代的対決点と新福祉国家」（二宮厚美・福祉国家構想研究会編『誰でも安心できる医療保障へ――皆保険50年目の岐路』大月書店、二〇一一年）参照。このなかで、社会保険を「保険原理」「人権原理」「連帯原理」の三つの原理の対抗関係としてとらえ、社会保険では私的保険に完結する「保険原理」は抑え込まれるが、新自由主義のもとでつねに「人権原理」に対して反動的な攻撃をしかけてくること、この関係のもとで社会保険が「連帯原理」（共助のための連帯）に依拠すると、「保険原理」が「人権原理」を浸食するのがそれだけ容易になること、こうした動きが一九九〇年代半ばから本格化していることを指摘している（一〇～一四頁）。「国民の共同連帯の理念」（第一条）を掲げる介護保険は、まさにこの流れのなかで構想・創設されたといえる。

＊3　前掲、福祉国家と基本法研究会ほか編著『新たな福祉国家を展望する』では、「現物給付方式による基礎的社会サー

ビスの制度原則」として、「公的負担原則、必要充足原則、現場担当者の裁量尊重原則と当事者参加原則、非営利性の原則、無差別平等・無条件性の原則」をあげている（第Ⅱ部三「実現すべき社会保障原則」）。本稿では、「必要充足」保障を介護保険制度改革のめざすべき目標の中軸に据え、その実現のために必要な課題として現物給付方式、非営利性の担保などを位置づけた。現行の介護保険制度が現金給付（サービス費補償）方式をとり、非営利性も担保されておらず、「必要充足」保障にほど遠い設計となっていることから、対抗構想としてより明確になると考えたからである。

＊4　認知症の人と家族の会は、要介護4・5の在宅の利用者の場合、区分支給限度額をオーバーした分を全額自己負担とするのではなく、介護給付を認めることを提案している（認知症の人と家族の会編『提言「こうあってほしい介護保険」』クリエイツかもがわ、二〇〇八年）。

＊5　早い時期から要介護認定制度の廃止を提言していたのが認知症の人と家族の会である。廃止の理由として、制度の利用は認定ではなく、利用者の必要から出発すべきであること、基準が恣意的で客観性に欠けること、システムの維持管理など事務費用が膨大であることなどをあげ、障害高齢者の日常生活自立度、認知症高齢者の日常生活自立度の組み合わせで判定は可能としている（『提言・要介護認定廃止――「家族の会の提言」をめぐって』、クリエイツかもがわ、二〇一〇年）。また、現行の七区分を廃止し、要介護A「何らかの支援が必要な状態」（現行の要支援1・2、要介護1相当）、要介護B「支援がないと家から出られない状態」（同要介護2・3）、要介護C「支援がないとベッドから離れられない状態」（同要介護4・5）の三区分に再編する提案もある。当事者にとっても明快であり、コンピュータ判定も不要になることを理由とする（増子忠道『やりなおし介護保険――制度を生まれ変わらせる20の方法』筑摩書房、二〇一三年）。

＊6　伊藤周平『保険化する社会福祉と対抗構想――「改正」された障害者・高齢者の法と社会保障・税一体改革』（山吹書店、二〇一一年）は、現在のコンピュータ判定を含む要介護認定を廃止し、認定（給付決定）を市町村が行なうことを前提に、新たな専門職として「福祉専門員」を配置することを提言している。「福祉専門員」は、市町村の指揮監督ラインから独立し、担当する高齢者・障害者について、必要なサービスの判断や福祉サービス計画の作成に関する広

い裁量を有し、最終的には担当の福祉専門員が当事者の合意を得たうえで市町村が設置する合議体に計画の原案を提案し合議体の判断で決定を行なうとしている（一七八〜一七九頁）。同書では、現行介護保険制度を廃止し、年齢によって対象を区分しない、全額公費負担による「高齢者・障害者総合福祉法」を提言している（第5章）。公的保障の制度的ありようを含め示唆に富む内容である。

＊7 二〇一五年度、滞納を理由に差し押さえ処分を受けた高齢者は、過去最多の一万三三七一人となった。主には年金天引きの対象とならない普通徴収（月額一万五〇〇〇円未満の年金受給者が対象）であり、制裁措置の大半を低年金者が占めているとみられる。なお、二〇一七年「改正」により、利用料三割の利用者が二年を超えて滞納した場合は六割給付に減額されることになった。

＊8 「保険料減免三原則」とは、①個別申請により判定する、②全額免除は行なわず減額のみとする、③保険料減免に対する一般財源からの繰り入れを行なわない、の三点。このうち一般財源からの繰り入れについては、政府自身が二〇〇九年の介護報酬改定（三％引き上げ）にともなう保険料の引き上げを回避するために、期間限定ではあったが公費投入の財政措置（臨時特例交付金）を講じており、さらに一四年「改正」において、消費税増税分を低所者の保険料引き下げに充当することとした（ただし一〇％への引き上げ先送りにともない、部分的実施にとどまっている）。自治体のみに一般財源の投入を禁じる規定の根拠はすでに喪失している。

＊9 河合克義「高齢者の貧困と孤立」（青木紀・杉村宏『現代の貧困と不平等——日本・アメリカの現実と反貧困戦略』明石書店、二〇〇七年）は、介護保険制度の成立以降、社会福祉の領域が急速に狭まっていることを指摘し、その例として配食サービスの制度上の変遷をあげている。一九九七年まで国が三分の二を負担していた「在宅高齢者等日常生活支援事業」の補助率が介護保険制度の議論開始後に下げられ、介護保険がスタートした二〇〇〇年に「介護予防生活支援事業」に、〇四年には「介護予防地域支え合い事業」となり社会福祉が「支え合い」に再編され、〇六年からは地域支援事業として介護保険給付の三％の枠内で実施されることになる。相談、権利擁護、家族介護支援事業は任意事業として引き継がれたものの、介護保険の枠を少し出る程度に縮小されており、主力は介護予防に限定された

としている（一〇二～一〇四頁）。

＊10　近藤克則『健康格差社会——何が心と健康を蝕むのか』（医学書院、二〇〇五年）。図3のデータは対象者の合計値だが、性別や年齢郡別に分けたうえで所得階層別の要介護者割合をみても、男女ともすべての年齢において、最低所得層で要介護者の割合が最も多くなっていることが指摘されている（三九～四〇頁）。

＊11　介護労働のあり方を「必要充足」保障との関係から論じたものとして、二宮厚美「構造改革下の社会保障と介護労働」（『学習の友』二〇一三年五月号）参照。

＊12　毎日新聞が二〇一六年一～二月に実施したアンケート（回答二四五人）。約二割が「殺人・心中」を考えたことがあると回答し、そのうち七割が「いつ考えたか」との問いに「介護に疲れ果てた時」と答えている（『毎日新聞』二〇一六年四月四日）。

＊13　厚労省老健局「全国介護保険・高齢者保健福祉担当課長会議」資料（二〇一七年三月一〇日）によれば、二〇一五年度に「指定取消・効力の停止処分」を受けた二二七事業所のうち一九四事業所（八五・五％）が営利法人である。

＊14　提供体制のあり方については、横山壽一『社会保障の再構築——市場化から共同化へ』（新日本出版社、二〇〇九年）から主に示唆を得た。同書では、公共性・公益性を確立させる道筋として三段階の改革を提示している。第一段階は、「情報公開、外部評価、査察・監査体制の見直し・強化を図り、現行制度の枠内で可能な限り、公共性・公益性を高める取り組みを行い、倫理性や社会的責任の自覚に乏しい事業者の指導・排除を強力に行う」、第二段階として、「当事者および地域の代表を含めた管理・運営体制の義務づけ、営業利益の使途の制限、事業エリアの制限」などにより、「営利を目的に参入し自らの組織の利益を優先する事業者は、事業継続が実質的に不可能になるような環境を整えていく」、第三段階で、「非営利原則を制度上も明確に打ち出すとともに、行政が直営方式で提供する領域、民間非営利組織が担う領域、営利・非営利問わない方式で民間事業者の自由な提供に委ねる領域を改めて整理」し、「民間非営利組織との契約のルール化など、民間非営利組織の育成と支援の方策の具体化などを進める」（一七六～一七七頁）。

＊15　二〇一四年法「改正」で一般会計からの繰り入れが法定化されている（一一二四条の二）。介護保険に対する国（公

費）負担の追加投入を実現させる重要な足がかりになると考える。

＊16　全日本民医連「介護困難八〇〇事例調査」（二〇一七年三月）より。調査報告書は全日本民医連ホームページ（介護ウェーブ）に収載。調査結果のポイントについて、林泰則「介護困難八〇〇事例調査は何を明らかにしたか」（『前衛』二〇一七年七月号）参照。

＊17　厚生労働省「特別養護老人ホームの入所申込者の状況」（二〇一七年三月二七日公表）。

＊18　『毎日新聞』二〇一七年五月五日。調査対象三五九施設のうち、要介護3を「将来の退所の可能性を考慮して入所を見合わせる例があるか」との問いに六六施設（一八・四％）が「ある」と回答。また三割程度の施設が「（日常生活継続支援加算を）算定出来なくなると厳しい」ことを、要介護3の「入所を見合わせる」理由にあげている。

＊19　『朝日新聞』二〇一七年五月七日。同紙が情報公開を求めた運営報告書（都道府県・政令指定都市・中核市の計一四四自治体）によれば、サ高住の入居者の八八％が要介護認定を受けており、要介護3以上の中重度者が三〇％を占めていた。同様に事故報告書（九七自治体）では、二〇一五年一月～一六年八月の期間に計三三六二件の事故が発生していた（最多は骨折で一三三七件）。

＊20　『毎日新聞』二〇一六年一〇月二日。

＊21　『しんぶん赤旗』二〇一六年二月四日、同二〇一七年五月一一日など。

＊22　前出・全日本民医連「介護困難八〇〇事例調査」参照。

＊23　二〇一八年度からスタートする医療・介護制度改革の全体像について、谷本諭「安倍政権の医療・介護大改悪に総反撃を」（『議会と自治体』二〇一七年五月号）参照。

＊24　本間照光「保険制度からみた公的介護保険創設の問題点」（『賃金と社会保障』№一一五四、一九九五年五月下旬号）一四頁。要介護リスクの性質上、それを独立して取り出すこと自体が不可能であり、「介護保障」を「介護保険」で実現することの困難性を指摘している。

＊25　措置制度のもつ積極性と限界について、岸田孝史『措置制度と介護保険――公的責任制度の再構築をめざして』（萌

文社、一九九八年）参照。「高齢者・家族、地域の介護保障に関わる実態と切実な要求を、「介護保険の給付対象かどうか」という枠組みだけでなく、「権利としての社会福祉」の視点からしっかりととらえ直し、国と自治体の責任を追及し続ける運動こそが、措置（費）制度として築き上げてきた公的責任制度を、あらためて再構築していく出発点になる」（一四〇頁）としている。

＊26 社会保障制度全体の財源のあり方について、梅原英治「財政危機の原因と、打開策としての福祉国家型財政」（二宮厚美・福祉国家構想研究会編『福祉国家型財政への転換――危機を打開する真の道筋』大月書店、二〇一三年）参照。財政赤字の原因に対する詳細な分析をふまえ、新福祉国家型財政への転換こそが現在の経済・財政危機からの最も有効な脱出策であると指摘している。とくに税制について、「旧い福祉国家やそれをモデルとした社会構想のように付加価値税（消費税）に安易に依存するのではなく、大企業と高所得者・大資産家に適正な負担を求めるところに『新福祉国家』の〝新しさ〟がある」としている。

（林　泰則）

おわりに　福祉国家ビジョンと介護保障

本書は、福祉国家構想研究会の介護部会が、二〇一二年から一七年まで三二回の研究会をもってまとめたものである。完成までにこれほどの時間がかかったのは、安倍政権による医療・介護改革が矢継ぎ早で大規模なものであったことも一因だが、本書の課題そのものの難しさと当部会のスタンスにもよっている。「介護崩壊」ともいえる惨憺たる現状を分析し、問題を解決できる介護保障、高齢者ケア保障のあるべき枠組みを打ち出し、さらに、そこへ至る短期・中期の改革構想を提言する、という課題はもともと容易なものではなかった。くわえて、われわれは、以下のような問いをできるかぎり素通りせず、行きつ戻りつしながら議論を続けた。

- 現代の〈可能な介護／必要な介護〉の到達点はどのようなものなのか。
- 介護、高齢者ケア保障における、充足すべき〈必要〉とは本来何であり、どうやって決まるのか。

●高齢者ケアは、介護、医療、保健事業、他の自治体業務がどう分担すべきなのか。
●住みつづけられる地域（「中学校区」程度）はどのような制度と人員配置で高齢者ケアを保障するのか。
●われわれの改革目標は介護保険制度の改善なのか、別の制度の構築なのか。
●介護保険制度に慣れた介護従事者が、あるべき介護・ケア保障の担い手たりうるには何が必要か。

言い換えれば、われわれは、「必要な介護を求める／保障する」とはそもそもどういうことなのか、という根源的な問いをたえず念頭におきながら議論を続けたのである。これは、本書が介護の本としては例外的な厚さとなってしまったことへの言い訳でもある。

現物給付、必要充足

われわれの議論は、「福祉国家構想研究会」による生活保障構想研究、とりわけ、医療領域での蓄積をベースとして行なわれた。[*1]

この研究会の基調については、本書の冒頭「シリーズ刊行にあたって」を参照していただきたい。最も基本となる生活保障枠組みを一言でいえば、労働権保障を基礎としながら、非勤労者の最低所得を保障し、勤労者・非勤労者ともに、教育、医療、介護など必要な基礎的社会サービスを公的責任による現物給付で保障し、居住保障をこれら全体の基礎とするという構想である。所得、社会サービスとともに、必要なものは、一部を「支援」するにとどめず、その全体を公的責任で「充足」（保障）する。

こうした諸原則に照らせば、介護保険制度はそもそも現物給付型ではなく、介護サービス商品の購買代金の一部を、上限つきで保険給付するという枠組みでつくられており、必要充足原則は無視されている。もとより、「社会保険」であれば現在の介護保険のような現金給付型が当然というわけではない。医療保険は被保険者・家族に対して、医療サービスを現物給付するという枠組みでつくられているからである。医療保険は一九八〇年代の臨調行革、九〇年代後半からの新自由主義改革によって、大きく様変わりしたが、なお、「必要な診療」は上限なしで現物給付される大原則が存在している。しかし、高額の保険料、三割負担、および、医療提供体制の大幅な絞り込み政策によって、この大原則を実際に保障する環境が危うくなっていることは周知のとおりである。

これに対し本書は、介護のそれぞれの領域・制度・業務・担い手に即して、介護保険制度を現物給付型、必要充足型に変える段階的改革を経由して、本格的な介護保障、ケア保障の制度を構築するという筋道を提案しているが、そのための議論は、それぞれ、先の原理的な問いをたえず想起しながら、別の角度からいえば、介護業務の固有の専門性と包括性を想起しながら行なわれた。

介護は、医療に比して、一人ひとりの人生の積み重ねと個性による「必要」の多様性が大きい。ケアを要する本人とのていねいなコミュニケーションは、むしろ介護、ケアの本質に属する事柄である。制度設計にはケアの大まかな量的目安も必要とされるが、専門家がくわわったていねいな協議の蓄積こそが、ケアサービス給付の量的な目安を安定させていくことだろう。

危機の進行――生活保障全体を福祉国家型に

しかし、逆に、現在の介護領域では、新自由主義改革による、現物給付・必要充足原則からのいっそうの乖離が進んでおり、「介護崩壊」の危機が多くの関係者の不安を呼ぶ状況となっている。さらに、世代間の敵対を煽りながら、高齢者への所得保障と医療・介護保障の全体をいっそう切り下げる制度改革も激しいスピードで進行中である。

一方、貧困と困窮は高齢者だけでなく、現役世代についてもきわめて深刻な事態となっている。だが、それにもかかわらず、現在のところ、旧来の経験に幻想的にしがみつく、大企業中心の経済成長への期待、および、各世代・階層・社会領域間での相互不信と足の引っ張りあいが誘導されることで、こうした状況からの脱出の社会的・政治的展望は抑えられたままである。

決定的に欠けているのは、こうした状況を超えるための対抗構想の共有であろう。福祉国家型の生活保障構想の広がりと運動化が求められている。真の介護保障に向かう運動は、生活全体の福祉国家型保障を実現する大きな運動の重要な一部分となり、他の領域と密接に連携・理解しあいながら進むほかはない。

以下、現在の生活崩壊に焦点をあて、かつ最低賃金の大幅引き上げ要求が社会に大きな影響を与えはじめたことに着目するかたちで、福祉国家型生活保障の現代的枠組みを簡単に述べて本書の終わりとしたい。

貧困・困窮の広がりと深まり――民主党政権誕生時よりいっそう切実に

二〇〇九年の経済危機以降、貧困・困窮・不安定の第二の拡大期となった。第一の拡大期は一九九〇年代末から二一世紀初頭の数年間である。

非正規雇用率は上がりつづけ、実質賃金は一五年まで下がりつづけた。貧困人口が持続的に拡大するとともに(一九九八年、一六二五万人→一六年、二七一二万人)、〇九年以降、新たに無貯蓄世帯が急増した(二〇一〇年、一〇・四%→一六年、一五・七% 国民生活基礎調査)なかで無貯蓄は中間層にも拡大した。

この間の貧困の広がりと深まりを象徴するのが、結婚・子育てが「中間階層化」し、かつ同時に、子育て世帯が貧困化したことである。

二〇一五年では、「夫婦で子育て」をしている世帯は四〇代男性の五割を占めるにすぎない。一〇年前は六割、二〇年前は七割であった。しかも、子育て世帯の実質可処分所得は、一九九七年から一五年で九七万円減り(物価は一〇年基準)、子どもへの虐待も〇九年以降急増した。

直接の背景は「男性世帯主賃金」の縮小・崩壊である。勤労年収が五〇〇万円以上の三〇歳代後半男性は、一九九七年の五五%から二〇一二年の三五%に激減し、乳幼児の母の就業率は九八年の三三%から一六年の五五%に急増した。

親の仕送りが激減したため、相当数の大学生は、卒業後のローン(「奨学金」)返済におびえながら働く「学生労働者」となった。卒業してローンを返しつづけている人の三割は年収二〇〇万円未満である。

ひと言でいえば、これまでの「標準的」生活様式——男性の年功型賃金（世帯主賃金）、相当額の貯蓄、長期返済を見込む住宅ローン、妻の「家計補助」労働と家族ケア、相当額の厚生年金によってライフコース上のさまざまな需要増を乗り越える——は、急速に、多くの人には無縁なモデルとなった。

他方で、さまざまな私費負担と公租公課ははるかに大きくなった。生活様式の旧い「標準」を前提した社会制度そのものが変わらないかぎり、この状況は救えない。民主党政権の誕生時よりもいっそう深く広く、切実に、本格的な福祉国家型施策の形成と実行が求められているのである。

リビング・ウェイジ&ライフコース上の特別需要の充足

まず、〈生活できる〉条件を二つに分け、それぞれを実現する政策を考える。このやり方は、一九世紀末以来、これまでの福祉国家運動において一二〇年以上の伝統をもっている。

1、リビング・ウェイジ（生活できる賃金）の確保

働いている労働者、勤労者が通常時の生活費を確保できる、これが第一の条件である。

2、ライフコース上の〈ヤマ=特別需要〉をすべての人が越えられる。

ライフコース上には、さまざまな〈ヤマ=特別需要〉が生ずる。結婚、複数人数世帯の居住確保、子育て・教育、失業、家族と自分の傷病・障害、労働災害、親と家族の要介護状態、高齢によるリタイア、自分の要介護状態、などがこれにあたる。そのときどきに余分に必要となる貨幣と社会サービス（保育、医

療、介護、学校教育、職業訓練、障害者福祉サービスなど）の確保が可能でなければならない。

イギリスの福祉国家形成に大きな役割を果たした「ベヴァリッジ報告」も、完全雇用政策と失業対策等による第一の条件の確保とともに、ライフコース上の〈ヤマ〉を乗り越える環境＝社会制度の構築に焦点をあてた。人々が窮乏に陥る三つの場合として、「収入の中断」（失業、疾病）、「稼得力の喪失」（労働災害、心身障害、老齢退職）、「特別の支出」（子の生誕、結婚、死去）があげられ、そうした場合に社会保険と児童手当によって、必要な増加分（あるいは喪失補塡）を確保する枠組みが提案されている。

イギリスに限らず、この二つの条件を区別したうえで社会的に整備・確保することは福祉国家の中心課題でありつづけた。この点では、後でふれる「個人単位原則」を配慮すれば、「新たな福祉国家」も同様である。そもそも日本は、新自由主義改革以前からこの課題が果たせていないため、経済環境の悪化によって、貧困、困窮を容易に拡大させたのである。

たしかに、日本でも、ライフコース上の特別需要に対応する、各種の社会制度がある。母子保健、公的保育、児童手当、授業料をとらない義務教育、高校授業料支援、医療保険、介護保険、雇用保険、老齢年金、障害年金、労災保険、障害者福祉制度、などである。だが、これらの大半は、〈ヤマ＝特別需要〉の充足を「保障」せず、「支援」するにとどまっている。これは、ナショナルミニマムを「保障」する福祉国家群との決定的違いである（その実際の水準に対する議論の余地は大いにあるにしても）。

年金も高齢者の最低所得を保障せず、雇用保険給付、傷病手当、障害年金も最低所得を保障する設計にはなっていない。医療保険も、保険料問題を別としても、通える医療機関の存在と一部負担金が支払える条件を「保障」はしない。高校はもちろん、義務教育にも多額の私費負担が必要である。

制度が保障しない不足分は、貯蓄取り崩し、ローン、他の世帯員や親族からの支援等が想定され、それらの原資は多くの場合、年功型で上昇する賃金であった。現在、状況は大きく変わっている。「金融広報中央委員会」の調査によれば、二人以上世帯が金融資産をもっていない割合は、一九八〇年代までが数%、一九九〇年代後半でも一〇%程度だったものが、現在は三一%である。例外扱いはもはや不可能である。

原則、個人単位での保障モデル

ジェンダー差別撤廃という大課題を念頭におき、人権としての生活保障を想定した場合、課題解決のモデルは、原則、個人単位で設計されるべきである。非勤労者の「最低限度の生活」の保障については、カップル間の所得保障、未成人の子への親のケア責任を除き、世帯責任、親族責任とはしない。ライフコース上の〈ヤマ＝特別需要〉は、下記②〜④によって、現代的なかたちで充足可能となる。

①勤労者は一日八時間労働で、当人の通常の生活をまかなえるよう、最低賃金と労働市場が整備されなければならない。日本はこの条件から遠い状態である。「通常」とは「最低限度」ではなく、その地域・職域での標準的な生活をさす。勤労者の所得水準は、社会が非勤労者に保障する「最低所得」より高いものとなるのは自然である。中澤秀一監修の全労連調査によれば、地方で自動車保有は必要という水準の想

定で、月に二二～二四万円が地域を問わず共通に必要である。[*2] 最低賃金時給一五〇〇円程度が求められよう。

②非勤労者の場合、「健康で文化的な最低限度」の生活を送れる所得を、社会が当該の個人に「保障」すべきである。「非勤労者」には、子ども、職業訓練中の者、高齢者、失業者、傷病・障害者、産休中の女性、家族ケアのための休業者などが含まれる。

③勤労者、非勤労者ともに、基礎的社会サービスが必要になった場合は、公的責任による現物給付でその必要を充足する（保育、学校教育、医療、介護、障害者福祉、母子保健、職業訓練など）。

④公的住宅の十分な供給、居住基準の徹底、適切な都市政策、特別なニーズの人々の居住の保障、厳しくない所得制限を備えた住宅費補助制度などによる居住保障。

なお、①～④の原則が実現されると、女性で多くの困難が集中する一人親の子育てと単身高齢世帯における生活困難を解消する環境が大きく前進し、子の有無にかかわらず、離婚、未婚の自由が「ふつうの生活」をともなって可能となろう。

では②～④を実現するために、公的な社会支出（公的財政と社会保険）は新たにどれほど必要なのか。ここでは上記②～④を文字どおりに実現するという仮定をおき、金額的に大きな規模のものに限ってざっと試算してみた（新福祉国家構想シリーズ2、3および個人的試算による。それぞれの推計根拠や他の重要領域については稿を改めたい）。

②非勤労者の最低限度の所得保障

雇用保険給付：雇用保険抜本改善（給付期間原則六か月、離職理由による格差廃止等）と、求職者保障制度創立により現在の給付割合二割強を六割強に戻す――三兆円

児童手当：一八歳まで三・五万円平均を給付――六・五兆円

最低保障年金：医療・介護の利用料無償と居住保障を前提し月額八万円――七・五兆円

③必要な基礎的社会サービスの無償・現物給付方式での保障（≒現在の利用料、一部負担金、学校教育費等への私費支出総額）

〈教育〉

保育園保育料、幼稚園の授業料とその他の学校教育費――一・五兆円

公立小中高の学校教育費（教材、修学旅行・見学、学校の指導による図書、学用品、実験実習材料費、教科外活動費、制服、ＰＴＡ会費、その他学校納付金、通学費、給食費［高校除く］）――一・八兆円

私立高校の授業料・施設費等を含む学校教育費――〇・七兆円

公立小中高を三〇人学級とするために必要な費用――一・二兆円

大学・短大・高専の授業料総額――三・一兆円

〈医療・介護〉

医療一部負担金総額――四・八兆円（一部負担金を免除した場合の医療費増分は含まず）

介護利用料総額――〇・七兆円

（医療・介護の保険料減免拡充と提供体制整備費用は含まず）

④居住保障

日本の居住向け公的社会支出は、二〇一三年で対ＧＤＰ〇・一二％（五八七六億円）、これを対ＧＤＰで〇・五％に拡大（アメリカ〇・二七％、イギリス一・四五％、ドイツ〇・五九％、フランス〇・八三％、スウェーデン〇・四六％）――一・九兆円

以上の合計は三二・七兆円となる。ごく大雑把な予想だが、②〜④を〈満額〉で実現するのに新たに必要な公的な支出の増加分は、これ以外の重要領域をくわえて三〇〜四〇兆円程度であろう。人々の合意があれば、原理的にできない額ではない。日本のＧＤＰは五四〇兆円を超えている。財源を確保しつつ合意できる政策を実行し、その経験を共有しながら、合意範囲をさらに大きくしていくことが求められよう。

この数年間、日本国憲法九条改正と戦争国家への道を押しとどめるべく、さまざまなレベルでの共闘と市民運動が進んできた。この動きを大きく発展させるためにも、本書を含む、現代に対応した福祉国家型生活保障の構想づくりと、広汎な運動におけるその共有は喫緊の課題であろう。貧困と困窮のなかで疲弊し、社会的、政治的関心を失いかけている人には、大きな希望の呼びかけが必要である。

◉注

＊1　二宮厚美・福祉国家構想研究会編『誰でも安心できる医療保障へ――皆保険50年目の岐路』（大月書店、二〇一一年）、岡崎祐司・中村暁・横山壽一・福祉国家構想研究会編『安倍医療改革と皆保険体制の解体――成長戦略が医療保障を掘り崩す』（大月書店、二〇一五年）。

全体的構想、および他の分野の構想としては以下がある。

福祉国家と基本法研究会・井上英夫・後藤道夫・渡辺治編著『新たな福祉国家を展望する――社会保障基本法・社会保障憲章の提言』（旬報社、二〇一一年）、世取山洋介・福祉国家構想研究会編『公教育の無償性を実現する――教育財政法の再構築』（大月書店、二〇一二年）、後藤道夫・布川日佐史・福祉国家構想研究会編『失業・半失業者がくらせる制度の構築――雇用崩壊からの脱却』（大月書店、二〇一三年）、二宮厚美・福祉国家構想研究会編『福祉国家型財政への転換――危機を打開する真の道筋』（大月書店、二〇一三年）、渡辺治・福祉国家構想研究会編『日米安保と戦争法に代わる選択肢――憲法を実現する平和の構想』（大月書店、二〇一六年）。

＊2　「連合通信」二〇一七年六月二四日（https://www.rengo-news-agency.com/2017/06/24　二〇一七年一〇月一八日閲覧）。

（後藤　道夫）

執筆者
林　泰則（はやし　やすのり）　1959年生まれ　全日本民医連事務局次長
末永　睦子（すえなが　むつこ）　1965年生まれ　明星大学非常勤講師・社会福祉士
中村　暁（なかむら　さとし）　1972年生まれ　京都府保険医協会事務局次長
横山　壽一（よこやま　としかず）　1951年生まれ　佛教大学教授
後藤　道夫（ごとう　みちお）　1947年生まれ　都留文科大学名誉教授

編者
岡崎祐司（おかざき　ゆうじ）1962年生まれ
佛教大学教授
主な著作：『現代福祉社会論――人権，平和，生活からのアプローチ』（高菅出版，2005年），『安倍医療改革と皆保険体制の解体――成長戦略が医療保障を掘り崩す』（共編，大月書店，2015年）。

福祉国家構想研究会
新たな福祉国家型の社会再建をめざして，現代日本の状況を批判的に分析し，対抗構想を提起する。医療・教育・雇用・税制・財政・政治などの諸領域における研究者と実践家，約80名からなる研究会。代表：岡田知弘（京都大学教授）・後藤道夫（都留文科大学名誉教授）・二宮厚美（神戸大学名誉教授）・渡辺治（一橋大学名誉教授）。

装幀　臼井弘志

新福祉国家構想⑥
老後不安社会からの転換――介護保険から高齢者ケア保障へ

2017年11月15日　第１刷発行

定価はカバーに
表示してあります

編　者　岡　崎　祐　司
福祉国家構想研究会
発行者　中　川　　進

〒113-0033 東京都文京区本郷２-27-16
発行所　株式会社　大　月　書　店
印刷　三晃印刷
製本　中永製本

電話（代表）03-3813-4651　FAX 03-3813-4656　振替 00130-7-16387
http://www.otsukishoten.co.jp/

ISBN978-4-272-36076-5　C0336　Printed in Japan

誰でも安心できる医療保障へ
皆保険50年目の岐路
二宮厚美・福祉国家構想研究会編
四六判二四〇頁
本体一九〇〇円

公教育の無償性を実現する
教育財政法の再構築
世取山洋介・福祉国家構想研究会編
四六判五二〇頁
本体二九〇〇円

失業・半失業者が暮らせる制度の構築
雇用崩壊からの脱却
後藤道夫・布川日佐史・福祉国家構想研究会編
四六判二八〇頁
本体二二〇〇円

福祉国家型財政への転換
危機を打開する真の道筋
二宮厚美・福祉国家構想研究会編
四六判三二〇頁
本体二四〇〇円